《上海市生活垃圾管理条例》释义

上海市人大常委会法制工作委员会
上海市绿化和市容管理局 编

上海人民出版社

编委会

编委会主任：莫负春

编委会委员：丁　伟　邓建平　阎　锐　徐志虎　唐家富

主　编

丁　伟　邓建平

编写人员

统稿人：毛新民　王　辉　徐志平　钱　飞

撰稿人：王　霁　杨文悦　管群飞　金　浩　张　峰

齐玉梅　丁志钢　邵　岚　叶秋余　蒋　超

钟　洁　余海涛　刘冬梅

前　言

《上海市生活垃圾管理条例》(以下简称《条例》)于2019年7月1日施行,标志着上海的生活垃圾分类管理工作进入了法治化的新时代。

"垃圾围城"是困扰上海城市管理和生态文明建设的"心头大患"。推行生活垃圾分类工作,能提升垃圾处理效率,减少处理过程中产生的污染,推动可回收垃圾的循环利用,增强市民的环保意识和社会责任意识。上海自1996年启动生活垃圾分类工作以来,经过了多年的探索实践,取得了不少有益的经验和做法,同时通过各种渠道大力宣传,使生活垃圾分类广为市民所认同。

2016年,习近平总书记在中央财经领导小组第十四次会议上作出重要指示,要求北京、上海等城市向国际水平看齐,率先建立生活垃圾强制分类制度,为全国作出表率。2017年,国务院出台生活垃圾分类制度实施方案,要求46个重点城市在2020年年底之前率先建立生活垃圾分类体系。同年,上海市人大常委会将生活垃圾管理条例列为重点立法调研项目,开展了生活垃圾管理立法问卷调查、相关政府规章立法后评估、专题课题研究等前期工作，并推动上海市政府有关部门加强顶层设计和难点突破，坚持政府工作和人大立法同步推进，为条例的出台奠定了必要的基础。2018年，上海市人大常委会将制定条例列为正式立法项目，结合全市大调研活动，发挥立法主导作用，进一步完善了立法思路、体例结构、重点内容。在立法过程中，上海市人大常委会向社会公布法规草案，征集人大代表、政协委员、市民群众、专家学者、相关企业和社会组织的意见建议；市、区两级人大代表两进社区，发放三万余份调查问卷，听取市民对垃圾分类的意见近两万人次；上海市人大常委会法工委深入基层举行立法听证会，就立法难点直接倾听基层声音。在此基础上，上海市人大常委会对法规草案进行了三次审议。2019年的上海市人民代表大会上，全体市人大代表对法规草案进行了两次审议和讨论，并以98.08%的赞成率高票通过。以条例颁布实施为契机，生活垃圾分类工作成为上海的新时尚、新名片、新风景。

作为我国第一部由省级人代会审议通过的规范生活垃圾管理的地方性法规，《条例》具有很强的引领和示范意义。《条例》要求上海市生活垃圾分类管理以实现“减量化、资源化、无害化”为工作目标，建立健全分类投放、收集、运输、处置的全程分类体系，并向管理的两端有效延伸，设置了促进源头减量、资源化利用专章。《条例》明确了全过程管理各环节主体的责任，形成了政府部门、垃圾产生者、管理责任人、收运处置单位和基层组织各司其职、各尽其责的全社会责任体系。对社会公众关注的包装物减量、限制一次性用品的使用、投放容器设置、生活垃圾混装混运、生活垃圾的资源化利用、全社会动员和参与等问题提出了相应制度和措施。

准确理解法规的立法原意，是法规实施的前提。为此，上海市人大常委法工委、市绿化市容局、市城管执法局参与立法工作的同志，一起编写了这本《释义》，对《条例》的内容逐条进行了解释，并汇编了相关法律法规、配套实施文件和参阅资料，供社会各界参考，确保《条例》的有效实施和准确执行。

生活垃圾分类工作不可能一蹴而就，国外成功的经验都是需要几十年、几代人的努力。因此，推行生活垃圾分类工作既是紧迫的，又是长远的，既要有时不我待的精神，又要有久久为功的定力。在《条例》施行一周年之际，希望本书的出版能进一步助力上海市生活垃圾管理工作，对法规的执行起到释疑解惑作用。

目　录

第一部分

释　义

第一章　总　则

第一条　为了加强本市生活垃圾管理，改善人居环境，促进城市精细化管理，维护生态安全，保障经济社会可持续发展，根据《中华人民共和国固体废物污染环境防治法》《中华人民共和国循环经济促进法》《城市市容和环境卫生管理条例》等法律、行政法规，结合本市实际，制定本条例。

【释义】　本条是关于《条例》立法目的和依据的规定。

立法目的是一部法规所要实现的目标，依照设定的立法目的设计制度措施，确定调整的对象与方法，作出有关决策，选择较优的立法方略与措施对策。立法目的是立法的起点，又贯穿于立法过程之中，最后需要体现于立法的实效上。

党的十八大以来，党中央、国务院高度重视生活垃圾管理工作。党的十九大报告明确提出“加强固体废弃物和垃圾处置”。习近平总书记在2016年12月21日中央财经领导小组第十四次会议上作出了普遍推行垃圾分类制度的重要指示，要求北京、上海等城市“向国际水平看齐，率先建立生活垃圾强制分类制度，为全国作出表率”；在2018年11月上海考察城市精细化管理时指出，“垃圾分类工作就是新时尚。我关注着这件事，希望上海抓紧抓实办好”。国务院于2017年出台了《生活垃圾分类制度实施方案》(国办发〔2017〕26号，以下简称国务院《实施方案》)，进一步明确上海等46个重点城市在2020年年底前先行实施生活垃圾强制分类。住房和城乡建设部对重点城市落实国务院《实施方案》情况进行考核评价，每季度公布考核结果，生活垃圾立法情况是主要考核指标之一。为深入贯彻落实党中央、国务院要求，上海市出台了《关于进一步加强本市垃圾综合治理的实施方案》《关于建立完善本市生活垃圾全程分类体系的实施方案》《上海市生活垃圾全程分类体系建设行动计划(2018—2020 年)》等文件。上海对生活垃圾管理开展地方立法是贯彻落实党中央、国务院普遍推行生活垃圾分类制度部署要求的需要，是提升城市管理水平和文明水平，建设卓越的全球城市的需要，也是总结本市生活垃圾管理实践，全面推进生活垃圾全程分类管理工作的需要。

上海市生活垃圾地方立法的目的体现在以下五个方面：

一是加强生活垃圾管理。改革开放以来，随着经济社会发展迅速，城市规模扩大和人口不断增长，城市生活垃圾产生量与日俱增，给资源环境带来巨大压力。垃圾问题也是世界各大城市面临的重大环境问题之一。2019 年，上海全市生活垃圾量超过 1000 万吨(2.9 万吨/日)，给资源环境和经济社会可持续发展带来很大压力。面对这一严峻的形势，单纯强调填埋、焚烧等传统的垃圾处理方式已经难以适应当前的城市垃圾处理现状。对生活垃圾进行分类处置是世界上通行的解决垃圾围城，控制环境污染、减少资源浪费、降低处置成本、提高文明水平的有效手段，是实现生活垃圾减量化、资源化、无害化的有效方式和必由之路。

二是改善人居环境。据统计，上海每两周的生活垃圾就可以堆出一幢“金茂大厦”，且随着人口增加、生活方式变化，还在呈现产生总量和人均产生量的双重增长。“垃圾围城”导致维持宜居环境所需的必要平衡丧失，影响到人居环境质量，与市民对良好人居环境日益增长的需求不匹配，亟待通过法制保障，推进上海垃圾分类工作，加强对生活垃圾的污染防治，改善本市的人居环境。

三是促进城市精细化管理。2017 年全国“两会”上，习近平总书记提出了“城市管理应该像绣花一样精细”的总体要求。按照中央对上海要当好新时代全国改革开放排头兵、创新发展先行者的要求，瞄准建设成为“卓越的全球城市”的目标，有必要将生活垃圾立法作为生活垃圾管理的纲领性文件，强化顶层设计，体现生活垃圾管理理念创新、制度创新、方法创新，确立本市未来一段时期生活垃圾管理的目标、理念和核心制度，促进本市生活垃圾管理工作迈入精细化管理阶段。

四是维护生态安全。在我们的日常生活产生的垃圾中，有一些垃圾可能数百年都不会降解，如果随意堆放或者无序填埋，将侵占宝贵的土地资源，污染我们赖以生存的环境。垃圾分类可减少约 35％的垃圾处理量，有效防治垃圾对空气、水体的污染，以及减少对土地的占用。因此，亟须通过法制保障，推进上海垃圾分类工作，保障本市的生态安全。

五是保障经济社会可持续发展。习近平总书记在党的十九大报告中指出，建设生态文明是中华民族永续发展的千年大计，强调要加强固体废弃物和垃圾处置。“垃圾围城”与上海建设具备高品质宜居环境的卓越的全球城市定位不匹配，普遍推行垃圾分类制度，就是破解“垃圾围城”威胁、推进生态文明建设、促进经济社会可持续发展，建设卓越的全球城市的重要举措。

《条例》的立法依据，主要有以下法律、法规：

一是国家相关法律。具体包括《中华人民共和国固体废物污染环境防治法》《中华人民共和国清洁生产促进法》《中华人民共和国循环经济促进法》三部法律。

1.《中华人民共和国固体废物污染环境防治法》(以下简称《固废法》)。该法律于1995年10月30日经第八届全国人民代表大会常务委员会第十六次会议通过,自1996年4月1日起施行,后经2004年、2013年、2015年、2016年、2020年五次修改。该法律规定,固体废物污染环境的防治实行“坚持减量化、资源化和无害化的原则”,“减少固体废物的产生量,促进固体废物的综合利用,降低固体废物的危害性”(第四条)和“坚持污染担责的原则”(第五条)。需要说明的是,最新的《固废法》经2020年4月29日第十三届全国人民代表大会常务委员会第十七次会议第二次修订,将自2020年9月1日起施行。新的《固废法》新增“生活垃圾”专章,完善了生活垃圾污染环境防治制度,从国家层面明确推行生活垃圾分类制度,确立“政府推动、全民参与、城乡统筹、因地制宜、简便易行”的生活垃圾分类原则,要求地方政府加快建立分类投放、分类收集、分类运输、分类处理的生活垃圾管理系统,明确产生生活垃圾的单位、家庭和个人应当依法履行分类投放义务,并规定地方可以结合实际制定生活垃圾具体管理办法。《条例》的有关规定符合新修订《固废法》的立法精神。

2.《中华人民共和国清洁生产促进法》(以下简称《清洁生产促进法》)。该法律于2002年6月29日经第九届全国人民代表大会常务委员会第二十八次会议通过,自2003年1月1日起施行,后经2012年修改。这是我国首部规范清洁生产、发展循环经济的法律,它的出台对我国清洁生产的实施以及循环经济的发展产生了重要影响,对促进经济、社会进一步健康发展具有重要作用。该法律规定了清洁生产的含义、促进清洁生产的政府责任、促进措施，将清洁生产作为我国环保工作的基本原则，实现污染防治从末端治理向源头控制的转变。该法律第二条规定，清洁生产是指不断采取改进设计、使用清洁的能源和原料、采用先进的工艺技术与设备、改善管理、综合利用等措施，从源头削减污染，提高资源利用效率，减少或者避免生产、服务和产品使用过程中污染物的产生和排放，以减轻或者消除对人类健康和环境的危害。该法律的特点是鼓励、提倡性规范，对如包装物减量、绿色采购、低碳消费等进行规定，主要突出了政府的引导功能。

3.《中华人民共和国循环经济促进法》(以下简称《循环经济促进法》)。该法律于 2008 年 8 月 29 日经第十一届全国人民代表大会常务委员会第四次会议通过，自 2009 年 1 月 1 日起施行。该法律规定了循环经济的含义，将其定义为“在生产、流通和消费等过程中进行的减量化、再利用、资源化活动的总称”，首次以法律形式明确了减量化、再利用、资源化的内涵，对包装物减量、绿色办公、低碳消费、绿色采购等提出了原则性规定。

二是行政法规。主要是《城市市容和环境卫生管理条例》，该条例是 1992 年 6 月 28 日国务院令第 101 号发布的行政法规，自 1992 年 8 月 1 日起施行，后经 2010 年、2017 年两次修正。在《固废法》颁布、生效以前就施行的《城市市容和环境卫生管理条例》，在第三章“城市环境卫生管理”中对城市生活废弃物的管理提出了原则性规定，明确“一切单位和个人，都应当依照城市人民政府市容环境卫生行政主管部门规定的时间、地点、方式，倾倒垃圾、粪便”。还对城市生活废弃物的收集、运输、处理提出要求,规定:"对城市生活废弃物应当逐步做到分类收集、运输和处理。"

第二条 本市行政区域内生活垃圾的源头减量、投放、收集、运输、处置、资源化利用及其监督管理等活动,适用本条例。

本条例所称的生活垃圾,是指在日常生活中或者为日常生活提供服务的活动中产生的固体废弃物以及法律、行政法规规定视为生活垃圾的固体废弃物。

【释义】 本条是关于《条例》适用范围和生活垃圾定义的规定。

本条共分两款。第一款是对生活垃圾管理适用范围的规定。法律规范的适用范围,是指法律规范的效力范围,主要包括空间效力范围、行为活动范围、行为主体范围等。空间效力范围,又称法律规范适用的地域范围;行为活动范围又称法律规范对行为活动的效力,即法律规范对什么行为活动适用。本款即对《条例》适用范围作了明确规定。本款含两层意思:第一,界定了《条例》适用的地域范围为本市行政区域。这是立法中最为常见的情况,即表明该法规的地域范围具有普遍性。通俗地讲,《条例》适用的地域范围即指上海全部行政区域范围,包括城市化地区和农村地区,对《上海市市容环境卫生管理条例》明确的城市化地区予以拓展。第二,界定了《条例》适用的行为活动范围除了生活垃圾的投放、收集、运输、处置环节,还向两端适当延伸,对源头减量和资源化利用也予以规范。这既与发达国家治理固体废物的"3R"[Reduce(减量化)、Reuse(再利用)、Recycling(再循环)]理念相符,也是《条例》全生命周期管理的立法理念的体现,同时也是对政府规章《上海市促进生活垃圾分类减量办法》(以下简称《促进减量办法》)中有关源头减量、资源化利用规定的固化。生活垃圾管理是一个系统性工程,源头减量、投放、收集、运输、处置、资源化利用共同构成了垃圾管理的一个完整系统:抓好源头减量环节,减少垃圾的产生;抓好分类投放环节,按照规定设置分类收集容器、实施分类投放;抓好分类收集环节,做到分类驳运,不混装;抓好分类运输环节,配备分类清运车辆和设备,实现不同类别垃圾分类运输;抓好分类处置环节,加快建设完善末端处置设施,干垃圾送处置单位焚烧填埋,有害垃圾按照规范进行无害化处理;抓好资源化利用环节,将废纸张、废塑料、废玻璃制品、废金属、废织物等可回收物纳入全市可回收物回收体系资源化利用,湿垃圾进行生化处理、产沼、堆肥等资源化利用,才能实现源头减量、投放、收集、运输、处置、资源化利用六个环节相互衔接和匹配。

第二款是对生活垃圾定义的规定。立法中的定义,是指对于一种事物的本质特征或一个概念的内涵和外延所作的确切表述。什么东西是垃圾?《现代汉语词典》解释为"脏土或废弃物",《辞海》解释为"被倾弃的污秽、废物"。而生活垃圾简而言之就是生活中产生的垃圾,《固废法》将其明确为在日常生活中或者为日常生活提供服务的活动中产生的固体废物,以及法律、行政法规规定视为生活垃圾的固体废物。《市容环境卫生术语标准》(CJJ/T65-2004)将其明确为"人类在生活活动过程中产生的垃圾,是生活废物的重要组成部分"。在立法过程中,各方就是否要对生活垃圾进行定义,以及如何定义生活垃圾经过了仔细研究和热烈讨论,最终决定为了使《条例》更完整,使市民更易理解,结合上海市工作实践,对照《固废法》规定,对生活垃圾定义予以明确。

第三条 本市以实现生活垃圾减量化、资源化、无害化为目标，建立健全生活垃圾分类投放、分类收集、分类运输、分类处置的全程分类体系，积极推进生活垃圾源头减量和资源循环利用。

本市生活垃圾管理工作，遵循政府推动、全民参与、市场运作、城乡统筹、系统推进、循序渐进的原则。

【释义】 本条是关于生活垃圾管理目标与管理原则的规定。

本条共分两款。第一款是关于生活垃圾管理目标的规定。《固废法》明确，固体废物污染环境防治坚持减量化、资源化和无害化的原则，任何单位和个人都应当采取措施，减少固体废物的产生量，促进固体废物的综合利用，降低固体废物的危害性。《循环经济促进法》规定，本法所称循环经济，是指在生产、流通和消费等过程中进行的减量化、再利用、资源化活动的总称。《清洁生产法》规定，本法所称清洁生产，是指不断采取改进设计、使用清洁的能源和原料、采用先进的工艺技术与设备、改善管理、综合利用等措施，从源头削减污染，提高资源利用效率，减少或者避免生产、服务和产品使用过程中污染物的产生和排放，以减轻或者消除对人类健康和环境的危害。可见实现“减量化、资源化、无害化”是国家对于固体废物的治理目标。减量化，就是指在生产、流通和消费等过程中减少资源消耗和废弃物产生。资源化，就是指将废弃物直接作为原料进行利用或者对废弃物进行再生利用。无害化，就是指通过适当的技术对废弃物进行处理，有效控制其对环境的污染，以及对人体健康可能的危害。国务院《实施方案》要求，上海等 46 个重点城市于 2020 年年底前先行实施生活垃圾强制分类。上海市政府办公厅印发的《关于建立完善本市生活垃圾全程分类体系的实施方案》(沪府办规〔2018〕8 号,以下简称"上海市《实施方案》")明确,至 2020 年年底,基本建成以法治为基础、政策完善、技术先进、社会协同,与上海卓越的全球城市发展定位相适应的生活垃圾全程分类体系。源头基本实现单位生活垃圾强制分类全覆盖,居民区普遍推行生活垃圾分类制度;末端实现干垃圾无害化日处理能力达到 3.28 万吨以上,湿垃圾资源化利用日处理能力达到 7000 吨以上,垃圾资源回收利用率达到 35%以上,使上海市生活垃圾"减量化、资源化、无害化"达到国内领先水平。《上海市绿化市容"十三五"规划》提出,到"十三五"末全市生活垃圾无害化处理率保持 100%,基本实现原生生活垃圾零填埋目标。为实现这一目标,《条例》重点围绕投放、收集、运输、处置各环节提出分类规范,建立健全生活垃圾全程分类体系,加快推进生活垃圾"减量化、资源化、无害化";同时,将管理范畴向两端适当延伸,对源头减量和资源化利用予以进一步明确。故本款将生活垃圾管理目标明确为,上海市以实现生活垃圾减量化、资源化、无害化为目标,建立健全生活垃圾分类投放、分类收集、分类运输、分类处置的全程分类体系,积极推进生活垃圾源头减量和资源循环利用。

第二款是关于生活垃圾管理原则的规定。管理原则体现着整个立法的指导思想和立法思路,在《条例》的具体条款内容中均有充分体现,是上海市生活垃圾管理工作的基本原则。《条例》明确生活垃圾管理工作应当遵循"政府推动、全民参与、市场运作、城乡统筹、系统推进、循序渐进"的原则,主要有四方面依据:一是 2016 年 12 月 21 日习近平总书记在中央财经领导小组第十四次会议上强调要"加快建立分类投放、分类收集、分类运输、分类处理的垃圾处理系统,形成以法治为基础、政府推动、全民参与、城乡统筹、因地制宜的垃圾分类制度,努力提高垃圾分类制度覆盖范围";二是国务院《实施方案》中提出了"政府推动,全民参与""因地制宜,循序渐进""完善机制,创新发展""协同推进,有效衔接"四条基本原则;三是2018年住建部全国生活垃圾分类试点工作推进会上,提出"垃圾分类要全面系统推进,不断提高政治站位,以综合、全局的思维统筹谋划、全面推进生活垃圾分类工作,区域整体推动,形成全社会自觉参与氛围";四是基于上海的生活垃圾管理工作还存在投放分类质量有待提高、全程分类体系尚未健全、基本设施建设和改造亟待推进、源头减量和资源化利用水平亟待提高等短板,聚焦问题导向、补足短板,根据上海市工作实际提出了"全民参与""循序渐进"的管理原则。

综上所述,制定上述原则主要是基于国家要求和上海的实践,既立足实践、又适度超前,强调立法的阶段性特征和引领性要求,注重制度设计的可操作性和适度的弹性。"政府推动"原则体现生活垃圾管理工作要落实市、区、街镇三级管理职责,加强部门属地联动,强化宣传、引导、监管职能,强化公共机构和企业示范带头作用;"全民参与"原则体现垃圾分类工作必须依靠每家每户培养分类投放意识,是需要全体市民共同参与的工作;"市场运作"原则体现充分发挥市场作用,鼓励社会资本采用多种形式参与生活垃圾源头减量、分类投放、分类收集、分类运输、分类处置、资源化利用等活动;"城乡统筹"原则体现上海市生活垃圾管理工作要坚持城乡一体化,按照全市总体规划布局,完善科学合理的区域处置布局,着力形成市中心城区和郊区生活垃圾物流既相对独立又资源共享的格局;“系统推进”原则体现通过建立生活垃圾分类投放、分类收集、分类运输、分类处理的全程分类体系,落实整区域推进的工作机制,提升生活垃圾分类综合实效;“循序渐进”原则体现了垃圾分类工作不可能毕其功于一役,需要经过一个长期过程。生活垃圾分类管理涉及人们行为习惯的改变,“新时尚”的形成需要一个长期的过程。日本、德国等国家生活垃圾分类都是经历了几十年的努力,才有今天的成就。

第四条 本市生活垃圾按照以下标准分类:

(一)可回收物,是指废纸张、废塑料、废玻璃制品、废金属、废织物等适宜回收、可循环利用的生活废弃物;

(二)有害垃圾,是指废电池、废灯管、废药品、废油漆及其容器等对人体健康或者自然环境造成直接或者潜在危害的生活废弃物;

(三)湿垃圾,即易腐垃圾,是指食材废料、剩菜剩饭、过期食品、瓜皮果核、花卉绿植、中药药渣等易腐的生物质生活废弃物;

(四)干垃圾,即其它垃圾,是指除可回收物、有害垃圾、湿垃圾以外的其它生活废弃物。

生活垃圾的具体分类标准,可以根据经济社会发展水平、生活垃圾特性和处置利用需要予以调整。

【释义】 本条是关于生活垃圾分类标准的规定。

本条共分两款。第一款是对于生活垃圾分类标准内容的规定。生活垃圾分类是实现生活垃圾减量化、资源化、无害化的源头基础,其中,生活垃圾分类标准与市民群众关系最为密切,是生活垃圾全程分类体系的基础。分类标准怎么设定直接影响到生活垃圾分类管理的效果，应当既坚持科学性，又兼顾可操作性。自2000年被确立为建设部垃圾分类试点城市以来，上海市生活垃圾分类标准虽然经历了不断完善的过程，但是始终以“末端处置决定前端分类”作为确定分类标准的基本原则。2011年确定为可回收物、有害垃圾、湿垃圾、干垃圾的“四分法”，并在《促进减量办法》这部政府规章中予以固化。在本次立法过程中，分类标准是各方面最为关注的问题，也是始终存在不同看法的内容。《条例》将特性归纳和种类列举相结合，沿用“四分法”标准，明确了“可回收物、有害垃圾、湿垃圾、干垃圾”的“四分类”分类标准，按照住宅小区“一鼓励(可回收物)、一严禁(有害垃圾)、两分类(湿垃圾、干垃圾)”的方式推进垃圾分类，总体基于以下三方面考虑：一是国务院文件要求“四分类”。国务院《实施方案》要求到2020年年底前，实施生活垃圾强制分类的城市(包括上海市)要结合本地实际，必须将有害垃圾作为强制分类的类别之一，同时参照生活垃圾分类及其评价标准，再选择确定易腐垃圾、可回收物等强制分类的类别。因此，在强制分类的城市，首先要求将有害垃圾分类，然后是有条件地对易腐垃圾、可回收物分类，剩余部分作为一类，实际上分为四类；二是全国相关城市基本实行“四分类”。北京、广州、江苏、杭州、厦门等省市，基本按照有害垃圾、可回收物、易腐垃圾、其它垃圾“四分类”标准进行分类；三是“四分法”符合上海特点的延续与发展。上海市自20世纪90年代开展垃圾分类试点工作以来，长期坚持“四分类”标准。目前“可回收物、有害垃圾、湿垃圾、干垃圾”的“四分类”名称自2013年以来已经稳定了多年。国务院《实施方案》中，对易腐垃圾和其它垃圾也有“湿垃圾、干垃圾”的表述，如：引导居民将“湿垃圾”(滤出水分后的厨余垃圾)与“干垃圾”分类收集、分类投放;四是当前的“四分类”标准具有广泛的民意和社会基础。上海市人大常委会立法过程中,为形成社会共识,达成立法的“最大公约数”,采取问卷调查、立法听证等方式对分类标准作了重点调研,多数市民对“四分法”表示了认可,认为“四分法”已经约定俗成,不宜再轻易变更。据 2017 年上海市人大城建环保委、上海市绿化市容局针对公众和市人大代表的“双样本”问卷调查显示,赞同“四分法”并主张干、湿分类的意见占 67.4%;2018 年市人大城建环保委的问卷调查也验证这个结论,有 75.6%的被访者对于“有害垃圾、湿垃圾、可回收物、干垃圾”的分类名称表示认可。

《条例》通过特性归纳和种类列举相结合方式明确了“四分类”:一是可回收物,指生活源再生资源,《条例》明确定义为适宜回收、可循环利用的生活废弃物,包括废纸张、废塑料、废玻璃制品、废金属、废织物等;二是有害垃圾,指生活垃圾中的有毒有害物质,《条例》明确定义为对人体健康或者自然环境造成直接或者潜在危害的生活废弃物,包括废电池、废灯管、废药品、废油漆及其容器等;三是湿垃圾,指易腐垃圾,《条例》明确定义为易腐的生物质生活废弃物,包括食材废料、剩菜剩饭、过期食品、瓜皮果核、花卉绿植、中药药渣等;四是干垃圾,指其它垃圾,是对不属于可回收物、有害垃圾、湿垃圾的生活垃圾的总称,《条例》明确定义为可回收物、有害垃圾、湿垃圾以外的其它垃圾。为了让市民明晰“四分类”标准,根据市民调查的结果,上海市绿化市容局于 2019 年制发《上海市生活垃圾分类投放指引》(沪分减联办〔2019〕3 号),对常见垃圾品种按照“四分法”进行分类列举。

住房和城乡建设部颁布了最新的《生活垃圾分类标志》(GB/T 19095-2019),自2019年12月1日起实施,其中,生活垃圾分为可回收物、有害垃圾、厨余垃圾、其他垃圾四类,并明确“厨余垃圾”也可称为“湿垃圾”,“其他垃圾”也可称为“干垃圾”。《条例》的分类标准与国家标准保持了一致。

第二款是关于生活垃圾分类标准调整的规定。本款明确上海市可以根据经济社会发展水平、生活垃圾特性和处置利用需要等对分类标准予以细化调整,为今后进一步完善预留空间。目前规定的分类标准是比较符合上海实践基础和国家要求的,也有较强的可操作性。随着今后经济水平的发展,市民文明素质的提升,末端处置利用能力的提高,分类标准还可以根据实践的推进,分类投放和后续处置水平的提升,予以不断细化和完善。

第五条　市人民政府应当加强对本市生活垃圾管理工作的领导,建立生活垃圾管理工作综合协调机制,统筹协调生活垃圾管理工作。

市绿化市容部门是本市生活垃圾管理的主管部门,负责本市生活垃圾管理工作的组织、协调、指导和监督。

市发展改革部门负责制定促进生活垃圾源头减量、资源化利用以及无害化处置的政策,协调生产者责任延伸制度的落实,研究完善生活垃圾处理收费机制。

市房屋管理部门负责督促物业服务企业履行生活垃圾分类投放管理责任人义务。

市生态环境部门负责生活垃圾处理污染防治工作的指导和监督。

市城管执法部门负责对查处违反生活垃圾分类管理规定

行为的指导和监督。

本市住房城乡建设、商务、财政、规划、经济信息化、教育、民政、农业农村、科技、卫生健康、文化旅游、市场监管、邮政、机关事务管理等部门按照各自职责，协同实施本条例。

【释义】 本条是关于市级政府部门职责分工的规定。

理顺管理体制、明确部门职责，是生活垃圾管理工作顺利推进的必要保障。生活垃圾管理要坚持政府推动，特别是当前起步阶段，政府的主导推动更为关键，各级政府及有关部门责无旁贷。

本条共分七款，涉及19个政府部门。第一款是关于上海市人民政府在生活垃圾管理工作中的职责。《固废法》规定，县级以上地方人民政府应当加快建立分类投放、分类收集、分类运输、分类处理的生活垃圾管理系统，实现生活垃圾分类制度有效覆盖。国务院《实施方案》明确，落实城市人民政府主体责任，省级人民政府要加强对生活垃圾分类工作的指导。生活垃圾管理遵循“政府推动”原则，特别是当前起步阶段，政府的主导推动更为关键，故本款强调市政府要加强对本市生活垃圾管理工作的领导，应当建立生活垃圾管理工作综合协调机制；上海市现有的综合协调机制为生活垃圾分类减量工作联席会议，市政府在《上海市人民政府印发关于进一步加强本市生活垃圾管理若干意见的通知》（沪府发〔2010〕9号，以下简称“上海市《若干意见》”）中就明确在生活垃圾管理工作中加强统筹协调，建立由市政府相关部门参与的生活垃圾管理协调机制，及时解决生活垃圾管理和设施建设中的问题，推进生活垃圾处理设施建设，加大生活垃圾管理力度。为进一步加强对全市生活垃圾分类减量工作的领导，提高生活垃圾分类减量工作的实效和可持续性。上海市于2012年4月建立了由分管副市长作为第一召集人,19个市相关部门和17个区县政府组成的联席会议。2019年5月5日,根据《条例》规定和上海市《实施意见》要求,上海市人民政府办公厅制发《关于调整上海市生活垃圾分类减量推进工作联席会议组成人员的通知》(沪府办〔2019〕14号),对联席会议组成人员进行进一步调整,增加至29个市相关部门和16个区政府,共45家成员组成的联席会议,用以统筹推进全市生活垃圾分类减量工作,落实分工责任,强化协调配合,加强考核评价。联席会议主要具有以下职能:一是贯彻落实上海市委、市政府关于本市生活垃圾分类减量工作的部署,制定并完善分类标准、节能减排奖励措施等推进工作机制,提出落实意见;二是讨论制定本市生活垃圾分类减量工作的具体目标和实施方案,并开展对各区年度分解目标完成情况的考核工作;三是定期通报全市分类减量工作推进情况,分析存在问题,提出改进措施;四是研究垃圾分类减量工作中需要协调的重大问题,明确责任分工和工作措施,并规定了工作会议、考核、工作信息等相关制度。联席会议下设办公室,按照会议的工作部署,负责具体协调推进全市生活垃圾分类日常工作。在《贯彻〈上海市生活垃圾管理条例〉推进全程分类体系建设实施意见的通知》(沪府办发〔2019〕3号,以下简称"上海市《实施意见》")中,明确了联席会议办公室成员单位推进12个方面、49项工作任务,涉及26个相关部门。比如,明确市教委、市卫生健康委、市机管局等部门组织开展垃圾立法宣传"进社区、进村宅、进学校、进医院、进机关、进企业、进公园"系列活动,做好2019年春季全市中小学生"开学第一课"活动,普及垃圾分类及立法知识。

第二款是关于市绿化市容部门在生活垃圾管理工作中的职责界定。具体明确为“市绿化市容部门是本市生活垃圾管理的主管部门，负责生活垃圾管理工作的组织、协调、指导和监督”。主要包括：组织编制生活垃圾管理专项规划、处理设施专项规划，组织推进处理设施建设等；协调相关部门制定生活垃圾具体分类目录、可回收物扶持政策、建立生活垃圾全过程管理信息系统等；指导区绿化市容部门开展生活垃圾管理等工作；监督生活垃圾分类投放、分类收集、分类运输、分类处置等全程分类体系建设等工作。

第三款是关于市发展改革部门在生活垃圾管理工作中的职责界定。具体明确为“市发展改革部门负责制定促进生活垃圾源头减量、资源化利用以及无害化处置的政策，协调生产者责任延伸制度的落实，研究完善生活垃圾处理收费机制”。主要包括：会同有关部门制定循环经济发展扶持政策、支持可回收物回收利用项目，配合研究生活垃圾处理收费机制，将生活垃圾处理设施年度建设计划所需的资金和土地分别纳入年度投资计划和年度土地供应计划等。上海市《实施意见》细化了市发展改革部门职责，明确其发挥好湿垃圾资源化设施建设资金补贴政策激励作用、落实生活垃圾焚烧设施的建设投资补贴政策等任务。

第四款是关于市房屋管理部门在生活垃圾管理工作中的职责界定。具体明确为“市房屋管理部门负责督促物业服务企业履行生活垃圾分类投放管理责任人义务”。市房屋管理部门具有负责本市各类房屋物业管理的监督管理工作等职责，上海市《实施意见》细化了市房屋管理部门职责，明确其具有落实居住区分类垃圾箱房和分类投放点改造，推进居住区、公共场所生活垃圾投放容器、标识的规范化，短途驳运机具的规范化等任务。

第五款是关于市生态环境部门在生活垃圾管理工作中的职责界定。具体明确为“市生态环境部门负责生活垃圾处理污染防治工作的指导和监督”。主要包括对生活垃圾处理过程中产生的废水、废气、废渣、噪声等污染物排放以及周边土壤污染情况进行监督。

第六款是关于市城管执法部门在生活垃圾管理工作中的职责界定。具体明确为“市城管执法部门负责对查处违反生活垃圾分类管理规定行为的指导和监督”。《中华人民共和国行政处罚法》规定：“国务院或者经国务院授权的省、自治区、直辖市人民政府可以决定一个行政机关行使有关行政机关的行政处罚权，但限制人身自由的行政处罚权只能由公安机关行使。”《上海市城市管理行政执法条例》规定：“市和区、县城管执法部门以及乡、镇人民政府实施城市管理行政执法的范围包括：(一)依据市容环境卫生管理方面法律、法规和规章的规定，对违反市容环境卫生管理的违法行为实施行政处罚。”通过地方性法规授予城管执法部门行使相对集中行政处罚权，生活垃圾管理属于市容环境卫生管理范畴，故《条例》规定的行政处罚事项主要是由城管执法部门行使的。同时按照职责分工，市城管执法部门应按照《条例》规定，对区城管执法部门、街道和乡镇人民政府在生活垃圾管理方面的相关执法工作进行指导和监督。

第七款是对与生活垃圾管理相关的其他行政管理部门职责的兜底规定。城市精细化管理中的每项工作基本上都或多或少地涉及其他部门的一定职责，生活垃圾管理工作这一特点更加明显。生活垃圾管理工作是一项系统性工程，需要各个部门形成合力予以推进。比如源头减量方面的清洁生产、绿色消费、绿色办公、包装物减量和湿垃圾减量等工作，就涉及了经济、科技、发展改革、商务、旅游、机关事务管理、质量技术监督、农业管理等多个部门，这些部门都需要按照自身职责分工，协同实施《条例》，以达到通过《条例》制定来固化各职能部门所应承担职责的目的。

第六条 区人民政府负责所辖区域内生活垃圾管理工作，并建立相应的综合协调机制。

区绿化市容部门负责所辖区域内生活垃圾管理工作的具体组织、协调、指导和监督。区发展改革、房屋管理、生态环境、城管执法等部门按照各自职责，协同推进所辖区域内生活垃圾管理工作。

乡镇人民政府、街道办事处负责所辖区域内生活垃圾分类投放、分类驳运以及相关的分类收集等日常管理工作的具体落实。

【释义】 本条是关于区级及街镇层面的职责规定。

本条共分三款。第一款是关于区政府建立综合协调机制的规定。从更加有利于有效开展工作、强化属地管理责任出发，应当将区政府明确为实施生活垃圾管理工作的责任主体。因此，通过《条例》将区政府的协调机制予以固化。上海市《实施方案》明确，健全完善市、区两级生活垃圾分类联席会议等工作平台，加强统筹协调，细化责任分工，强化工作协同。上海市《实施意见》也明确，完善各级生活垃圾分类工作联席会议制度，加大日常综合协调和监督指导力度。对照第五条第一款市政府建立综合协调机制的规定，区政府也应建立相应的综合协调机制，同时区政府也是生活垃圾管理工作的责任主体，应当负责所辖区域内生活垃圾管理工作。

第二款是关于区相关部门责任的规定。对照第五条中市相关部门职责，结合区级部门实际，本款对于区相关部门的职责予以明确。一是明确区绿化市容部门承担生活垃圾管理工作的具体组织、协调、指导和监督。区绿化市容部门在同级人民政府领导下，以及市绿化市容部门指导下，负责所辖区域内生活垃圾管理工作的具体组织、协调、指导和监督，《条例》明确了区绿化市容部门推进可回收物回收服务点、中转站和集散场建设、确定可回收物、有害垃圾、湿垃圾、干垃圾的收集、运输单位以及湿垃圾、干垃圾的处置单位等 9 项职责。二是明确了区级层面其他主要的管理部门职责，明确区发展改革、房屋管理、生态环境、城管执法等部门按照各自职责，协同推进所辖区域内生活垃圾管理工作。

第三款是关于乡镇政府、街道办事处职责的规定。《条例》明确乡镇、街道在生活垃圾管理工作方面的具体事项，主要基于已有的规定和目前“管理、执法工作重心下移”街镇工作现状：一是市绿化市容局、编办联合发布《关于推动市区县绿化市容管理职能下沉街镇工作的指导意见》（沪绿容〔2016〕265 号），明确街镇绿化市容管理机构主要职责包括“环境卫生和废弃物监管”等。为落实指导意见，市绿化市容局制发《关于进一步做好区绿化市容管理职能下沉街镇工作的通知》（沪绿容〔2017〕296 号）细化了环卫管理职责，明确街镇绿化市容管理职责包括负责本辖区内居民生活垃圾收运作业和垃圾箱房等的日常监管、街镇级生活垃圾中转、处理等设施的建设及运行管理、对辖区内单位生活垃圾的企事业单位和个人经营者进行申报登记与管理等有关生活垃圾日常管理的职责。二是目前乡镇人民政府、街道办事处一般负责所辖区域内生活垃圾分类投放、分类驳运以及相关分类收集等日常管理工作的具体落实。上海市《实施意见》明确,按照“市级统筹、区级组织、街镇落实”的思路,建立健全“两级政府、三级管理、四级落实”的生活垃圾分类责任体系,落实属地政府和社区管理职责。

具体来说,对于分类投放管理工作,乡镇、街道应当将生活垃圾管理纳入基层社会治理工作,加强组织协调和指导。组织基层党组织、村(居)民委员会、业主委员会、基层物业管理单位等在社区起好牵头作用,发动、宣传、指导、监督辖区内单位和居民参与垃圾分类,做好分类投放;对于分类驳运管理工作,乡镇、街道应当监督生活垃圾分类管理责任人履行分类驳运工作,完成投放点到集中运输点的分类驳运;对于相关分类收集管理工作,不是所有乡镇、街道都负有做好分类收集工作的义务,而是根据实际情况,由乡镇、街道确定生活垃圾收集、运输单位的,乡镇、街道应当对“混装混运”行为予以监督,及时协调处理收集、运输单位拒绝接受不符合分类要求生活垃圾的情况。

第七条 单位和个人应当积极参与绿色生活行动,减少生活垃圾产生,履行生活垃圾分类投放义务,并承担生活垃圾产生者责任。

本市按照谁产生谁付费的原则,逐步建立计量收费、分类计价的生活垃圾处理收费制度。具体办法由市人民政府另行制定。

【释义】 本条是关于垃圾产生者在生活垃圾管理活动中所应承担责任的规定。

本条共分两款。第一款是关于垃圾产生者义务的规定。

义务是指个体在相应的社会关系中应当进行的价值付出。生活垃圾管理是全社会的共同责任,不仅需要各级人民政府积极履行法定职责,积极开展城市生活垃圾治理工作,同时更需要社会各成员的广泛参与。一方面,每个单位、每个社会成员都应积极践行绿色生活理念,从源头减少垃圾产生,为做好垃圾分类减量工作作出努力。另一方面,《固废法》规定,固体废物污染环境防治坚持污染担责的原则。这就是通常所说的“谁污染、谁治理”原则,此原则作为环境保护工作的一项基本原则,是指污染环境造成的损失及治理污染的费用或者责任应当由污染者承担,而不转嫁给政府或社会。这一原则明确了只要造成污染,污染者就应当承担责任,贯彻这一原则有利于提高污染者防止、治理环境污染的责任感,促进资源合理利用和环境保护。《城市生活垃圾管理办法》也明确,生活垃圾治理实行谁产生、谁依法负责的原则。本款明确将履行生活垃圾分类投放的义务作为每个单位和个人的义务,有利于动员和保证全社会的每个成员都积极投入生活垃圾分类工作中去,切实发挥每个社会成员在生活垃圾分类工作中的作用,同时也为发动群众参与生活垃圾分类工作,提供了法律依据。

第二款是关于生活垃圾处理收费制度的规定。国务院《实施方案》提出,要按照污染者付费原则,完善垃圾处理收费制度。《固废法》规定,县级以上地方人民政府应当按照产生者付费原则,建立生活垃圾处理收费制度,县级以上地方人民政府制定生活垃圾处理收费标准,应当根据本地实际,结合生活垃圾分类情况,体现分类计价、计量收费等差别化管理,并充分征求公众意见。生活垃圾处理收费标准应当向社会公布;国家发改委《关于创新和完善促进绿色发展价格机制的意见》明确,2020年年底前全国城市全面建立垃圾收费制度;对具备条件的居民用户,实行计量收费和差别化收费。从东京、台北等地垃圾收费制度发展历程来看,采取“按量计费、分类计价”方法对于垃圾源头减量、推行垃圾分类制度具有重要的促进作用。因此,生活垃圾处理收费制度是生活垃圾管理制度体系的重要组成部分之一。从全国看,多数城市居民垃圾收费实行定额制,北京等地采取单独收缴方式,大连、青岛等城市采取居民垃圾收费与公用事业费捆绑收缴方式,台北则是随袋征收,广州提出“逐步建立计量收费、分类计价”的收费制度,但尚未出台细则。上海市于2004年建立了针对单位的生活垃圾处理收费制度,采取“按桶(240升/桶)计量,分类(生活垃圾/餐厨垃圾)计价”的方式,对餐厨垃圾、生活垃圾实行不同的计量收费标准[在年度处理量基数内,生活垃圾处理费最高40元/桶(高级宾馆、娱乐场所最高80元/桶),餐厨垃圾处理费最高60元/桶,超出基数的,超出部分收费标准翻倍,生活垃圾最高80元/桶,餐厨垃圾最高120元/桶]。为配套《条例》出台,市政府制发《上海市人民政府关于批转市绿化市容局等五部门制订的〈上海市单位生活垃圾处理费征收管理办法〉的通知》(沪府规〔2019〕28号),一是调整了收费减免规定,对养老院、残疾人企业以及特殊教育学校等公益性较强的单位,明确分类考核达标的可减免单位生活垃圾处理费;对其他单位,明确分类考核达标的可下调收费标准,不达标的,可上浮收费标准。二是调整生活垃圾收费计量方式。明确单位生活垃圾产生量按照干垃圾、湿垃圾、有害垃圾三类分类计量。近年来,上海市相关部门不断深化居民垃圾收费制度研究,力求形成与分类质量、减量实效挂钩的居民垃圾收费方案。本次生活垃圾地方立法原则性规定了“逐步建立计量收费、分类计价的生活垃圾处理收费制度”，授权政府另行制定具体收费办法，既兼顾了上海市单位垃圾计量收费的实际情况，又为今后出台居民垃圾收费制度预留了空间。

第八条 本市实行区域生活垃圾处置总量控制制度。市人民政府根据本市生活垃圾全程分类管理要求，结合各区人口规模以及经济社会发展水平，制定各区生活垃圾处置总量控制计划。各区人民政府应当按照本区生活垃圾处置总量控制计划，落实生活垃圾减量和资源化利用措施。

【释义】 本条是关于生活垃圾总量控制的规定。

生活垃圾处置总量是指可回收物、有害垃圾、湿垃圾、干垃圾处置量的总和。生活垃圾处置总量控制是根据区域上年度生活垃圾实际处置量以及人口规模(常住人口)、经济社会发展水平等综合因素，核定区域年度生活垃圾处置量控制数。对应生活垃圾分类要求，分解干垃圾、湿垃圾和可回收物控制指标，体现为湿垃圾处置量、可回收物回收量的增加，干垃圾处置量的控制，促进源头减量、资源化利用。上海市《实施意见》对2019年各区的总量控制提出了要求，明确了各区末端垃圾分类量的实效指标，以黄浦区为例，干垃圾控制量为886吨/日，可回收物量为130吨/日，湿垃圾量(含餐厨垃圾)为162吨/日;2018年黄浦区湿垃圾量控制为155吨/日。可见，随着垃圾分类工作的逐步推进，各区湿垃圾控制量的下限将有所提高，相应的干垃圾控制量的上限也将逐步降低。

2019年5月31日，上海市生活垃圾分类减量推进工作联席会议办公室制发《关于印发〈上海市生活垃圾总量控制管理办法(试行)〉的通知》(沪分减联办〔2019〕10号)，一是明确全市和各区总量控制测算口径,按前三年实际总量递推未来一年的计划,并综合考虑常住人口、人均GDP变化等因素,根据垃圾分类实效进度要求,分别确定干垃圾控制量上限、湿垃圾控制量下限,其余作为可回收物控制量指标;二是明确总量控制管理的操作流程,年度指标在征求各区意见后经报请市政府同意后,以上海市生活垃圾分类减量推进工作联席会议办公室名义下达生活垃圾总量控制目标,对年内发生人口、经济发展变化较大的区,可申请调整;三是明确总量控制结果的应用方向,明确各区生活垃圾总量控制指标完成情况,由市绿化市容局统计汇总后向市政府报告,并向各区政府通报。同时生活垃圾总量控制指标完成情况纳入市对区生活垃圾分类减量工作绩效考核的重要内容;四是明确总量控制的其他事项,包括控制措施、计量方法等。

第九条 **本市各级人民政府及其相关部门应当采取有效措施,加强生活垃圾源头减量、全程分类管理、资源化利用的宣传教育,提高市民生活垃圾分类意识,普及生活垃圾分类知识,推动形成全社会共同参与的良好氛围。**

【释义】 本条是关于宣传教育的规定。

本条是关于生活垃圾分类管理工作宣传教育的总体要求。国务院《实施方案》明确,树立垃圾分类、人人有责的环保理念,积极开展多种形式的宣传教育,普及垃圾分类知识。中共中央办公厅、国务院办公厅《关于实行国家机关"谁执法谁普法"普法责任制的意见》也明确,按照"谁执法谁普法"的要求,进一步明确国家机关普法职责任务,健全工作制度,加强督促检查,不断推进国家机关普法工作深入开展,努力形成党委统一领导,部门分工负责、各司其职、齐抓共管的工作格局,为全面依法治国作出积极贡献。由于垃圾分类涉及人们生活习惯的改变，单纯靠外力强制推行，效果难以显现，因此，必须让市民从思想观念上进行改变，接受垃圾分类理念，进而转化为自觉行动，可以说，垃圾分类成功与否，很大程度上取决于宣传工作是否到位和市民的行为是否自觉。生活垃圾管理工作秉持政府主导、社会参与的原则，工作推进既需要政府的组织推动和监管实施，又需要各类社会组织的积极参与。2019年2月20日上海召开的全市生活垃圾分类工作动员大会强调，垃圾分类是一项系统工程，是一场革命性的绿色转型，必须举全市之力、集各方智慧，上中下游一起抓，前中末端齐发力，形成全社会共同推进的强大合力。加强宣传，大力营造“以参与垃圾分类为荣、以准确分类为荣”的浓厚社会氛围。本条规定就是要求上海市各级人民政府及相关部门等各方共同行动，采取有效措施，加强生活垃圾源头减量、全程分类管理、资源化利用的宣传教育，提高市民生活垃圾分类意识，普及生活垃圾分类知识，推动形成全社会共同参与的良好氛围。

第十条 本市支持政府部门、企事业单位、社会团体运用科技手段，逐步提高生活垃圾分类投放、收集、运输、处置以及管理运行的智能化水平。

本市支持生活垃圾源头减量、分类投放、就地处置、资源化利用等方面的新技术、新工艺、新材料、新装备的研发和应用。

【释义】 本条是关于鼓励运用新技术新手段的规定。

本条共分两款。第一款是关于提高生活垃圾管理智能化水平的规定。智能化作为“三全四化”中的一化，是落实城市精细化管理的着力点，也是生活垃圾全过程管理的方向和趋势。生活垃圾管理涉及方方面面、千家万户，科技手段的运用为提高生活垃圾分类投放便利性提供了重要支撑。国务院《实施方案》明确，加快城市智慧环卫系统研发和建设，通过“互联网＋”等模式促进垃圾分类回收系统线上平台与线下物流实体相结合。上海市生活垃圾管理也逐步向智能化管理迈进。比如上海市将建立生活垃圾全过程信息系统，通过物联网、视频监控、卫星导航定位等信息化技术手段和大数据分析技术，对生活垃圾投放、收集、中转、运输、处置全过程管理要素进行实时信息收集、追根溯源分析、管理督办。目前在住宅小区内正逐步推广的智能化回收设备，是生活垃圾投放环节智能化手段的具体运用。因此，《条例》明确，上海市支持政府部门、企事业单位、社会团体运用科技手段，逐步提高生活垃圾分类投放、收集、运输、处置以及管理运行的智能化水平。

第二款是关于鼓励新技术、新工艺、新材料、新装备研发和应用的规定。新技术、新工艺、新材料、新装备研发和应用一直是上海市生活垃圾管理的薄弱环节，习近平总书记指出，科学技术是第一生产力，创新是引领发展的第一动力。鼓励新技术、新工艺、新材料、新设备的研发和应用，为充分发挥科技在生活垃圾管理中的先导、保障作用提供了重要的技术支撑。国务院《实施方案》明确，创新体制机制，推动建设一批以企业为主导的生活垃圾资源化产业技术创新战略联盟及技术研发基地，提升分类回收和处理水平。随着科技的快速发展，生活垃圾的管理不能局限于现有的技术手段。因此，为了更好地推进在生活垃圾管理方面的新技术运用，补足这一短板，《条例》规定，上海市支持生活垃圾源头减量、分类投放、就地处置、资源化利用等方面的新技术、新工艺、新材料、新装备的研发和应用，这也与上海建设卓越的全球城市，令人向往的创新之城、人文之城、生态之城，具有世界影响力的社会主义现代化国际大都市的城市目标定位相一致。

第二章　规划与建设

第十一条　市、区人民政府编制国民经济和社会发展规划，应当将推进生活垃圾源头减量、全程分类、资源化利用、无害化处置作为重要内容。

本市有关部门组织编制的城乡规划、土地利用规划，应当统筹考虑减少生活垃圾产生量、促进生活垃圾资源化利用和无害化处置。

【释义】　本条是关于要求市、区政府及有关部门编制相关规划时统筹考虑生活垃圾源头减量、全程分类、资源化利用、无害化处置需求的规定。

本条共分两款。第一款是关于将生活垃圾管理相关内容纳入国民经济和社会发展规划重要内容的规定。国民经济和社会发展规划是全国或者某一地区经济、社会发展的总体纲要，是具有战略意义的指导性文件。国民经济和社会发展规划是统筹安排和指导全国或某一地区的社会、经济、文化建设工作，根据经济社会发展需要和社会财力、物力的可能，合理地确定经济社会发展战略和宏观调控目标，是实现统筹规划和部署经济发展和社会发展的重要蓝图。生活垃圾源头减量、全程分类、资源化利用、无害化处置工作同城市基础设施和运行机制建设，同生态建设和保护，同国民经济各部门、社会生活各方面都密切相关。将这项工作纳入上海市国民经济和社会发展规划是必要的，为此，本条规定了各级政府和部门必须将生活垃圾全程管理的相关内容写入国民经济和社会发展规划,确保后续相关工作得到保障。20 世纪 90 年代以来,随着国民生活水平的不断提高,上海市生活垃圾产生量逐渐增高、生活垃圾组分越来越复杂,原有简易收集和处置方式已不能满足管理需求,故上海市逐步推进生活垃圾分类管理;在《上海市国民经济和社会发展第十三个五年规划》中提出了推进循环经济和资源集约利用工作要求,明确要求建立完善生活垃圾从分类、收运、资源化利用到末端处理的全程管理体系,要坚持减量化、再利用、资源化,大力推进政策制度创新,显著减少废弃物排放,实现各类资源高效循环利用。为此,各级政府及有关部门要继续采取有利于生活垃圾源头减量、全程分类、资源化利用、无害化处置的经济、技术政策和措施,对城市与乡村生活垃圾进行深入调查研究,进行科学论证,认真做好生活垃圾源头减量、全程分类、资源化利用、无害化处置工作,促进经济社会可持续发展。

第二款是关于编制城乡规划、土地利用规划时,应当统筹考虑减少生活垃圾产生量、促进生活垃圾资源化利用和无害化处置的规定。城乡规划是一项全局性、综合性、战略性的工作,涉及政治、经济、文化和社会生活等各个领域,是以促进城乡经济社会全面协调可持续发展为根本任务、促进土地科学使用为基础、促进人居环境根本改善为目的,涵盖城乡居民点的空间布局规划。土地利用规划是在一定区域内,根据国家社会经济可持续发展的要求和当地自然、经济、社会条件对土地开发、利用、治理、保护在空间上、时间上所作的总体的战略性布局和统筹安排。城乡规划、土地利用规划是生活垃圾管理和处理设施专项规划编制的重要支撑和依据。

加大生活垃圾全程管理力度，加强循环经济建设，这既是国际、国内经验的总结，又是现实的必然选择。本款规定上海市规划部门在编制城乡建设、土地利用规划时，应当统筹考虑生活垃圾源头减量、全程分类、资源化利用、无害化处置需求，旨在进一步强化政府的责任，强调生活垃圾源头减量、全程分类、资源化利用、无害化处置原则在相关规划涉及生态环境和城市卫生内容时的作用。实行生活垃圾“三化”是《条例》的核心内容和目标，是防治生活垃圾污染环境的根本途径和治本之策，同时它又是一项十分庞大、十分复杂、综合性很强的系统工程，涉及有关城乡建设、土地利用等规划编制时，需要同时安排，相互促进，统筹考虑，不能偏废。生活垃圾在源头分类减量，末端处理在无害化基础上提高资源化利用比例，通过各种处理、处置方式使其完全无污染地进入自然环境，这就是循环经济的基本理念。发展循环经济是达到生活垃圾的“三化”的基本途径之一，有利于防治生活垃圾污染环境。

第十二条 市绿化市容部门应当根据国民经济和社会发展规划，组织编制本市生活垃圾管理专项规划。生活垃圾管理专项规划应当包括生活垃圾管理的指导原则和目标任务，生活垃圾转运、处置、回收利用设施的布局，规划实施的保障措施等内容。

市、区绿化市容部门应当会同规划部门组织编制生活垃圾转运、处置、回收利用设施规划（以下简称生活垃圾处理设施专项规划）。

【释义】 本条是关于编制生活垃圾管理专项规划和生活垃圾处理设施专项规划的规定。

本条共分两款。第一款是关于上海市绿化市容部门应当编制本市生活垃圾管理专项规划的规定。生活垃圾管理专项规划是指在一定时期和一定区域范围内,根据本市生活垃圾产生、收集、运输、利用、处置以及对环境的污染状况等情况,结合国民经济和社会发展规划,对生活垃圾分类减量、资源化利用和无害化处置等各项工作进行统筹安排和合理部署的整套行动方案。上海市绿化市容部门作为本市市级生活垃圾行业管理单位,需通过制定科学有效的生活垃圾管理专项规划推进生活垃圾源头减量、全程分类、资源化利用、无害化处置总目标的落实,并从实际情况出发,统筹考虑全市生活垃圾转运、处置、回收利用等需求,将各项工作措施落到实处。《上海市绿化市容"十三五"规划》中明确提出,到"十三五"末全市生活垃圾无害化处理率保持100%,基本实现原生生活垃圾零填埋目标。相关规划一经制定,就成为开展生活垃圾管理工作的基本依据,有关方面应当严格执行。后续根据《上海市环境卫生设施专项规划(2017—2035)》,全面推行与全球城市相适应的安全可靠、合理有序、节能环保的全过程、全物流生活垃圾分类收运处置体系,实现生活垃圾源头分类、无害化处置和资源化利用。

第二款是关于市、区绿化市容局部门应当编制生活垃圾处理设施专项规划的规定。生活垃圾处理设施专项规划是与城市发展相适应的生活垃圾收运处置体系规划,是政府有关部门落实本条第一款中生活垃圾管理专项规划相关工作目标与要求的具体体现,是在生活垃圾管理专项规划框架下,结合实际情况与管理需求,明确生活垃圾转运、处置、回收利用设施布局原则、数量、能力的关键要素,是后续具体推进相关设施建设工作的重要依据。《上海市环境卫生设施专项规划

(2017—2035)》就属于本条第二款所述的生活垃圾处理设施专项规划，该规划明确提出至2020年，全市干垃圾处理焚烧总规模达到20800吨/日，应急填埋能力达到5000吨/日，湿垃圾资源化处理能力达到7000吨/日，建成两网融合回收点8000个、中转站210座、集散场10座；至2035年，迁建、新建转运站约27个，设计转运能力达到25510吨/日。

第十三条 市、区绿化市容部门应当根据生活垃圾处理设施专项规划，制定生活垃圾处理设施年度建设计划并组织实施。

市、区发展改革、规划等部门应当将生活垃圾处理设施年度建设计划所需资金和土地，分别纳入年度投资计划和年度土地供应计划。

经确定的生活垃圾转运、处置、回收利用设施用地，未经法定程序，不得改变用途。

【释义】 本条是关于生活垃圾处理设施专项规划落地的相关规定。

本条共分三款。第一款是关于落实生活垃圾处理设施专项规划的规定。为了确保《条例》第十二条第二款中提及的生活垃圾处理设施专项规划中明确的设施建设任务得到有效落实，目前上海市生活垃圾处理设施按照“一主多点、就近消纳、区域共享”的布局原则设置，中心城区生活垃圾主要通过徐浦、虎林路两座生活垃圾集运码头或其他转运设施，进入老港固废基地和江桥焚烧厂两处市属设施进行统筹处置，各郊区建立区属生活垃圾处理设施，处理本区域范围内的生活垃圾，并配套建设区一级生活垃圾转运体系。上海市《实施方案》是全市生活垃圾处理设施建设计划，其中明确了9座干垃圾无害化处理设施和8座集中型湿垃圾资源化利用设施的建设任务和时间节点。区绿化市容管理部门应根据区一级生活垃圾处理设施专项规划中明确的任务目标,制定区属生活垃圾转运、处置和资源利用设施建设计划,并按照建设计划牵头组织实施区属设施后续设计、审批及建设施工事宜。

第二款是关于将生活垃圾处理设施年度建设计划所需资金和土地,分别纳入年度投资计划和年度土地供应计划的规定。生活垃圾处理设施作为重要的市政基础设施,相关建设资金应由市、区财政资金予以保障,市、区两级发改委应根据生活垃圾处理设施年度建设计划,将相关资金纳入年度投资计划予以保障。同时《上海市土地资源利用和保护"十三五"规划》要求"十三五"期间上海规划建设用地规模负增长,全市建设用地总规模不突破3185平方公里。土地资源紧缺与生活垃圾处置设施旺盛需求矛盾凸显,故市、区两级规划部门应根据生活垃圾处理设施年度建设计划,将设施用地需求纳入年度土地供应计划中予以保障。

第三款是关于未经法定程序,不得改变用途生活垃圾转运、处置、回收利用设施用地的规定。生活垃圾转运、处置、回收利用设施用地属于市政公用设施用地,是保证城市的生产、生活等活动正常运转的重要资源。生活垃圾转运、处置、回收利用设施用地,是按照《条例》第十二条第二款规定,通过编制生活垃圾转运、处置、回收利用设施规划,并经批复后明确的设施用地,未经法定程序不得变更用途。强调了生活垃圾处理设施用地用途的严肃性。

第十四条 新建、改建或者扩建住宅、公共建筑、公共设施等建设工程,应当按照国家和本市标准配套建设生活垃圾

收集设施。配套生活垃圾收集设施应当与主体工程同步设计、同步建设、同步验收、同步使用。

已有的生活垃圾收集设施不符合生活垃圾分类标准的，应当予以改造。

【释义】 本条是关于建设配套生活垃圾收集设施的规定。

提高生活垃圾源头分类收集效果，降低生活垃圾污染环境风险，首先要解决生活垃圾分类收集的问题，加强收集设施建设就是其中很重要的一个方面。因此，有必要在住宅、公共建筑、公共设施等人口密集、人流量大、生活垃圾产生量大的区域加强生活垃圾收集设施的建设，以促进生活垃圾分类收集。《固废法》规定，县级以上人民政府应当统筹安排建设城乡生活垃圾收集、运输、处理设施，确定设施厂址，提高生活垃圾的综合利用和无害化处置水平，促进生活垃圾收集、处理的产业化发展，逐步建立和完善生活垃圾污染环境防治的社会服务体系；《城市市容和环境卫生管理条例》也规定，城市人民政府在进行城市新区开发或者旧区改造时，应当建设生活废弃物的清扫、收集、运输和处理等环境卫生设施，所需经费应当纳入建设工程概算。目前上海市绿化市容管理部门已根据生活垃圾分类投放、分类收集要求，制定发布了《生活垃圾收集设施设置技术要求（试行）》，规定了生活垃圾收集设施面积、功能、除臭等内容，为设施建设提供了依据，后续将继续深化，上升为上海地方标准。

本条共分两款。第一款关于新建、改建或者扩建住宅、公共建筑、公共设施等建设工程，应当按照国家和上海市标准配套建设生活垃圾收集设施的规定。所谓配套建设生活垃圾收集设施，是指在新建、改建或者扩建住宅、公共建筑、公共设施等建设工程时，应当在设计主体工程时，统筹考虑生活垃圾收集设施的建设问题，要求做到配套生活垃圾收集设施与主体工程同步设计、同步建设、同步验收、同步使用。同步设计是指建设工程的初步设计，应按照国家和上海市相关标准，编制生活垃圾收集设施工程内容，并纳入投资概算；同步建设是指建设工程整体验收前，配套的生活垃圾收集设施必须按标准建设完毕；同步验收是指建设工程竣工验收时，必须按照国家和上海市相关标准验收配套生活垃圾收集设施建设情况，配套生活垃圾收集设施未建成或未达标的，建设工程不得通过验收并投入使用；同步使用不仅是指建设工程建成竣工验收后的正式投产使用，还包括建设工程的试生产和试运行，需要进行试生产(试运行)的，其配套建设的生活垃圾收集设施必须与主体工程同时投入试生产(试运行)。建设单位配套建设生活垃圾收集设施时，都应当遵守上述规定。

第二款是关于已有的生活垃圾收集设施不符合生活垃圾分类标准的，应当予以改造的规定。目前上海市大量生活垃圾收集设施是按照《环境卫生设施设置标准》(CJJ27-2012)建设的，由于该标准出台时间较早，仅对垃圾收集设施数量和建设面积规定了最基础标准，已经难以满足目前上海市生活垃圾全程分类管理要求。根据《上海市生活垃圾全程分类体系建设行动计划(2018—2020年)》，住宅、公共建筑、公共设施等项目的建设单位或业主已对全市2.1万余个生活垃圾收集设施完成改建，改造后的生活垃圾收集设施在满足目前生活垃圾分类投放、分类收集的管理要求外，还将按规定完善配套给排水、除臭、通风等配套措施。

第十五条 市、区绿化市容部门应当按照规定推进可回收物回收服务点、中转站和集散场建设。

鼓励社会资本参与本市可回收物收集、运输设施建设。

【释义】 本条是关于可回收物回收体系建设和运行的规定。

本条共分两款。第一款是关于可回收物体系建设的规定。再生资源按其产生来源划分,可分为生活源再生资源和生产源再生资源,其中,生活源再生资源即《条例》中的“可回收物”。近年来,随着快递、外卖等行业的兴起,特别是大量包装物增量进入了生活垃圾处置系统。据统计,2017 年,上海市收发快递 31 亿件;2018 年,上海每天发出快递 600 万件,收到快递 400 万件。2017 年、2018 年“双十一”期间生活垃圾处置量数据显示,11 月中旬(11 日至 20 日)与 11 月上旬(1 日至 10 日)相比,生活垃圾处置数量有显著增长,2017 年增长 251 吨/日,2018 年增长 268 吨/日,增长率分别达到 1.2%和1.27%。上海环境卫生工程设计院对上海市生活垃圾组分监测数据显示:2007—2015 年纸类组分占 9%,橡塑类组分占 16%;而 2016—2018 年纸类组分占比已达 13% ,橡塑类组分均值占比则达到了 19%。推进可回收物回收体系的建设,是促进生活垃圾减量,实现再生资源循环利用的有效措施之一。

上海市自 2015 年开始试点“两网协同”试点工作(再生资源回收网络与生活垃圾清运网络协同促进可回收物回收),并逐步发展为“两网融合”。2019 年起,上海市可回收物回收管理进一步由“两网融合”提升至“两网合一”。因此,《条例》明确绿化市容部门主管生活垃圾可回收物的回收管理工作,负责生活垃圾可回收物的回收体系建设;商务部门则负责生活源再生资源的后续资源利用以及生产源再生资源的回收利用管理，绿化市容部门予以配合。上海市到2020年，将最终建成8000个可回收物回收点、若干布局合理的中转站、10个区域性和若干个托底保障的可回收物集散场，满足全市生活垃圾可回收物交投、转运、集散需求。其中可回收物服务点是指居住区、公共场所或商业广场等专门设立的，面向居民和单位生活垃圾分类中的可回收物进行再生资源回收、分类、存储、中转的回收场所，包括固定、流动两大类，共四种类型；可回收物中转站对街道（镇/乡）区域范围内的生活源再生资源进行集中回收、存储，并具备分选、打包、转运等功能的回收场所；可回收物集散场是指以区为服务范围，具有一定的区域辐射能力，满足年再生资源回收集散量20万吨以上，具备商品交易、分拣加工、仓储配送和配套服务等功能的生活源再生资源大型集散中心。

第二款是关于社会资本参与可回收物收集、运输的规定。上海市可回收物回收体系按照以区为主、市场化运作、政府补贴的原则推进建设，鼓励社会资本按照《关于建立健全本市生活垃圾可回收物回收体系实施意见的通知》（沪府办〔2018〕20号，以下简称《回收体系实施意见》）的有关要求，以市场化运作模式参与可回收物体系构建，同时鼓励各可会回收物经营者参与各区特许经营类低价值可回收物招标，成为各区托底性可回收物回收市场主体。

第三章　促进源头减量

第十六条　市、区人民政府应当统筹环境保护、资源节约与生产生活安全等要求，建立涵盖生产、流通、消费等领域的

各类生活垃圾源头减量工作机制。

【释义】 本条是关于政府部门在源头减量方面的职责的规定。

源头减量是实现生活垃圾综合治理的重要环节,也是当前推进垃圾全过程管理的薄弱环节和难点问题,《循环经济促进法》《清洁生产促进法》《中华人民共和国电子商务法》(以下简称《电子商务法》)等法律对促进源头减量都有相应要求,但大多为倡导性规定。《循环经济促进法》规定,发展循环经济是国家经济社会发展的一项重大战略,应当遵循统筹规划、合理布局,因地制宜、注重实效,政府推动、市场引导,企业实施、公众参与的方针。《清洁生产促进法》规定,国家鼓励开展有关清洁生产的科学研究、技术开发和国际合作,组织宣传、普及清洁生产知识,推广清洁生产技术。《电子商务法》规定,国务院和县级以上地方人民政府及其有关部门应当采取措施,支持、推动绿色包装、仓储、运输,促进电子商务绿色发展。源头减量体现的是建设卓越的全球城市发展目标的要求,为此,《条例》设专章进行具体规范,从生产、消费、流通、办公等环节作了全面规定,通过"鼓励性与强制性"结合,突出"避免垃圾产生、源头减量优先"的理念。

本条是促进源头减量一章的第一条规定,对政府部门在源头减量方面的职责进行了原则性规定。国务院《关于加快发展节能环保产业的意见》(国发〔2013〕30 号)提出,资源环境制约是当前我国经济社会发展面临的突出矛盾。解决节能环保问题,是扩内需、稳增长、调结构,打造中国经济升级版的一项重要而紧迫的任务。《国务院办公厅关于印发生产者责任延伸制度推行方案的通知》(国办发〔2016〕99 号)指出,生产者责任延伸制度是指将生产者对其产品承担的资源环境责任从生产环节延伸到产品设计、流通消费、回收利用、废物处置等全生命周期的制度。实施生产者责任延伸制度，是加快生态文明建设和绿色循环低碳发展的内在要求，对推进供给侧结构性改革和制造业转型升级具有积极意义。国家发展改革委、司法部2020年发布了《关于加快建立绿色生产和消费法规政策体系的意见》(发改环资〔2020〕379号，以下简称“国家发展改革委、司法部《加快建立绿色生产和消费法规政策体系意见》”)，勾勒了绿色生产和消费法规政策体系的发展方向，提出到2025年实现“绿色生产和消费相关的法规、标准、政策进一步健全”的工作目标，进一步明确在绿色设计、绿色服务业、绿色产品、绿色生活等九个领域中，未来五年将统筹推动的相关政策举措及责任部门。由此可见，政府部门在源头减量方面具有示范、引领作用，应当通过建立源头减量工作机制，为垃圾源头减量工作的有效推进奠定坚实的基础。本条对政府在源头减量工作中承担的职责予以概括性规定，明确市、区人民政府应当统筹环境保护、资源节约与生产生活安全等要求，建立涵盖生产、流通、消费等领域的各类生活垃圾源头减量工作机制。据此，《条例》第十七条至第二十二条，分别从清洁生产、产品包装物减量、快递包装物减量、湿垃圾减量、绿色办公、绿色消费六个方面对政府部门建立源头减量工作机制提出了相应的要求。

第十七条 企业应当遵守国家有关清洁生产的规定，优先选择易回收、易拆解、易降解、无毒无害或者低毒低害的材料和设计方案，生产废弃物产生量少、可循环利用的产品。

【释义】 本条是关于要求生产企业推行和实施清洁生产

的规定。

实施清洁生产，不仅要求生产企业减少生产过程中的能源消耗和污染排放，同时也要求产品和包装物符合环保、可回收使用的标准，从而提高包装物回收利用率和处置率，是实现生活垃圾源头减量和资源化利用的重要措施之一。

本条所指的国家有关清洁生产规定，主要是指《清洁生产促进法》《循环经济促进法》等法律的规定。《清洁生产促进法》第二条明确，清洁生产是指不断采取改进设计、使用清洁的能源和原料、采用先进的工艺技术与设备、改善管理、综合利用等措施，从源头削减污染，提高资源利用效率，减少或者避免生产、服务和产品使用过程中污染物的产生和排放，以减轻或者消除对人类健康和环境的危害。第二十条第一款规定，产品和包装物的设计，应当考虑其在生命周期中对人类健康和环境的影响，优先选择无毒、无害、易于降解或者便于回收利用的方案。《循环经济促进法》第十九条第一款规定，从事工艺、设备、产品及包装物设计，应当按照减少资源消耗和废物产生的要求，优先选择采用易回收、易拆解、易降解、无毒无害或者低毒低害的材料和设计方案，并应当符合有关国家标准的强制性要求。

由于《清洁生产促进法》等法律对清洁生产已有较为全面的规范，因此本条从绿色环保和减少产品废弃物产生的角度，对企业实施清洁生产提出了原则性要求：一是关于产品的材料和设计方案，要优先选择易回收、易拆解、易降解、无毒无害或者低毒低害的材料和设计方案；二是应生产废弃物产生量少，并可循环利用的产品，以利于生活垃圾源头减量和产品的回收利用。

第十八条 市、区市场监管部门应当按照国家和本市有关法律、法规的规定，做好产品包装物减量的监督管理工作。

企业对产品的包装应当合理，包装的材质、结构和成本应当与内装产品相适应，减少包装废弃物的产生。

【释义】 本条是关于推行产品包装物减量，防止过度包装，减少包装废弃物产生的规定。

一些生产厂商为了增强产品对消费者的"吸引力"，在产品包装上追求"奢华高档"，使得包装的耗材过多、分量过重、体积过大，成本增加，背离了包装原有的功能。过度包装不仅变相抬高了商品售价，损害消费者利益，造成资源浪费，也增加了生活垃圾的产生量和处理量。对产品包装进行约束和限制，有利于减少包装废弃物在生活垃圾中的比重，减轻生活垃圾末端处置的负担，也有助于引导健康、节约和环保的消费理念。

本条共分两款。第一款明确由市场监管部门做好上海市产品包装物减量的监督管理工作。上海市人大常委会2012年制定的《上海市商品包装物减量若干规定》第四条规定，质量技术监督部门负责商品包装物减量的监督管理工作；工商、食品药品监督等行政管理部门应当在开展有关商品质量监督检查时将商品包装情况纳入检查内容，并将检查情况告知同级质量技术监督部门；发展改革、经济信息化、环境保护、商务、绿化市容、物价等部门也承担相应职责。2018年上海市政府机构改革后，新组建的市场监管部门整合了质量技术监督、工商、食品药品监督三个部门的职能。根据《上海市商品包装物减量若干规定》，上海市市场监管部门在包装物减量方面的主要职责包括：一是对国家已经制定限制商品过度包装标准的商品,实施重点监管;对国家尚未制定限制商品过度包装标准的,可以会同相关行政管理部门以及行业协会制定商品包装的指导性规范。二是对商品包装开展监督检查,及时公开监督检查结果,对违法情节严重的生产者、销售者和涉及的商品通过媒体予以公布。三是在政府网站上公布国家和上海市制定的限制商品过度包装的标准和规范,方便公众查询。四是对生产者违反强制性规定进行商品包装的,责令停止违法行为,限期改正;对销售者销售违反强制性规定的商品的,应当责令停止销售,限期改正;拒不停止销售的,处二千元以上二万元以下罚款;情节严重的,处二万元以上五万元以下罚款。在国家法律层面,《清洁生产促进法》《循环经济促进法》《固废法》《标准化法》等对产品包装物减量也作出了原则性规定。

第二款明确了企业在包装物减量方面的主体责任。依据《清洁生产促进法》等法律法规的规定,要求企业对产品包装的材质、结构成本,做到与内装产品相适应。目前有关产品包装的国家标准主要是《限制商品过度包装要求——食品和化妆品》,其中规定食品和化妆品的包装层数不得超过3层,包装空隙率不得大于60%,初始包装之外的所有包装成本总和不得超过商品销售价格的20%。

第十九条 市市场监管、邮政部门应当制定本市快递业绿色包装标准,促进快递包装物的减量化和循环使用。

快递企业在本市开展经营活动的,应当使用电子运单和环保箱(袋)、环保胶带等环保包装。鼓励寄件人使用可降解、可循环使用的环保包装。

电子商务企业在本市开展经营活动的,应当提供多种规格封装袋、可循环使用包装袋等绿色包装选项,并运用计价优

惠等机制，引导消费者使用环保包装。

【释义】 本条是关于快递包装源头减量方面的规定。

近年来，随着电子商务和网上订餐业务的快速发展，快递包装和快餐包装带来的生活垃圾增量明显。《快递暂行条例》明确，国家鼓励经营快递业务的企业和寄件人使用可降解、可重复利用的环保包装材料，鼓励经营快递业务的企业采取措施回收快件包装材料，实现包装材料的减量化利用和再利用。国家邮政局等十部委《关于协同推进快递业绿色包装工作的指导意见》(国邮发〔2017〕86 号，以下简称《快递业指导意见》)提出，到 2020 年，可降解的绿色包装材料应用比例将提高到 50％。国家发展改革委、司法部《加快建立绿色生产和消费法规政策体系意见》指出，加快建立健全快递、电子商务、外卖等领域绿色包装的法律、标准、政策体系，减少过度包装和一次性用品使用，鼓励使用可降解、可循环利用的包装材料、物流器具。上海市快递业蓬勃发展，特别是“双十一”前后，生活垃圾处置量有明显增长，可见控制快递及商品包装废弃物增长趋势，是迫在眉睫的。

本条共分三款。第一款是有关政府主管部门的职责规定。《国务院办公厅关于推进电子商务与快递物流协同发展的意见》(国办发〔2018〕1 号)明确，制定实施电子商务绿色包装、减量包装标准，推广应用绿色包装技术和材料，推进快递物流包装物减量化。《快递业指导意见》也明确，加强政府引导，健全快递业绿色包装法规政策和标准规范等支撑体系。上海的快递业较为发达，除了国家标准外，应出台更为严格的行业标准，进一步促进本市快递包装物的减量化和循环使用。故本款对有关政府部门制定行业标准提出要求，明确上海市市场监管、邮政部门应当制定本市快递业绿色包装标准,促进快递包装物的减量化和循环使用。2019 年 6 月 14 日,上海市邮政局制发《关于本市经营快递业务的企业执行快递封装用品国家标准的指导意见》(沪邮管〔2019〕106 号),明确按照“谁经营、谁负责”的原则,上海市经营快递业务企业增强做好绿色包装工作,推动可持续发展的责任感,建立快递包装物相关统计制度,推动提升符合标准要求的环保箱、环保袋和环保胶带使用率,减少单件快递包裹的平均包装耗材。

第二款是关于在上海市开展经营活动的快递企业的相关规定。《快递业指导意见》明确,“主要快递品牌协议客户电子运单使用率达到 90%以上,平均每件快递包装耗材减少 10%以上”,“大力推广环保袋、中转箱、笼车等物料设备,推行简约化、减量化、复用化及精细化包装设计技术”。因此,《条例》对快递企业提出源头减量的强制要求,明确“快递企业在本市开展经营活动的,应当使用电子运单和环保箱(袋)、环保胶带等环保包装”,根据规定,不仅是注册在上海市的快递企业,不注册在上海市但在上海市开展经营活动的快递企业也被纳入《条例》管理,应当根据规定使用环保包装。同时,消费者作为快递包装物的使用者也应当提高环保意识,《快递业指导意见》也明确:“倡导绿色消费方式,普及绿色包装和回收知识,营造‘绿色快递,人人有为’的良好氛围。”因此,《条例》明确,鼓励寄件人使用可降解、可循环使用的环保包装。例如,寄件人可以在邮寄快递时优先选择家中已使用过的快递包装物,进行重复利用。

第三款是关于在上海市开展经营活动的电子商务企业的相关规定。《电子商务法》规定,快递物流服务提供者应当按照规定使用环保包装材料，实现包装材料的减量化和再利用。《国务院办公厅关于推进电子商务与快递物流协同发展的意见》明确，鼓励电子商务平台开展绿色消费活动，提供绿色包装物选择，依不同包装物分类定价，建立积分反馈、绿色信用等机制引导消费者使用绿色包装或减量包装。据此，《条例》规定，电子商务企业在上海市开展经营活动的，应当提供多种规格封装袋、可循环使用包装袋等绿色包装选项，并运用计价优惠等机制，引导消费者使用环保包装。跟前款一样，不仅是注册在上海市的电子商务企业，不注册在上海市但在上海市开展经营活动的电子商务企业也应当根据规定提供绿色包装，运用计价优惠等机制。例如，京东物流联合九大品牌商共同发起的绿色供应链联合行动"青流计划"，从减量包装、绿色物流技术创新和应用、节能减排等多个方面入手推动物流行业绿色化发展，推广可循环使用的物流周转箱"青流箱"和可循环使用的生鲜保温箱，推出消费者返回快递盒换京豆的活动等。

第二十条 市农业农村、商务等部门应当加强对果蔬生产基地、农贸市场、标准化菜场、超市的管理，积极推行净菜上市。

新建农贸市场、标准化菜场的，应当按照标准同步配置湿垃圾就地处理设施。已建成的农贸市场、标准化菜场湿垃圾产生量达到一定规模的，应当按照标准配置湿垃圾就地处理设施。鼓励产生湿垃圾的其他单位配置湿垃圾就地处理设施。

市绿化市容部门应当会同市市场监管、生态环境、商务等部门组织编制湿垃圾就地处理设施配置标准。

【释义】 本条是关于湿垃圾源头减量的相关规定。

本条共分三款。第一款同样是有关政府主管部门的职责规定。本款规定市农业农村、商务等部门应当加强对果蔬生产基地、农贸市场、标准化菜场、超市的管理,积极推行净菜上市。早在1992年,《国务院批转建设部等部门关于解决我国城市生活垃圾问题几点意见的通知》(国发〔1992〕39号)中明确要求“商业、农业部门要积极推广净菜进城,减少蔬菜垃圾,2000年大城市净菜进城率达到40%,中小城市达到30%。对净菜实行优质优价”;1994年,建设部《关于开展净菜进城加强废旧物资回收工作,减少城市生活垃圾的通告》(建城〔1994〕119号)中指出,“各地要高度重视净菜进城工作,有计划地每年安排一定资金,加强蔬菜采后处理、包装、保鲜等方面的建设,力争到1997年,直辖市、省会城市、沿海开放城市基本实现净菜进城,到2000年,50万人口以上的城市基本实现净菜进城,到2010年全部实现净菜进城”。《固废法》规定,地方人民政府有关部门应当组织净菜上市,减少生活垃圾的产生量。2011年,《国务院批转住房城乡建设部等部门关于进一步加强城市生活垃圾处理工作意见》(国发〔2011〕9号)明确要求组织净菜和洁净农副产品进城。据资料显示,我国农副产品在处理过程中产生的垃圾量是惊人的,每100吨毛菜大约产生20吨废弃边角菜。这些蔬菜垃圾不仅污染环境,填埋处理时还要占用大量土地,净菜上市是从源头减少城市生活垃圾的一种重要手段。在一些发达国家,净菜已经有几十年的发展历史。在日本,农户种植的蔬菜几乎全部进入当地农业协同组合联合会加工场,经摘黄叶、去泥土、去根、清洗、预冷等初加工后,按大小、色泽、等级进行捆扎、包装,标明产地等相关信息后，经冷链运输进入各超市、商店小包装化销售。在销售环节，毛菜基本销声匿迹。因此，无论是从法律政策要求上，还是从国际经验上看，抑或是现实需要，上海市推进净菜上市都有必要性，特别是农村农业、商务等主管部门都应在推行净菜上市上发挥积极作用。上海市《实施意见》明确市商务、农村农业委"加大净菜上市在标准化菜场和生鲜超市、大型超市等场所的推进力度"的工作任务。

第二款是有关农贸市场、标准化菜场按照要求配置湿垃圾就地处理设施的规定。湿垃圾就地处理设施是指设置在单位、园区等区域内，将有效分类后的湿垃圾就地全部或部分资源化利用或无害化处理的设备、设施，如小型生化处理机。《条例》对于新建的农贸市场、标准菜场提出源头减量的强制要求，明确应当按照标准同步配置湿垃圾就地处理设施。该规定主要是基于以下考虑：一是农贸市场、标准化菜场产生的生活垃圾较为单一，主要以湿垃圾为主。据调查统计，上海市农贸市场、标准化菜场的湿垃圾重量占所产生生活垃圾总量的比例基本达到80%以上。二是基于配置湿垃圾就地处理设施的技术可行性。2013年上海市绿化市容局委托专业机构开展了一次摸底调查，对本市市场占有量相对较大的7家公司的小型生化处理设施进行了为期6周的封闭式测试。就调查、测试结果来看，目前的就地资源化处理设施，对菜场垃圾、餐饮垃圾、居民厨余垃圾均有一定的适应性，对促进垃圾源头减量和资源化利用起到良好推动作用。三是基于实际可操作性。2011年至2017年，全市有8座农贸市场配备就地湿垃圾资源化处理设施，运行情况良好，据统计和测算，目前日处理量500千克以上的湿垃圾就地处理设施基本可以平衡湿垃圾转运和规模化处理的全成本。四是基于环保和宣传效果。集贸市场和标准化菜场湿垃圾就地资源化利用，一方面可以避免湿垃圾转运过程中的污染，另一方面也可以打造市民身边的科普基地和环保课堂，更好地展示湿垃圾资源化利用的效果。对于已建成的农贸市场、标准化菜场，《条例》规定，湿垃圾产生量达到一定规模的，应当按照标准配置湿垃圾就地处理设施。2019 年 6 月 28 日，上海市绿化市容、商务、生态环境、市场监管四部门联合制发的《关于印发〈上海市农贸市场、标准化菜市场湿垃圾就地处理设施配置标准〉的通知》（沪绿容〔2019〕267 号）明确，已建成的农贸市场、标准化菜市场，湿垃圾日产量达到 10 桶/日及以上的（以240 L 标准型垃圾桶计），应当配置湿垃圾就地处理设施。同时，为了推进湿垃圾源头减量，要大力推广符合环保标准的湿垃圾就地处理设施，本款还规定，“鼓励产生湿垃圾的其他单位配置湿垃圾就地处理设施”，上海市的部分单位食堂、园区都配置了湿垃圾就地处理设施，大大减少了湿垃圾的产生量。

第三款是对于上海市相关部门编制湿垃圾就地处理设施配置标准的规定。本条前款对于新建农贸市场、标准化菜场配置湿垃圾就地处理设施作了强制性规定，但是何为符合标准的湿垃圾就地处理设施，还需要政府部门予以规范，故本款规定，作为生活垃圾主管部门的上海市绿化市容部门应当会同市市场监管、生态环境、商务等部门组织编制湿垃圾就地处理设施配置标准。《关于印发〈上海市农贸市场、标准化菜市场湿垃圾就地处理设施配置标准〉的通知》明确，湿垃圾就地处理设施包括有机垃圾生物处理设施和粉碎脱水设施，农贸市场、标准化菜市场选用的湿垃圾就地处理设备应符合相关标准。有机垃圾生物处理设施符合《有机垃圾生物处理机》(CJ/T 227-2018)的相关规定,粉碎脱水设施符合相关行业及团体标准,并可根据需求,合理配置湿垃圾预处理、计量、除臭等配套设施设备,确保湿垃圾就地处理设施满足环保、安全、便利等要求。

第二十一条 党政机关、事业单位应当带头使用有利于保护环境的产品、设备和设施,提高再生纸的使用比例,减少使用一次性办公用品,内部办公场所不得使用一次性杯具。

政府采购应当按照规定,优先采购可循环利用的产品。

鼓励企业、社会团体节约使用和重复利用办公用品,减少使用一次性杯具。

【释义】 本条是关于绿色办公的相关规定。

本条共分三款。第一款是有关党政机关、事业单位限制使用一次性办公用品的规定。国务院《实施方案》明确,强化公共机构和企业示范带头作用。国家机关事务管理局等五部门制定的《关于推进党政机关等公共机构生活垃圾分类工作的通知》(国管节能〔2017〕180号)明确,党政机关等公共机构实施生活垃圾分类工作,对于推动全社会普遍实施生活垃圾分类具有重要的示范引领作用。本款规定重在发挥党政机关、事业单位带头践行、率先示范的作用,一方面规定党政机关、事业单位应当带头使用有利于保护环境的产品、设备和设施,提高再生纸的使用比例,减少使用一次性办公用品;另一方面对党政机关、事业单位提出强制性源头减量要求,明确内部办公场所禁用一次性杯具。只对党政机关、事业单位内部办公场所提出强制性规定主要是考虑到,党政机关、事业单位中向市民开放的,诸如市民办事服务窗口等外部办公场所,为了考虑便民需要，不宜在一次性杯具上提出一概禁止要求。2019年6月4日，上海市机关事务管理部门出台《关于本市党政机关等公共机构贯彻落实〈上海市生活垃圾管理条例〉的指导意见》，明确以《条例》颁布为契机，带头使用有利于保护环境的办公用品，提高再生纸的使用比例，减少使用一次性办公用品，内部办公场所不得使用一次性杯具。并出台《上海市党政机关等公共机构一次性用品使用管理目录(2019版)》，按照党政机关、教育系统、科技系统、文化系统、卫生系统、体育系统六个系统不同特点，从禁止、限制、推荐三方面明确一次性用品使用管理内容。

第二款是有关政府绿色采购的规定。《循环经济促进法》规定，国家鼓励和引导公民使用节能、节水、节材和有利于保护环境的产品及再生产品，减少废物的产生量和排放量。基于此，明确鼓励政府采购使用可循环利用的产品，这是绿色办公的一种体现。《国务院关于加快发展节能环保产业的意见》(国发〔2013〕30号)明确，加大再生产品和原料的推广力度，发挥政府等公共机构的带头示范作用，实施绿色采购目标管理，扩大再生产品和原料应用，率先建立规范、通畅、高效的回收体系。故在政府采购方面，也应发挥党政机关、事业单位带头作用，要求优先采购可循环利用的产品。财政部、国家发改委会定期发布节能产品政府采购清单，明确政府强制采购和优先采购节能产品的清单，例如，台式计算机、便携式计算机、激光打印机、液晶显示器、空调机组、电视设备等都被列入政府强制采购清单。

第三款是对企业、社会团体绿色办公的规定。从保护环境角度，每个单位、每个市民都有必要实行绿色办公。因此，在《条例》规定党政机关、事业单位进行带头示范引领的同时，本款也对其他企业、社会团体的绿色办公提出了相应要求，鼓励企业、社会团体节约使用和重复利用办公用品，减少使用一次性杯具。

第二十二条 鼓励单位和个人使用可循环利用的产品，通过线上、线下交易等方式，促进闲置物品再使用。

餐饮服务提供者应当在餐饮服务场所设置节俭消费标识，提示消费者适量点餐。餐饮服务提供者和餐饮配送服务提供者不得主动向消费者提供一次性筷子、调羹等餐具。

旅馆经营单位不得主动向消费者提供客房一次性日用品。

本条第二款、第三款所指的一次性物品，应当有利于保护环境。

【释义】 本条是关于绿色消费的规定。

本条共分四款。第一款明确鼓励单位和个人使用可循环利用的产品。《循环经济促进法》规定，国家鼓励和引导公民使用节能、节水、节材和有利于保护环境的产品及再生产品，减少废物的产生量和排放量。《条例》第二十一条也规定，政府采购应当优先采购可循环利用的产品。基于此，本款再次对可循环利用产品的使用予以鼓励性规定，鼓励单位个人使用可循环利用的产品，例如尽可能少使用一次性塑料袋、一次性杯子等物品，就是实现生活垃圾“减量化”的体现。

第二款、第三款从“减少一次性用品使用”这一方向入手，对餐饮及餐饮配送服务提供者、旅馆经营单位提出源头减量的强制要求。此两款规定基于如下考虑：一是符合国际潮流。2016 年，法国通过立法，宣布 2020 年起彻底禁止使用塑料材质的一次性餐具。欧洲议会于 2018 年 10 月 24 日以压倒性的支持票数通过了禁止使用一次性塑料制品的提案。2021年起,欧盟将禁止生产和销售一次性餐具、棉签、吸管等一次性塑料制品。二是具有实践基础。《杭州市生活垃圾管理条例》(2015年)、《广州市生活垃圾分类管理条例》(2017年)亦有类似规定。台北市政大楼及市政府所属机关学校带头禁用一次性餐盒、纸杯及瓶装水,到2018年10月,纸杯减量82%,塑料容器减少67%。三是顺应社会呼声。据2017年市人大城建环保委、市绿化市容局垃圾立法"双样本"问卷调查显示,"限制宾馆、餐饮等行业使用一次性物品"是社区居民、人大代表最为推崇的源头减量措施,有66.6%的居民、75.0%的人大代表支持。

第二款是对于减少一次性餐具使用的规定。目前餐饮外卖行业、小型餐饮场所普遍提供筷子、调羹等一次性餐具,完全禁用的可行性不强,但减少使用的潜力是巨大的。第二款规定,餐饮服务提供者、餐饮配送服务提供者不得主动提供免费的一次性筷子、调羹等餐具。这里不主动提供即要求餐饮服务提供者不要将一次性筷子、调羹等餐具放在餐桌上,餐饮配送服务提供者不将一次性筷子、调羹等餐具作为外卖活动中主动提供选项。2019年4月28日,上海市市场监管局制发《关于发布〈上海市餐饮服务不得主动提供的一次性餐具目录〉的通知》(沪市监食经〔2019〕128号),明确不得主动提供的一次性餐具主要是指由餐饮服务提供者提供的,供消费者在用餐过程中用于辅助进食的一次性用具。并出台《上海市餐饮服务不得主动提供的一次性餐具目录(2019版)》,将不得主动提供的一次性餐具目录确定为筷子、调羹、叉子、刀四件。此外,餐桌上的浪费问题,虽然近年来有所控制,但仍应予以重视。基于此,本款还规定餐饮服务提供者应当在餐饮服务场所设置节俭消费标识,提示消费者适量点餐。

第三款是对于减少旅馆客房一次性用品使用的规定。旅馆行业普遍提供一次性牙刷、梳子、剃须刀等“六小件”,这是国内旅馆服务业长期以来形成的做法,现阶段尚无法完全取消,因此,从减少使用的目的出发,规定旅馆不得主动提供客房一次性日用品。这里不主动提供是指在宾馆房间有关的设施里不主动配置一次性用品,一定要有客人明确表达意思以后才提供。上海市文旅局于 2019 年 5 月 6 日制发《关于印发〈关于本市旅游住宿业不主动提供客房一次性日用品的实施意见〉的通知》(沪文旅发〔2019〕18 号),明确通过旅游住宿企业不主动提供一次性日用品,推广可循环、可重复使用的日用品,促进资源的减量化和再利用,展现上海市旅游行业绿色发展的新面貌,为加快建成美丽宜居的生态之城作出积极贡献。同时公布了《本市旅游住宿业不主动提供的一次性日用品目录(2019 年版)》,具体包括牙刷、梳子、浴擦、剃须刀、指甲锉、鞋擦这六小件。

第四款是对于一次性物品的要求。也就是说,根据本款规定,对于一次性筷子、调羹等餐具、客房一次性日用品,餐饮服务提供者、餐饮配送服务提供者以及旅馆经营单位不能主动提供,如果消费者确实需要,也要提供有利用保护环境的一次性用品。这也与《条例》维护生态安全的立法目的相一致。

第四章　分 类 投 放

第二十三条　市绿化市容部门应当会同市商务、生态环境等部门制定生活垃圾具体分类目录,并向社会公布。

市绿化市容部门应当提供多种形式的便捷查询服务，指导单位和个人准确分类投放生活垃圾。

【释义】 本条主要是关于制定上海市生活垃圾分类具体目录，并提供查询服务的规定。

本条共分两款。第一款是对制定上海市生活垃圾的具体分类目录的规定。《条例》中将生活垃圾分为可回收物、有害垃圾、湿垃圾、干垃圾四大类，并对各自包含的常见垃圾品种进行充分列举，上海市绿化市容管理部门制定生活垃圾的具体分类目录，能够帮助市民准确掌握垃圾分类方法，清晰知晓常见生活垃圾对应的类别。根据职责分工，上海市生活垃圾主要由绿化市容部门管理，可回收物资源化利用主要由商务部门管理，有害垃圾无害化处置主要由生态环境部门管理，为确保具体分类目录的科学性、合理性，需要市绿化市容部门会同市商务、生态环境等部门共同制定。

2019 年 4 月 1 日，上海市生活垃圾分类减量推进工作联席会议办公室印发了《上海市生活垃圾分类投放指引》（沪分减联办〔2019〕3 号），其按照生活垃圾材质不同，将可回收物、有害垃圾、湿垃圾三大类生活垃圾分为 19 小类，其中可回收物分为废纸张、废塑料、废玻璃制品、废金属、废织物 5 小类；有害垃圾分为废镍镉电池和废氧化汞电池、废荧光灯管、废药品及其包装物、废油漆和溶剂及其包装物、废矿物油及其包装物、废杀虫剂及其包装、废含汞温度计和废含汞血压计、废胶片及废相纸 8 小类；湿垃圾分为食材废料、剩菜剩饭、过期食品、瓜皮果核、花卉植物、中药药渣 6 小类。同时对常见的、易混淆的生活垃圾品种，进行了细分和列举，涵盖了日常生活中常见的垃圾品类。上海市绿化市容部门也会根据社会经济发展情况,会同市商务、生态环境等部门对生活垃圾具体分类目录进行调整完善。

第二款是关于提供多种形式的便捷查询服务,指导单位和个人准确分类投放生活垃圾的规定。便捷查询服务有助于市民知晓不同垃圾所属类别,在投放时能够准确投放。目前市绿化市容部门已经建立多种查询形式,市民可以通过"上海发布""垃圾去哪儿了""生活垃圾怎么分"等微信公众号网络平台或微信小程序查询日常生活垃圾类别,市民动动手指,就能了解如何正确地分类投放生活垃圾,2019 年,生活垃圾分类查询搜索量突破 2700 万人次。

第二十四条 产生生活垃圾的单位和个人是生活垃圾分类投放的责任主体,应当将生活垃圾分别投放至相应的收集容器。其中,可回收物还可以交售至可回收物回收服务点或者其他可回收物回收经营者。

本市逐步推行生活垃圾定时定点分类投放制度。

【释义】 本条主要是关于产生生活垃圾的单位和个人在生活垃圾分类投放管理活动中的义务性要求的规定。

本条共分两款。第一款对生活垃圾分类投放的责任主体及要求进行了明确。《固废法》第四十九条规定:"产生生活垃圾的单位、家庭和个人应当依法履行生活垃圾源头减量和分类投放义务,承担生活垃圾产生者责任。"《城市市容环境卫生管理条例(2017 年修订)》规定:"一切单位和个人,都应当依照城市人民政府市容卫生行政主管部门规定的时间、地点、方式,倾倒垃圾。"生活垃圾主要在日常生活及为日常生活提供服务的活动中产生,单位和个人是产生生活垃圾的主要主体。因此,《条例》将产生生活垃圾的单位和个人定为生活垃圾分类投放责任主体,单位和个人应承担分类投放等产生者责任。

单位应按照生活垃圾分类要求实施垃圾分类投放。个人在家中按照“一鼓励、一严禁、两分开”要求履行分类投放义务,即鼓励将可回收物投放至可回收物容器或交投至可回收物服务站点或交售给其他可回收物回收经营者,严禁有害垃圾混入其它类别垃圾,干垃圾、湿垃圾分开投放。实施四分类并不是要求市民在家中摆放四种垃圾桶,家庭常规摆放两个桶即可,一个收集湿垃圾,一个收集干垃圾。有害垃圾应当暂存或直接投放到小区公共区域设置的有害垃圾收集容器;可回收物集中存储后直接卖给废品回收人员,或者投放到小区公共区域设置的可回收物收集容器,也可以将可回收物交售到其他可回收物回收经营者。

第二款提出上海市逐步推行生活垃圾定时定点分类投放制度。定时定点分类投放是指居民在约定时间和约定地点将生活垃圾分类投放于收集容器的投放方式。实施定时定点分类投放管理可以有效指导、监督垃圾分类投放行为,这在国外已是一项成熟做法,在上海也取得了试点成功,因此本市将逐步推行生活垃圾定时定点分类投放制度。为有序推进定时定点管理制度,上海市绿化市容局在2019年4月印发了《上海市实施生活垃圾定时定点分类投放制度工作导则》(沪绿容〔2019〕181号),推行定时定点分类投放制度可以分为准备期、实施期、维持期三个阶段,每个阶段任务侧重点不同。考虑到市民普遍接受、硬件配套到位都需要一个过程,上海市坚持循序渐进、因地制宜的原则,推行定时定点分类投放制度。具体的投放地点、时间段应在征求居民基础上,居委会、村委会、业委会、物业等协商确定。此外,对于沿街商铺产生的生活垃圾,上海市也在逐步推行结合上门收集的定时定点收集工作,静安区、长宁区沿街商铺定时定点收集工作已经取得良好成效。

第二十五条 本市实行生活垃圾分类投放管理责任人(以下简称"管理责任人")制度,管理责任人按照下列规定确定:

(一)党政机关、企事业单位、社会团体等单位的办公和生产经营场所,由业主委托物业服务企业实施物业管理的,物业服务企业为管理责任人;由业主自行管理的,业主为管理责任人。

(二)住宅小区由业主委托物业服务企业实施物业管理的,物业服务企业为管理责任人。农村居民点,村民委员会为管理责任人。

(三)道路、广场、公园、公共绿地等公共场所,管理部门或者管理部门委托的服务单位为管理责任人;机场、客运站、轨道交通站点以及旅游、文化、体育、娱乐、商业等公共场所,经营管理单位或者经营管理单位委托的物业服务企业为管理责任人。

按照前款规定无法确定管理责任人的,由所在地乡镇人民政府、街道办事处确定管理责任人。

乡镇人民政府和街道办事处应当对所辖区域内管理责任人履行管理责任的情况进行监督。

【释义】 本条是关于确定分类投放管理责任人的规定。

本条共分三款。第一款规定生活垃圾分类投放采取生活垃圾分类投放管理责任人制度。生活垃圾分类投放管理责任人是指对责任区的生活垃圾分类投放工作承担责任的有关单位或者个人。管理责任人制度明确了生活垃圾源头分类投放的管理责任主体，是确保单位和个人履行分类投放义务的重要手段，是提升源头分类实效的重要措施。本款根据各场所区域功能差异、实行物业管理情况、出租及委托经营情况等情形，划分了单位的办公和生产经营场所，住宅小区(农村居民点)、公共场所共三类场所，并确定了一般情况下的管理责任人。

一是党政机关、企事业单位、社会团体等单位的办公和生产经营场所，该类场所区域性特点不明显，且有大量的独立空间。按照国务院《物业管理条例》中"对物业管理区域内违反有关治安、环保、物业装饰装修和使用等方面法律、法规规定的行为，物业服务企业应当制止，并及时向有关行政管理部门报告"及《上海市住宅物业管理规定》中"业主、业主委员会、物业服务企业应当按照本市生活垃圾分类管理的规定，履行相应的义务"等要求，该类场所由业主委托物业服务企业实施物业管理的，物业服务企业为管理责任人；由业主自行实施物业管理的，业主为责任人。

二是住宅小区及农村居民点。住宅小区具有居住功能单一、相对封闭、居民集中居住的特点，其中由业主委托物业服务企业实施物业管理的，物业服务企业为管理责任人。农村居民点则根据《中华人民共和国村民委员会组织法》关于"村民委员会办理本村的公共事务和公益事业，调解民间纠纷，协助维护社会治安，向人民政府反映村民的意见、要求和提出建议"的有关要求，村民委员会为农村居民点的管理责任人。

三是公共场所。本款中公共场所按其管理和开放程度不同，分为两类:(1)完全开放性公共场所，一般具有没有经营管理权、不隶属于某一单位、在时间和空间上完全对社会公众开放、由政府部门实际承担公共管理责任等特征,如道路、广场、公园、公共绿地等公共场所。该类场所由政府部门直接管理的,管理部门为管理责任人;政府管理部门通过采购或委托等形式委托服务单位实施管理的,受委托的服务单位为管理责任人。(2)有限开放性公共场所,一般具备有经营管理单位、在时间和空间上对公众开放程度有一定限制等特征,如机场、客运站、轨道交通站点以及旅游、文化、体育、娱乐、商业等公共场所。该类场所由经营管理单位委托物业服务企业实施物业管理的,物业服务企业为管理责任人;未委托物业服务企业实施物业管理的,则该经营管理单位为管理责任人。

第二款是关于根据本条第一款中无法确定生活垃圾投放管理责任人情况的补充规定。实际情况中,根据本条第一款无法确定管理责任人的,如没有物业服务的旧式里弄、城中村等,由所在地乡镇人民政府、街道办事处确定管理责任人,这部分管理责任人可以是居委会、街镇环卫管理机构等。

第三款要求乡镇人民政府和街道办事处对所辖区域内管理责任人履行管理责任的情况进行监督。管理责任人履职情况直接影响到垃圾源头分类实效,因此乡镇人民政府和街道办事处应当对其垃圾分类收集容器设置是否合理、分类标识是否规范、是否建立垃圾分类制度、垃圾分类实效是否良好等进行监督,结合物业服务企业考核评级、精神文明创建评选、绩效考核等其他机制,多方促进责任人贯彻落实垃圾分类投放管理职责。

第二十六条 管理责任人应当按照下列规定设置生活垃圾分类收集容器:

（一）党政机关、企事业单位、社会团体等单位的办公或生产经营场所应当设置可回收物、有害垃圾、湿垃圾、干垃圾四类收集容器。

（二）住宅小区和农村居民点应当在生活垃圾收集运输交付点设置可回收物、有害垃圾、湿垃圾、干垃圾四类收集容器；在其他公共区域设置收集容器的，湿垃圾、干垃圾两类收集容器应当成组设置。

（三）公共场所应当设置可回收物、干垃圾两类收集容器；但湿垃圾产生量较多的公共场所，应当增加设置湿垃圾收集容器。

市绿化市容部门应当制定分类收集容器设置规范，并向社会公布。收集容器的颜色、图文标识应当统一规范、清晰醒目、易于辨识。

鼓励管理责任人根据可回收物、有害垃圾的种类和处置利用需要，细化设置收集容器。

【释义】 本条是关于管理责任人设置生活垃圾分类收集容器职责的规定。

本条共分三款。第一款是对党政机关、企事业单位、社会团体等单位的办公或生产经营场所，住宅小区和农村居民点，公共场所三类区域如何设置生活垃圾分类收集容器作出规定。生活垃圾分类容器设置应依据上海市生活垃圾分类标准，考虑不同场所生活垃圾产生种类、产生量，因地制宜地设置垃圾分类收集容器，既要保证产生的垃圾能够分类投放，又要注意适量摆放，避免资源浪费、影响环境。因此，《条例》采取“因地制宜”原则，针对党政机关、企事业单位、社会团体等单位的办公或生产经营场所，住宅小区和农村居民点以及公共场所三类区域，设定了差异化的设置要求。

（1）党政机关、企事业单位、社会团体等单位的办公或生产经营场所应当设置可回收物、有害垃圾、湿垃圾、干垃圾四类收集容器。具体可按以下原则进行设置：①单位生活垃圾收集运输交付点应配置可回收物、有害垃圾、湿垃圾和干垃圾收集容器，即单位生活垃圾集中存储、垃圾箱房等区域内配置的容器，须满足四种容器齐备的要求。②食堂或就餐区域设置湿垃圾（或餐厨垃圾）和干垃圾收集容器，可根据垃圾情况增设可回收物收集容器。③委托分类投放管理责任人收集生活垃圾单位，可结合管理责任人在交付点等场所设置的分类收集容器，在本单位办公或经营场所内根据实际情况合理设置可回收物、干垃圾、有害垃圾收集容器；自行交付生活垃圾的单位，办公或生产经营场所内应设置可回收物、有害垃圾、湿垃圾、干垃圾收集容器。

（2）住宅小区和农村居民点应在生活垃圾收集运输交付点设置可回收物、有害垃圾、湿垃圾、干垃圾收集容器[生活垃圾收集运输交付点是指连接生活垃圾收集（含小区内驳运）与环卫运输作业的约定场所，也是居住小区、单位业主或物业公司将其负责的分类后生活垃圾移交或委托给环卫运输作业公司的约定场所，在日常形式中主要体现为垃圾箱房、小型压缩站、分类收集容器临时集中点]。其他公共区域设置收集容器的，湿垃圾、干垃圾两类收集容器应当成组设置，并至少有一个投放点设置可回收物、有害垃圾收集容器（宜选择住宅小区和农村居民点内如出入道路、公共休闲区等方便位置设置）。

（3）道路、广场、公园、公共绿地等公共场所应当设置可回收物、干垃圾两类收集容器。根据实际情况，机场、客运站以及旅游、文化、体育、商业等公共场所配备餐饮区、小卖部或客流集中休息区的,应该在这些区域增设湿垃圾收集容器。

第二款是上海市绿化市容部门在生活垃圾分类收集容器设置方面的规定。市绿化市容部门应当制定分类收集容器设置规范,并向社会公布,用以指导各类单位、住宅小区、公共场所等正确配置符合设置规范的分类收集容器。容器设置规范有两方面含义:一是针对交付点,除标识(颜色、图文等)规范外,容器也应符合属地收运要求;二是针对单位内部投放点,除单位个性化容器外,须标识(颜色、图文)规范。2019 年 4 月 1 日,上海市生活垃圾分类减量推进工作联席会议办公室已印发了《上海市生活垃圾分类投放指引》,对各类场所的收集容器设置原则、配置类别要求、收集容器规格、分类标志标识样式及使用方式作出了明确规定。统一垃圾分类有关标识标志,有助于居民分类习惯的培养和社会的广泛监督。上海市设计了关于垃圾分类的一整套易于居民辨识的视觉识别系统,并已以地方标准《DB31/T 1127-2019 生活垃圾分类标识标志管理规范》的形式发布,可回收物的标志色为蓝色、有害垃圾的标志色为红色、湿垃圾的标志色为棕色、干垃圾的标志色为黑色。收集容器应按照上述两个文件的要求正确张贴标志标识,同时分类收集容器整体或局部应体现对应标志色。

2019 年 11 月 15 日,住房和城乡建设部发布了《生活垃圾分类标志》(GB/T 19095-2019)。相比于 2008 年版标准,新标准的适用范围进一步扩大,生活垃圾类别调整为可回收物、有害垃圾、厨余垃圾和其他垃圾 4 个大类和 11 个小类,标志图形符号共删除 4 个、新增 4 个、沿用 7 个、修改 4 个。《条例》中湿垃圾、干垃圾的说法虽与标准中厨余垃圾、其他垃圾的描述有所不同，但新版标准中也明确注明："厨余垃圾"也可称为"湿垃圾"；"其他垃圾"也可称为"干垃圾"，其分类标志图形符号也可参考附录A进行设计和使用。同时，标准强调"湿垃圾"与"干垃圾"应配套使用。因此，上海市现行可回收物、有害垃圾、湿垃圾、干垃圾的名称和图形符号也是符合新标准于要求的。新标准充分考虑到46个全国垃圾分类重点试点城市的试点特色和多样性。除了上海特有的干、湿垃圾命名法外，如杭州等城市也将用"易腐垃圾"取代"厨余垃圾"的叫法。上海市也将持续根据国家有关要求和上海垃圾分类情况，进一步完善生活垃圾分类标志、标识的管理和使用。

第三款是关于鼓励管理责任人细化收集容器设置的规定。由于可回收物回收后的循环利用是根据物质本身或者材质的特性进行再加工的，而有害垃圾处理则是根据其所属的危险废物类别，按照其物理、化学、生物等特性采取相应的无害化处置手段。两者的后续处理都需要分拣和细分，但考虑到上海市各区域社会发展和垃圾分类水平仍有差异，因此，鼓励有条件的区域，细化可回收物、有害垃圾的收集容器设置。如细化可回收物分类投放的，可增设废纸张、废塑料、废玻璃制品、废金属、废织物等一类或几类收集容器；细化有害垃圾分类投放的，可增设废电池、废灯管、废药品等一类或几类收集容器。上海市鼓励机场、客运站、轨道交通站点，以及旅游、文化、体育、娱乐等公共场所细化设置可回收物分类收集容器。

第二十七条 管理责任人应当对投放人的分类投放行为进行指导，发现投放人不按分类标准投放的，应当要求投放人改正。投放人拒不改正的，管理责任人可以向所在地的乡镇人民政府或者街道办事处举报。

管理责任人应当将需要驳运的生活垃圾，分类驳运至生活垃圾收集运输交付点。

管理责任人按照规定履行管理职责的，有关单位和个人应当予以配合。

【释义】 本条是关于管理责任人分类投放、分类驳运管理职责的规定。

本条共分三款。第一款是关于管理责任人对投放人的分类投放行为进行指导、监督的规定。有效的监督管理体系是生活垃圾分类工作持续有效推进的必要条件和切实保障，管理责任人作为直接管理分类投放行为的责任人，有义务对分类投放工作进行指导、监督，对不符合上海市分类投放要求的行为予以引导、劝告、制止，要求投放人改正，投放人拒不改正的，管理责任人可以向所在地的乡镇人民政府或者街道办事处举报，由乡镇人民政府或者街道办事处进行处理。乡镇人民政府或者街道办事处应在垃圾箱房等位置公示监督举报电话，便于管理责任人进行监督举报。

第二款是关于管理责任人分类驳运职责的规定。分类驳运是指居住区或单位内物业保洁人员或其他专职、兼职人员，将生活垃圾产生者分类投放后的垃圾按类别由投放点短途运输到交付点的行为。部分住宅小区，其交付点即为该小区唯一的生活垃圾分类投放点，则该类小区无分类驳运环节。大多数住宅小区和单位，其内部存在多个分类投放点的，则该类小区和单位需要分类驳运。需要分类驳运的住宅小区和单位的管理责任人应当配置分类满足分类驳运要求的驳运机具，并确保和督促保洁人员或有关作业人员落实分类驳运操作。

第三款指出有关单位和个人应当配合管理责任人履行管理职责。管理责任人有权力对所辖范围内垃圾分类投放行为进行依法管理,有关单位和个人作为垃圾的产生者,应当承担法定职责,积极配合管理责任人履行管理职责,支持管理责任人进行分类收集容器设置、指导分类投放、开展分类驳运等工作。乡镇人民政府或者街道办事处也应当支持管理责任人履职,及时处理管理责任人举报的违法违规行为。

第五章　分类收集、运输、处置

第二十八条　从事有害垃圾、湿垃圾、干垃圾经营性收集、运输的单位和湿垃圾、干垃圾经营性处置的单位,应当按照国家规定取得生活垃圾经营服务许可证。从事有害垃圾处置活动的单位应当依法取得危险废物经营许可证。

市或者区绿化市容部门以及乡镇应当与通过政府采购等方式确定的可回收物、有害垃圾、湿垃圾、干垃圾的收集、运输单位(以下简称收集、运输单位)以及湿垃圾、干垃圾的处置单位,签订收集、运输服务协议以及处置服务协议。

【释义】　本条是关于确定收集、运输单位和处置单位的规定。

本条共分两款。第一款包含两方面含义:

一是明确了从事湿垃圾、干垃圾经营性收集、运输和处置的单位要取得生活垃圾经营服务许可证。生活垃圾的收集、运输和处置与城市的市容环境、污染防治、市民生活息息相关,从事生活垃圾收集、运输和处置经营性活动必须依法取得生活垃圾经营服务许可证。《国务院对确需保留的行政审批项目设定行政许可的决定》中保留了从事城市生活垃圾经营性清扫、收集、运输、处理服务审批事项，并且明确由所在城市的市人民政府市容环境卫生行政主管部门组织实施。《城市生活垃圾管理办法》规定，从事城市生活垃圾经营性清扫、收集、运输和处置的企业，应当向所在地直辖市、市、县人民政府建设(环境卫生)主管部门取得城市生活垃圾经营性清扫、收集、运输、处置服务许可证，未取得城市生活垃圾经营性清扫、收集、运输、处置服务许可证的企业，不得从事城市生活垃圾经营性清扫、收集、运输、处置活动。在《上海市城市生活垃圾收运处置管理办法》中，对收集、运输作业单位和处置作业单位应当具备的条件进行了详细规定，包括企业法人资格、工具配置、选址规划许可、处置工艺标准、安全监测和污染防治管理制度等方面内容。

二是按照生态环境管理部门的危险废物豁免管理清单，对居民源产生的有害垃圾的收集、中转、运输是许可豁免的，可以参照生活垃圾经营服务许可相关管理规定。有害垃圾处置经营性活动，则不能豁免，必须依法取得危险废物经营许可证。有害垃圾对人体健康或自然环境有危害性，对其进行无害化处置必须遵守危险废物管理相关要求。《固废法》规定，从事处置危险废物经营活动的单位，必须向县级以上人民政府环境保护行政主管部门申请领取经营许可证。禁止无经营许可证或者不按照经营许可证规定从事危险废物处置经营活动。禁止将危险废物提供或者委托给无经营许可证的单位进行处置。

为进一步规范有害垃圾全程分类管理，上海市发布《关于规范有害垃圾全程分类管理的通知》(沪绿容〔2018〕391 号)，将有害垃圾特指为生活垃圾中列入《国家危险废物名录》的零星废弃物，同时规定，上海市的有害垃圾应由本区域生活垃圾清运单位或所在区绿化市容部门指定的具备条件的作业单位负责收运；区级有害垃圾中转点（含废弃药品临时中转点）的有害垃圾积存满一定量后，由区中转点管理单位预约市绿化市容部门确定的专业收运企业进行统一运输和分类贮存；有害垃圾经中转运输及分拣后根据危险废物类别交由有相应危废经营许可资质的单位进行无害化处置。

可回收物收集、运输和处置不在此款规定范围内。

第二款同样包含两方面含义：

一是生活垃圾收集、运输和处置单位要通过政府采购的方式产生。《固废法》规定，可以通过招标等方式选择具备条件的单位从事生活垃圾的清扫、收集、运输和处置。上海市《市容环卫条例》规定，居民产生的生活垃圾的收集、运输应当由有关管理部门或者单位通过招标的方式确定作业服务企业。上海市的市、区绿化市容部门应当根据生活垃圾的产生量，合理划定生活垃圾收运作业服务区域，并以招标方式确定每个作业服务区域的收运单位。

二是关于生活垃圾收集、运输和处置服务协议的签订。《城市生活垃圾管理办法》规定，直辖市、市、县建设（环境卫生）主管部门应当与中标人签订城市生活垃圾清扫、收集、运输、处置经营协议，约定经营期限、服务标准等内容，并作为城市生活垃圾清扫、收集、运输、处置服务许可证的附件。上海市的市、区绿化市容部门应当与中标单位签订收运、处置作业服务协议，并由市绿化市容部门按照国家规定，核发生活垃圾收运、处置作业服务许可证，同时明确服务区域、服务期限、服务标准、运送场所、违约责任等内容。

第二十九条 收集、运输单位应当按照下列规定，对生活垃圾进行分类收集、运输：

（一）对可回收物、有害垃圾实行定期或者预约收集、运输；

（二）对湿垃圾实行每日定时收集、运输；

（三）对干垃圾实行定期收集、运输。

收集、运输单位发现所交的生活垃圾不符合分类标准的，应当要求改正；拒不改正的，收集、运输单位可以拒绝接收，同时应当向所在地乡镇人民政府或者街道办事处报告，由乡镇人民政府或者街道办事处及时协调处理。

管理责任人发现收集、运输单位违反分类收集、运输要求的，可以向乡镇人民政府或者街道办事处举报。

【释义】 本条是关于收集、运输单位的收集、运输作业要求的规定。

本条共分三款。第一款是对生活垃圾收集、运输频率所作的规定。分类收集、运输是生活垃圾全程分类体系建设的重要环节，是实现生活垃圾全程分类的基本保障，因此《条例》对收集、运输单位作业作出明确要求。收集、运输单位应根据生活垃圾种类、危害程度、收集容器容量、垃圾投放时间段等因素，综合考虑分类收运的频次，做好生活垃圾分类收集、运输工作。可回收物、有害垃圾收运实行定期或者预约收集、运输。其中，可回收物收集、运输单位应按照经营的可回收物服务点的服务公示要求，对居住区可回收物服务点进行定期收运或预约上门收集。有害垃圾则应由各区生活垃圾清运单位或各区绿化市容管理部门制定的作业单位负责收运，采取定期收运的，至少每月一次；采取预约收运的，预约后一周内应上门进行收运。湿垃圾因其易腐并产生异味等特性应实行定时收集、运输，每日至少一次，确保日产日清。干垃圾实行定期收集、运输，以干垃圾收集容器无溢出为原则，由管理责任人和收集、运输单位协商确定收集时间。收集、运输单位应合理确定具体的收集、运输的时间、频次、作业点位，并按照规定的区域、线路行驶，避让高峰，减少扰民。乡镇人民政府或者街道办事处应将箱房编码、清运单位、保洁频率、保洁责任单位、监管单位、市容环卫专业管理监督单位和投诉电话等内容在交付点显著位置进行公示，接受市民监督。

第二款是关于收集运输单位对不符合分类质量标准的生活垃圾拒收的规定。生活垃圾分类投放、分类收集、分类运输、分类中转、分类处置各流程环环相扣，各类垃圾末端处置工艺不同，需要保障全流程分类垃圾的纯净度。因此，本款赋予了生活垃圾收集、运输单位拒绝接收不符合分类标准生活垃圾的权利。该做法也是国际和国内实行垃圾分类过程中的普遍做法，如日本、德国以及国内杭州、厦门等城市均有相关规定。

上海市自 2017 年以来，已开始实施对单位不符合分类标准的垃圾按照有关规定实施“不分类，不收运”。一方面，可保障后续进入处置设施的各类垃圾满足不同处理工艺的要求；另一方面也可倒逼管理责任人履职尽责，规范投放人的分类投放行为。为规范收集、运输单位按照先要求整改、拒不整改后再拒绝接收的方式行使该权利，上海市发布了《对不符合分类质量标准生活垃圾拒绝收运的操作规程（试行）》，明确了不符合分类标准的判定、收集运输单位的操作规程、乡镇人民政府或街道办事处指导协调、建立完善信息化系统四方面内容。

在不符合分类标准的判定上,《操作规程》明确可回收物、有害垃圾、湿垃圾、干垃圾等不同类别垃圾中明显混有其它类别生活垃圾,或混有建筑垃圾、工业垃圾、医疗垃圾的,该类别分类垃圾即不符合分类标准。在操作流程上,《操作规程》明确按三步走:

(1) 告知并要求整改:拟交付的生活垃圾不符合分类标准的,收集运输单位应当告知管理责任人并要求其改正。对可回收物和有害垃圾,在要求改正的期限内不予收运;对湿垃圾和干垃圾,在要求改正期限内均纳入干垃圾收运系统予以清运,并在《生活垃圾分类不符合标准告知单》明确告示,同时将有关信息报送所在街镇。单位改正期限一般不超过3天;居住区改正期限一般不超过7天。

(2) 拒绝收运并报告:在要求改正期限结束后,拟交付的生活垃圾仍不符合分类标准的,收集、运输单位可以对混合垃圾拒绝收运,并在交付点张贴《拒绝收运生活垃圾告知单》,明确拒绝收运的垃圾类别、起始时间,对混合垃圾进行拍照留证,同时将相关信息报告给所在街镇。

(3) 恢复收运:根据所在地街镇协调意见,收集、运输单位及时恢复收运。同时,如果管理责任人在被拒绝收运当日即采取改正措施,管理责任人可直接向收集、运输单位申请恢复收集、运输服务。此外,为保障公平公正,《操作规程》也明确,出现争议时,管理责任人可提请所在地乡镇人民政府或者街道办事处协调解决争议。

第三款是关于管理责任人对收集运输单位违反分类收集、运输行为举报的规定。收集、运输单位"混装混运"的行为将严重影响分类实效,打击居民垃圾分类积极性,上海市坚决杜绝“混装混运”行为，实行全程分类运输双向监督机制，管理责任人和收集、运输单位互相监督，收集、运输单位对管理责任人交付的不符合标准的生活垃圾拥有拒收的权利，同时，管理责任人对收集、运输单位“混装混运”或其他违反分类收集、运输行为的行为拥有举报的权利。本《条例》第六条明确乡镇人民政府、街道办事处负责所辖区域内生活垃圾分类投放、分类驳运以及分类收集等日常管理工作，故本款明确管理责任人发现收集、运输单位违反分类收集、运输要求的，可以向乡镇人民政府或者街道办事处举报。

第三十条 收集、运输单位应当执行行业规范和操作规范，并遵守下列规定：

（一）使用专用车辆、船舶分类运输生活垃圾；专用车辆、船舶应当清晰标示所运输生活垃圾的类别，实行密闭运输，并安装在线监测系统。

（二）不得将已分类投放的生活垃圾混合收集、运输，不得将危险废物、工业固体废物、建筑垃圾等混入生活垃圾。

（三）按照要求将需要转运的生活垃圾运输至符合条件的转运场所。

【释义】 本条是关于收集、运输单位行业规范和操作规范的规定。

上海市收集、运输单位应遵守国家和上海市市容环卫管理方面的法律法规中关于收集、运输作业的有关规定，按照上海市《生活垃圾清运作业服务规范（试行）》（沪绿容〔2014〕114号）和《本市生活垃圾清运工作指导意见》（沪绿容办〔2019〕14号）的有关要求，做到文明作业、规范服务。

本条共分三项。第一项是对专用车辆和船舶运输生活垃圾的规定。收集、运输单位在配置收运车辆时应结合收运垃圾品种的特性、运输距离等因素,选择适合车型。湿垃圾一般选择密闭性较好的槽罐车、箱式车;干垃圾一般选择后装式压缩车、车厢可卸式垃圾车;有害垃圾应按照密闭运输的要求配置专用车辆,并在车厢内部配置缓冲设备或材料,防止有害垃圾在运输过程中破损;可回收物一般选择密闭箱式车。若用船舶运输生活垃圾时,船舶应当符合行业运输要求,使用不同的集装箱装运。各类收集、运输车辆应按照《DB31/T 1127-2019 生活垃圾分类标识标志管理规范》规范涂装,明确收运生活垃圾类别,做到专车专用。同时为减少生活垃圾运输过程中的环境影响和加强对运输行为的有效监管,收集、运输专用车辆和船舶应按照《条例》和《市容环卫条例》有关要求,实行密闭运输,做到生活垃圾不滴、不漏、不拖、不挂。收集、运输单位应在收集、运输专用车辆、船舶上安装定位装置、自动称重等在线监测系统,对收集、运输专用车辆全程作业进行监督,并派专人进行系统监督、抽查,发现问题 24 小时内进行整改。如嘉定区对每辆生活垃圾收集、运输车安装“生活垃圾收集、运输车辆智能视频管理系统”,在查处运输车辆超载、不按规定线路行驶及违反末端处置进场、卸料规定等违规行为,规范垃圾收集、运输作业,取得很好效果。至 2019 年年底,上海市已规范配置湿垃圾清运车 1461 辆、干垃圾清运车 3079 辆、有害垃圾清运车 87 辆、可回收物清运车 237 辆。

第二项是对已分类的生活垃圾不能“混装混运”的规定。收集、运输单位不得使用未涂装或未张贴标识的收集、运输车辆进行收运作业,不得收集与车辆标识不一致的垃圾容器内的垃圾,不得将已经分类投放的可回收物、有害垃圾、湿垃圾、干垃圾两两混合或多种混合收集、运输。国家对危险废物、工业固体废物、建筑垃圾的收运有明确严格的规定,对违反收运要求的予以严厉处罚。在生活垃圾收集、运输时,不得将危险废物、工业固体废物、建筑垃圾混入生活垃圾。收运工作人员发现有混入现象时,应及时向所在区域的乡镇人民政府或街道办事处报告,由乡镇人民政府或街道办事处督促管理责任人进行改正,待改正后再进行收运。

第三项是对收集、运输单位应将需要转运的生活垃圾运输至符合条件的转运场所的规定。为保障生活垃圾有序转运和规范处置,收集、运输单位应将需要转运的生活垃圾转运至政府主管部门确定的转运场所。转运场所经营单位应具有上海市对从事生活垃圾经营服务的行政许可、与政府主管部门签署的特许经营协议或委托运营服务协议等文书。转运场所应符合《CJJ/T 47-2016 生活垃圾转运站技术规范》行业标准,并符合国家和上海市有关法律法规、技术标准等其他有关要求,具备规划、环保等有关审批手续。

第三十一条 市、区绿化市容部门应当完善可回收物回收体系建设,加强对可回收物回收签约单位以及其他回收经营者回收活动的指导、管理和监督。市绿化市容部门应当会同有关部门编制并发布可回收物回收指导目录,制定低价值可回收物回收扶持政策。

鼓励采用“互联网+回收”、智能回收等方式,增强可回收物投放、交售的便捷性。

其他可回收物回收经营者在收集、运输可回收物过程中,应当采取覆盖、围挡、保洁等有效措施,保持环境卫生整洁,不得造成环境污染。

【释义】 本条是关于可回收物回收体系建设方面的规定。

本条共分三款。第一款是关于市、区两级绿化市容部门在可回收物回收体系建设等方面规定。一是市、区绿化市容部门应当完善可回收物回收体系。其中，市绿化市容部门应该做好本市可回收物体系规划，制定可回收物体系建设有关标准，指导各区合理、规范开展体系建设；区绿化市容管理部门应当按照《上海市两网融合回收体系建设导则（试行）》（沪分减联办〔2018〕3号）关于点、站、场建设有关要求，推进本区可回收物体系建设按照有关任务时间节点完成。二是市、区绿化市容管理部门应当加强对可回收物回收签约单位以及其他回收经营者回收活动的指导、管理和监督。上海市《可回收物回收体系实施意见》，明确各区绿化市容管理部门应通过比选、招标等多种方式，确定至少1家企业承担本区域内可回收物回收工作；区绿化市容管理部门应当按照文件的要求确定本区域内可回收物签约单位，并做好企业回收活动的指导、管理和监督工作，同时应完善制度引导，建立多元化的可回收物市场体系，对非签约的其他回收经营者做好指导，防止各区签约单位与市场自由主体间出现恶性竞争。三是市绿化市容部门应当会同市商务委、市发改委、市财政局等相关部门根据经济社会发展需要编制并发布可回收物回收指导目录，制定低价值可回收物回收扶持政策。可回收物回收受社会经济发展水平和末端再利用工艺影响较大，因此需要有关部门根据综合考虑各方面因素，合理制定回收指导目录和补贴政策。《可回收物回收体系实施意见》明确了废玻璃、废塑料、废纸、废纺衣服、废木五大类中的17小品类为本市低附加值生活垃圾可回收物指导目录，各区政府应当参照生活垃圾处置费标准，制定本区低价值可回收物补贴办法。2019 年 4 月，上海市生活垃圾分类减量推进工作联席会议办公室印发了《上海市可回收物体系规划实施方案》(沪分减联办〔2019〕6 号)，明确了上海市可回收物回收指导目录(2019 版)。该目录不仅对可回收物主要种类、低价值可回收物主要种类及各自常见实物进行了列举，还列举了部分因受到污损或使用场景特殊而不宜列入可回收物的垃圾品种，便于市民对照进行分类投放。

第二款是关于鼓励新型回收模式的规定。随着科技、物流行业等迅速发展，“互联网＋回收”模式因其便捷性逐渐兴起，如支付宝平台上的垃圾分类回收，居民可通过预约的形式定期交投或售卖家中可回收物。因此，上海市鼓励各区主体企业采用互联网、大数据等现代信息技术，开展可回收物回收服务和统计工作，同时为上游回收企业与下游拆解企业提供信息资源，最终实现线上交投与线下回收的有机结合，提升企业信息化管理水平和全市可回收物系统的信息化服务水平。

第三款是对其他可回收物回收经营者的有关要求。其他可回收物回收经营者在收集、储存、处理、运输再生资源的过程中，应当采取覆盖、围挡、保洁等相应措施，防止飞散、溅落、溢漏、恶臭扩散、爆炸等污染环境情况的发生；保持周边环境卫生整洁并定期消毒，严格控制噪声、粉尘、污水、异味等污染，防止影响周边居民工作和生活环境，同时还应遵守上海市《市容管理条例》和《上海市再生资源回收管理办法》以及相关法律法规的有关规定。

第三十二条 转运设施的设置应当符合环保要求和技术规范，并按照规定办理环保等有关审批手续。

生活垃圾转运产生的渗滤液，应当按照国家和本市水污染物排放标准处理后排放。

【释义】 本条是关于生活垃圾转运设施管理要求的规定。

生活垃圾转运设施是指为了提高运输效率，减少环境污染，降低运输费用、在垃圾产生地（或集中地点）至末端处理设施之间所设的垃圾中转站，并配置一定的设施设备，从而实现将居民区、单位等的垃圾从小型收集车到大型集装箱的转运，再通过大型车辆或船舶继续运往末端处理设施。

本条共分两款。第一款指出，转运设施的设置应当符合环保要求和技术规范，并按照规定办理环保等有关审批手续。《固废法》规定，清扫、收集、运输、处理城乡生活垃圾，应当遵守国家有关环境保护和环境卫生管理的规定，防止污染环境。上海市的市、区绿化市容部门或者生活垃圾收运作业服务单位可以根据生活垃圾运输需要，设置生活垃圾中转站。生活垃圾中转站的设置，应当符合环境保护要求和中转站设置技术规范，并按照规定办理规划、环保等有关审批手续。垃圾中转站应具有良好的封闭性能，噪声、粉尘、污水、异味、排水等指标应符合环境保护规定的排放标准，并采取防蝇措施。

第二款指出，生活垃圾转运产生的渗滤液应当按照国家和上海市水污染物排放标准处理后排放。生活垃圾转运产生的渗滤液污染物浓度高，环境危害性强，处理不当将引起严重的土壤、地下水、地表水污染，对其开展综合性防治是重中之重。《中华人民共和国水污染防治法》规定，向城镇污水集中处理设施排放水污染物，应当符合国家或者地方规定的水污染物排放标准。住房城乡建设部《生活垃圾转运站技术规范》

(CJJ/T 47-2016)同样规定,转运站应根据所在区域环境质量要求和污水收集、处理系统等具体条件和垃圾转运工艺,确定转运站污水排放、处理形式,并应符合当地环境保护部门的要求。因此,上海市生活垃圾中转站内产生的渗滤水,必须经处理符合国家和上海市水污染物排放标准后方可排放。

第三十三条 有害垃圾、湿垃圾、干垃圾处置单位(以下简称处置单位)应当按照分类标准接收生活垃圾,发现所交的生活垃圾不符合分类要求的,应当要求改正;拒不改正的,可以拒绝接收,同时应当向市或区绿化市容部门报告,由市或区绿化市容部门及时协调处理。

有害垃圾、湿垃圾、干垃圾应当按照下列方式进行分类利用处置:

(一)有害垃圾采用高温处理、化学分解等方式进行无害化处置;

(二)湿垃圾采用生化处理、产沼、堆肥等方式进行资源化利用或者无害化处置;

(三)干垃圾采用焚烧等方式进行无害化处置。

【释义】 本条是关于处置单位分类处置生活垃圾的规定。

本条共分两款。第一款提出了处置单位按照分类标准接收生活垃圾的要求,即“不分类,不处置”,与《条例》第二十九条“不分类,不收运”前后呼应,都是以拒收的方式,两头紧逼,构建上海市全程分类投放、分类收运、分类处置的完整闭环体系。按照本条规定,上海市的生活垃圾处置单位应当将分类处置要求纳入处置服务合同,并对收集、运输单位交付的生活垃圾种类和分类品质进行确认和检测,对不符合分类要求的,应当要求收集、运输单位做好分拣、筛选、沥干等整改处理措施，收集、运输单位拒绝改正的，市属处置单位应当向市绿化市容部门、区属处置单位应当向区绿化市容部门报告，市、区绿化市容部门应及时协调处置。

第二款提出要根据生活垃圾的不同类别及特性，采取不同的处理方式。综合考虑现有生活垃圾处理技术发展水平，上海市初步建立有害垃圾无害化处置、湿垃圾生化处理、干垃圾焚烧发电的处置格局。

一是有害垃圾，包括废电池、废灯管、废药品、废油漆及其容器等对人体健康或者自然环境有直接或潜在危害，因此主要由具备相应品类危废处置经营许可的单位采用高温处理、化学分解等方式进行无害化处置。

二是湿垃圾，包括食材废料、剩菜剩饭、瓜皮果核、花卉绿植等有机质含量较高且容易腐烂的生活废弃物，主要利用微生物特性，控制微生物生长条件，加速湿垃圾发酵或降解，实现湿垃圾的资源化利用或者无害化处置。目前，湿垃圾生化处理方式主要包括好氧堆肥和厌氧产沼。

三是干垃圾，随着可回收物、有害垃圾、湿垃圾的分出，余下的干垃圾首先必须通过高温确保其无害化处置，以减少烟气、灰、渣等的排放；其次因其自身热值较高，可以通过焚烧发电的方式实现资源化利用。目前，上海市按照“一主多点、区域共享、就近消纳”的原则布局干垃圾处置设施建设，中心城区依托市属设施集中处置，郊区依靠区属设施就近消纳，逐步实现原生生活垃圾零填埋。

随着生活垃圾处理科技发展，上海市也会加大科研投入，不断补充和引入新的生活垃圾处理方式，优化和完善生活垃圾处理格局。

第三十四条 处置单位应当执行行业规范和操作规范，并遵守下列规定：

（一）保持生活垃圾处置设施、设备正常运行，对接收的生活垃圾及时进行处置；

（二）按照技术标准分类处置生活垃圾，不得将已分类的生活垃圾混合处置；

（三）对废水、废气、废渣、噪声以及周边土壤污染等进行处理，并按照规定进行环境修复；

（四）定期向绿化市容部门报送接收、处置生活垃圾的来源、数量、类别等信息。

【释义】 本条是关于生活垃圾处置规范的规定。

本条从四个方面突出强调处置单位应当遵守的行业规范和操作规范。

一是应当保证生活垃圾处置的稳定性和时效性，即对接收的生活垃圾及时进行处置。《固废法》规定，禁止擅自关闭、闲置或者拆除生活垃圾处理设施、场所。上海市生活垃圾处置作业服务单位应当保持生活垃圾处置设施、设备的正常运行，按照要求配备城市生活垃圾处置设施、设备，保证设施、设备运行良好。

二是应当保证生活垃圾分类处置的标准性和规范性，不得将已分类的生活垃圾混合处置。上海市生活垃圾处置应当遵守城市环境卫生质量标准和有关规范。生活垃圾处置单位要根据生活垃圾的不同类别及特性，按照相关技术标准分类处置。

三是应当控制和处理生活垃圾处置产生的环境污染，对生活垃圾处置产生的废水、废气、废渣、噪声以及周边土壤污染,应当按照相关法律法规规定进行处理并开展环境修复。《中华人民共和国水污染防治法》规定,建设生活垃圾填埋场,应当采取防渗漏等措施,防止造成水污染。《中华人民共和国大气污染防治法》规定,垃圾填埋产生的可燃性气体应当回收利用,不具备回收利用条件的,应当进行污染防治处理。《中华人民共和国土壤污染防治法》规定,土壤污染责任人负有实施土壤污染风险管控和修复的义务。因此,上海市生活垃圾处置作业服务单位应当遵守国家有关环境保护和环境卫生管理相关规定,防止污染环境。

四是应当建立生活垃圾处置信息报送制度,上海市已建立生活垃圾信息化监管系统,生活垃圾处置单位应当对每日收运、进出场站、处置的生活垃圾及其来源、种类、数量和处置结果进行计量和记录,按照要求将统计数据和处置台账通过综合监管和计量信息平台,实时或定期报送所在地建设或绿化市容主管部门。

第六章　资源化利用

第三十五条　市发展改革部门应当会同有关部门制定循环经济发展扶持政策,对符合本市城市功能需要、符合相关产业发展导向的可回收物回收利用项目予以支持,并推进循环经济产业园建设。

【释义】　本条是关于可回收物循环经济产业导向的规定。

推进生活垃圾资源化利用,既是开展垃圾分类的必然要求,也是实现经济社会可持续发展的现实需要。因此,《条例》

以专章形式,分五方面内容,对生活垃圾资源化利用产业发展作了相关规定。

本条包含三方面含义:

一是可回收物回收利用是循环经济发展的重要组成部分,政府应予以支持。循环经济以资源的高效利用和循环利用为核心,以“减量化、再利用、资源化”为主要原则。生活垃圾中的可回收物回收利用同样遵循“减量化、资源化、无害化”的原则,能更大程度地实现生活垃圾的回收利用,提高资源化利用率。上海市发展改革部门作为循环经济扶持政策的制定和主管部门,出台《循环经济发展和资源综合利用专项扶持办法》,明确上海市循环经济专项支持政策支持工业、城建、农林和生活等领域废弃物资源综合利用项目。

二是当前上海市可回收物回收利用市场化运作体系缺失,亟待发挥政府调控的作用。近年来,国际市场上原材料价格持续走低,大量可回收物进入生活垃圾清运渠道,造成资源浪费的同时也增加了垃圾清运的负担。对市场不能有效配置的资源,政府通过财政支持手段对废弃物资源综合利用项目进行支持,也是循环经济发展扶持政策的重要内容。为确保2020年上海市生活垃圾全程分类体系建成,有必要调整、补充和完善循环经济政策机制,鼓励市场化运作模式参与分类回收利用,发展有利于上海市生态环境保护、营造优良人居环境、提高城市精细化管理水平的可回收物回收利用项目。

三是上海市鼓励和推进循环经济产业园建设。上海市积极落实国务院《实施方案》,加快培育大型龙头企业,推动再生资源规范化、专业化、清洁化处理和高值化利用,探索建立集垃圾焚烧、餐厨垃圾资源化利用、再生资源回收利用、垃圾填埋、有害垃圾处置于一体的生活垃圾协同处置利用基地和产业园区，提高土地资源节约集约利用水平，缓解生态环境压力。

目前，相关工作已在逐步推进落实。2018年3月，上海市人民政府办公厅转发市发展改革委等四部门《关于建立健全本市生活垃圾可回收物回收体系实施意见》（沪府办〔2018〕20号），一是要求各区制定低附加值可回收物补贴办法，对区域内确定的企业在本区内回收利用的生活垃圾可回收物按照回收总量给予补贴，用于市场价格补贴以及对分类、回收、转运、处置等环节投入的支持；二是研究市级支持政策，支持各区“点站场”体系建设，对符合条件的转运站和集散场建设，纳入上海市循环经济政策予以支持，对各区回收服务点建设，研究制定按照以奖代补方式，予以一次性补贴的政策。2020年3月颁布《关于进一步完善可回收物体系促进资源利用的实施意见》，进一步提出，要细化并落实生活垃圾分类专项补贴政策中关于可回收物服务点、中转站建设的补贴政策；落实属地责任，出台并实施区域性低价值可回收物补贴政策细则；开展增值税等现行限制可回收物企业发展的税收制度研究，营造良好的可回收物回收利用市场环境。

第三十六条 可回收物回收经营者应当按照国家和本市有关要求，将可回收物交由可回收物利用企业进行资源化利用。

市商务、经济信息化、绿化市容部门应当对可回收物资源化利用活动进行指导、协调和监督。

【释义】 本条是关于可回收物资源化利用要求的规定。

本条共分两款，明确上海市的可回收物应当全部进行资源化利用。第一款明确可回收物应当合法合规进行资源化利用。在可回收物回收利用的过程中，一些低价值可回收物的污染属性不能忽视，针对这种有可能发生的污染问题，必须确保可回收物得到合法合规的资源化利用，而不是再次成为垃圾污染环境、危害人体健康。《固废法》规定，从生活垃圾中回收的物质应当按照国家规定的用途、标准使用，不得用于生产可能危害人体健康的产品。《循环经济促进法》针对回收的电器电子产品也有规定，经过修复后销售的，必须符合再利用产品标准，并在显著位置标识为再利用产品。回收的电器电子产品，需要拆解和再生利用的，应当交售给具备条件的拆解企业。

目前，受上海市产业布局影响，全市可回收物主要依托长三角区域的再生资源利用产业体系实现循环再利用。上海市回收企业应当将回收的低附加值生活垃圾可回收物交由正规的资源综合利用企业进行中转、拆解和处置，确保可回收物的合法合规资源再利用。

第二款明确市商务、经济信息化、绿化市容部门负责对可回收物资源化利用活动进行指导、监督和协调。可回收物来源复杂，对其进行资源化利用涉及多部门职责，需要相关职能部门分工协作、加强监管。绿化市容部门负责可回收物回收体系建设，市发展改革部门负责推进循环经济园区建设，在园区准入方面加大政策支持，市商务部门和市经济信息化部门负责稳定和拓展可回收物资源化利用渠道，市科技部门推进再生资源循环利用技术突破。通过多部门协作，促进上海市纸张、塑料、金属、纺织品等各类可回收物的高效回收利用。

第三十七条　对列入国家强制回收目录的产品和包装

物，生产者、销售者应当按照规定进行回收和处理。鼓励生产者、销售者通过自主回收、联合回收或者委托回收等模式，提高废弃产品和包装物的回收再利用率。

市邮政部门应当指导在本市开展经营活动的快递企业建立健全多方协同的包装物回收再利用体系。

【释义】 本条是关于产品和包装物资源化回收利用的规定。

本条共分两款。第一款包含以下两方面含义：

一是对上海市落实国家强制回收目录制度的规定。《固废法》规定，生产、销售、进口依法被列入强制回收目录的产品和包装物的企业，应当按照国家有关规定对该产品和包装物进行回收。强制回收的产品和包装物的名录及管理办法，由国务院循环经济发展综合管理部门规定。国家强制回收目录的产品和包装物，包括有毒有害的废家电或电子产品、危害生态环境的化学物质、报废汽车中的有毒有害成分、危害人体健康的医疗废弃物、放射性元素等。除此之外，由纸张、钢铁、木材、塑料或玻璃等物质构成的常用包装物，也在回收目录之内。凡是生产、销售被列入强制回收目录的产品和包装物的企业，必须在产品报废和包装物使用后对该产品和包装物进行回收和处理。对未列入强制回收目录的，鼓励生产者、销售者自行回收。

二是关于废弃产品和包装物的回收模式的规定。上海市生产者、销售者可以通过三种模式，提高废弃产品和包装物的回收再利用率，即自主回收、联合回收或委托回收。在《循环经济促进法》中有详细规定，可以利用的废弃产品或者包装物，由生产企业负责利用；不具备技术经济条件而不适合利用的，由生产企业负责无害化处置。生产企业可以自主回收，也可以联合销售企业或者其他组织进行回收，或者委托废物利用或者处置企业进行利用或者处置。受托方应当依照有关法律、行政法规的规定和合同的约定负责回收或者利用、处置。各相关企业和组织应当依照有关法律、行政法规规定以及委托合同的相关约定，提高废弃产品和包装物的回收再利用率。

第二款明确市邮政部门应当指导建立健全上海市多方协同的快递包装物回收再利用体系。近年来，随着电子商务和网上订餐的快速发展，快递包装和快餐包装带来的包装塑料、包装纸板等大量废弃物进入生活垃圾末端处置设施，给末端处置能力带来巨大压力。推进快递包装物的回收再利用已经迫在眉睫。《固废法》要求，电子商务、快递、外卖等行业应当优先采用可重复使用、易回收利用的包装物，优化物品包装，减少包装物的使用，并积极回收利用包装物。县级以上地方人民政府商务、邮政等主管部门应当加强监督管理。《快递暂行条例》规定，鼓励经营快递业务的企业采取措施回收快件包装材料，实现包装材料的减量化利用和再利用。国家发展改革委、司法部《加快建立绿色生产和消费法规政策体系意见》明确，加快建立健全快递、电子商务、外卖等领域绿色包装的法律、标准、政策体系，减少过度包装和一次性用品使用，鼓励使用可降解、可循环利用的包装材料、物流器具。健全再生资源分类回收利用等环节管理和技术规范。因此，上海市邮政部门作为快递行业的主管部门，应当鼓励国内主要品牌快递企业和各类环卫企业、回收企业联合开展“快递业＋回收业”定向合作试点，建立健全本市多方协同的快递包装物回收再利用体系。

需要指出的是，第二款遵循属地原则，适用于上海市行政范围，具体而言，无论是在本市注册成立的快递公司，还是在非本市注册成立的快递公司，只要在本市范围内开展快递经营活动的，适用本条有关规定。

第三十八条 市绿化市容、农业农村部门应当会同市市场监管部门研究制定本市湿垃圾资源化利用标准，鼓励和支持开展湿垃圾资源化利用团体标准、企业标准的研究制定和推广实施工作。

本市相关政府部门应当支持在公共绿地、公益林的土壤改良中优先使用湿垃圾资源化利用产品，支持符合标准的湿垃圾资源化利用产品在农业生产领域的推广应用。

农村地区应当就地就近对湿垃圾进行资源化利用；鼓励党政机关、企事业单位、社会团体、住宅小区将湿垃圾处理后用于单位绿化、居住区绿化、家庭园艺。

【释义】 本条是关于湿垃圾资源化利用的规定。

本条共分三款。第一款指出上海市应当研究出台湿垃圾资源化利用地方标准，鼓励和支持团体标准、企业标准的研究制定和推广实施。上海市绿化市容局于2014年印发《关于印发湿垃圾处置产品资源化利用有关标准的通知》，明确《绿化用有机基质的生活垃圾原料控制要求（试行）》《生活垃圾好氧处置产品质量要求（试行）》《生活垃圾好氧处置产品应用技术规程（试行）》等标准，2018年在《关于规范湿垃圾镇域处理设施建设管理的通知》中明确《绿林地土壤改良有机介质产品质量控制要求》。在这些实践工作的基础上，2020年由上海市农业农村委提出并组织实施、上海市市场监督管理局发布《湿垃圾资源化利用技术要求　餐厨有机废弃物制备土壤调理剂》

地方标准,规定了餐厨有机废弃物制备土壤调理剂的产品技术要求、判定规则和应用范围。

另外,根据《中华人民共和国标准化法》,鼓励学会、协会、商会、联合会、产业技术联盟等社会团体协调相关市场主体,制定满足市场和创新需要的团体标准,由本团体成员约定采用或者按照本团体的规定供社会自愿采用。企业可以根据需要自行制定或者与其他企业联合制定相关企业标准。

第二款明确上海市支持湿垃圾资源化利用产品优先应用于公共绿地、公益林土壤改良,支持农业生产领域推广应用符合标准的湿垃圾资源化利用产品。湿垃圾资源化利用产品优先应用于公共绿地、公益林,是当前解决湿垃圾资源化利用产品出路较为有效的途径。上海市绿化市容局2013年组织开展“湿垃圾好氧处置产品绿、林地施用”中试项目,在总结中试成果的基础上,提出生活垃圾好氧处置产品应用于上海市公园、学校、居住区、道路绿化带等绿地、林地的用量用法和安全指标监测要求。2020年的《湿垃圾资源化利用技术要求　餐厨有机废弃物制备土壤调理剂》地方标准提出优先在公共绿地、公益林的土壤改良项目中使用的规定。下一步,上海市绿化市容、市农业农村等部门继续深化开展立项,研究湿垃圾资源化利用产品应用于农业领域的技术标准,为进一步畅通湿垃圾资源化利用产品渠道打下更加坚实的基础。

第三款对湿垃圾就地就近资源化利用提出相关要求。湿垃圾就地就近资源化利用,是指在湿垃圾产生区域或周边区域内,将有效分类后的湿垃圾全部或部分资源化利用或无害化处理。经有效分出的高品质湿垃圾,要求储存时间短、收运频率高,否则极易腐烂变质,导致气味扰民、污染环境,对湿垃圾就地就近资源化利用,不仅能减少污染,还能更好地实现湿垃圾的资源属性。本条要求农村地区应当开展湿垃圾就地就近资源化利用,推进郊区“一镇一站”“一村一点”分散处理模式,通过湿垃圾“户投、村收、镇(乡)处”,实现镇域内循环和自消纳,完善上海市湿垃圾“集中与分散相结合”的处置格局。本条同时鼓励具备条件的党政机关、企事业单位、社会团体、住宅小区,积极发挥基层管理创新作用,深入挖掘内部资源,通过单位绿化、居住区绿化或家庭园艺等方式,将湿垃圾就地就近消纳,缓解湿垃圾进入末端资源化利用的压力。

第三十九条　干垃圾焚烧产生的热能应当通过发电、供热等方式进行利用。在符合环保要求的情况下,鼓励对炉渣、飞灰等进行综合利用,鼓励具备条件的企业协同处置干垃圾。

【释义】　本条是关于干垃圾综合利用的规定。

本条包含三方面含义:

第一,明确上海市干垃圾资源化利用方式是焚烧发电、供热。在生活垃圾处理问题上,上海始终面临土地资源紧缺、人口密度高的困局,既无法利用大规模的土地填埋垃圾,又要处理每天大量产生的生活垃圾,像上海这样的超大型城市,应优先采用垃圾焚烧处理技术。实际上,“垃圾发电”从发达国家开始发展至今已有70年历史,从处理技术、工艺、设备到渗沥液、烟气、灰、渣等的治理水平,都已经实现了基本可控的目标。通过干垃圾焚烧产生的热能发电和供热,一是项目用地省,解决垃圾围城无地可埋的问题;二是处理速度快,通过焚烧加快垃圾快速分解;三是减容效果好,焚烧后原生垃圾可减容90%左右;四是能源利用高,据测算,2019年焚烧1吨垃圾平均可发电460多度,按照三口之家日均产生垃圾3千克,家庭用电日均12度,大约每9个家庭产生的生活垃圾,通过焚烧发电就可满足1个家庭的日常用电需求。

第二,上海市鼓励对焚烧炉渣、飞灰等进行综合利用。干垃圾焚烧之后还会产生炉渣、飞灰,根据生活垃圾全生命周期管理理念,上海市鼓励对炉渣、飞灰进行二次物料资源化利用。垃圾焚烧产生的炉渣经过高温无害化处理,再经过磁选等分拣手段分离出废铁等废旧金属后,可进行资源化综合利用,如制作成免烧砖,用于道路垫层、填埋场中间覆盖材料等,不能再综合利用的部分再进行填埋。焚烧飞灰属于危险废物,必须单独收集,不得与生活垃圾、焚烧炉渣和其他危险废物等混合。上海市鼓励对焚烧飞灰进行预处理稳定化、资源化利用技术的研发,对具备工程转化应用条件、符合环保要求的应用技术予以扶持,以进一步节省上海市填埋空间,促进资源环境的可持续发展。

第三,上海市鼓励具备条件的企业协同处置干垃圾。鼓励社会协同处置干垃圾,作为干垃圾资源化利用的另一种辅助形式,一是因为目前干垃圾处置技术相对成熟,污染防治基本可控,社会协同处置具有一定的可行性和操作性;二是为了进一步发挥干垃圾作为替代性原料或者燃料的资源属性,鼓励通过具备条件的水泥掺烧、炼钢炉掺烧等手段协同处置干垃圾,实现干垃圾的全量化资源化利用和社会资源的集约化使用。但是,社会协同处置干垃圾,必须严格把控处理技术、工艺、设备的专业性,必须在渗沥液、烟气、灰、渣等方面做好污染防控。只有符合相关要求的企业才能协同处置干垃圾。

第七章　社 会 参 与

第四十条　市、区人民政府及其相关部门和工会、共青团、妇联等组织应当通过多种方式，广泛开展社会动员，推动全社会共同参与生活垃圾管理工作。

绿化市容、生态环境等部门应当设立生活垃圾科普教育基地，面向社会普及生活垃圾分类知识。本市大型生活垃圾处理设施运营单位应当设立公众开放日，接待社会公众参观。

教育部门应当将生活垃圾分类知识纳入本市幼儿园、中小学校、高等院校教育内容，组织开展生活垃圾分类教育和实践等活动。

新闻媒体应当持续开展生活垃圾管理法规和生活垃圾分类知识的公益宣传，对违反生活垃圾管理的行为进行舆论监督。

【释义】　本条是关于生活垃圾管理宣传动员的规定。

本条共分四款。第一款是对于行政管理部门和群众团体宣传和动员工作的规定。垃圾分类涉及人们生活习惯的改变，需要人们的广泛参与。垃圾分类成功与否，宣传工作是否到位和市民的行为是否自觉紧密相关。生活垃圾分类减量工作秉持的是坚持政府引导、社会参与的原则，工作的推进既需要政府的组织推动和监管实施，也需要各群团组织的广泛参与。工会、妇联、共青团等群众团体，应当发挥自身可利用资源广泛、开展活动多样性的特点以及在学生、青年、妇女、志愿者等群体中的动员优势，组织青年、妇女、工人等个人或团体通过各类形式广泛参与生活垃圾分类减量的宣传和实践工作，共同塑造生态环保、人人参与的城市文明。

第二款是对绿化市容行政管理部门和环境保护行政管理部门宣传动员工作的规定。当前,群众的环保意识普遍提升,对于垃圾处理技术、环保政策法规、环境污染防治等方面的知识需求日益增加。设立生活垃圾科普教育基地,公众可通过参观展览,了解生活垃圾收集、运输、处置等流程、工艺以及有关污染防治措施。设立大型设施公共开放日,一方面将增强公众对环境治理工作的认识和了解,提高公众的环境保护意识;另一方面也将满足公众的知情权、参与权、监督权。通过政府监管、社会参与、群众监督的公共治理体系,提高设施运营水平、提升群众接受度,逐步化解邻避效应的矛盾。2014 年以来,上海市开展了"垃圾去哪儿了"公益性系列科普活动,市民可通过官方微信号自主报名预约,实地参观生活垃圾中转及末端处置设施,了解上海市生活垃圾处置流程和方式。截至 2019 年年底,"垃圾去哪儿了"公众体验活动共组织超过 1000 批次、44000 余人次参加。

第三款是对于教育行政管理部门宣传动员工作的规定。国家教育部《关于在学校推进生活垃圾分类管理工作的通知》中明确,要根据不同年龄段学生的认知水平和成长规律,将生活垃圾分类知识融入教材,并与课堂教学内容有机结合。到 2019 年年底,各学校生活垃圾分类知识普及率已达到 100%。因此本款规定将生活垃圾分类减量知识纳入学校、幼儿园教育内容,组织开展青少年生活垃圾分类减量教育和实践活动,将垃圾分类的普及工作从娃娃开始抓起,通过小手牵大手,推动形成"教育一个孩子、影响一个家庭、带动一个社区"的良性互动局面。2018 年,上海市出版了针对不同年龄层、学习阶段的青少年及儿童的垃圾分类知识读本(幼儿园版、小学版、中学版),进一步推动垃圾分类进课堂。目前,全市各学校通过德育课、爱心暑托班、开学第一课等多种形式,并结合学校环境教育拓展型、研究型课程开展,形成了众多与垃圾分类相关的社会实践活动、主题探究活动。

第四款是对于新闻媒体普及生活垃圾管理知识和进行舆论监督的规定。随着社会发展,媒体形式愈加多样,作为市民接触最多的电视、广播、报纸、网络等各类媒体就应发挥自身优势,通过各种渠道、各种方式宣传。广泛利用电视、广播、报纸和网络等新闻媒体,积极配合宣传报道垃圾分类的开展情况,进一步扩大宣传影响。同时,舆论监督因影响广泛、行动迅速、公开性强,已经渗透到人们生活的方方面面,俨然成为不容小觑的维护社会公众利益的监督力量,而新闻媒体作为舆论监督的媒介,应当通过公正、客观、真实的报道,充分发挥新闻舆论监督导向作用,促进行政管理部门做好垃圾分类减量工作。近年来,市、区两级政府充分利用户外喷绘、户外大屏、楼宇视频、移动电视、小区灯箱等重要户外宣传阵地进行垃圾分类专题宣传,为全市垃圾分类工作营造了良好的社会宣传氛围。同时上海市新闻媒体也积极发挥社会监督作用,对生活垃圾混装混运、偷倒乱倒等违法行为进行报道和曝光。

第四十一条 本市建立健全以居民区、村党组织为领导核心,居民委员会或者村民委员会、业主委员会、物业服务企业、业主等共同参与的工作机制,共同推进生活垃圾管理工作。

居民委员会、村民委员会应当配合乡镇人民政府和街道办事处做好生活垃圾源头减量和分类投放的组织、动员、宣传、指导工作。倡导居民委员会和村民委员会将生活垃圾分类要求纳入居民公约和村规民约。

乡镇人民政府和街道办事处应当将生活垃圾管理纳入基层社会治理工作，加强组织协调和指导。

【释义】 本条是关于生活垃圾管理基层治理的规定。

本条共分三款。第一款是对生活垃圾管理基层治理工作机制的规定。生活垃圾分类工作需要广泛发动公众参与，由于垃圾分类涉及千家万户、所有居民区和所有单位等社会单元，需要充分发挥居民区治理体系的作用。党具有密切联系群众的巨大优势，基层党组织在广泛发动群众方面有长期、丰富的经验和基础。通过党建引领，能把社区居(村)委、物业服务企业、业委会、业主等各种力量凝聚在一起。因此，在基层形成社区党组织、居(村)委、物业服务企业、业委会的"四位一体"的工作机制至关重要，通过充分发挥各自优势和主观能动性，有助于实现垃圾分类推进落实和长效管理。一般运作机制如下：居民区(村)党组织成立专项工作组，明确任务与节点；组织发动党员带头和成为志愿者；定期跟踪评议，纳入基层组织年度评议内容。居委制定定时定点方案，沟通物业服务企业与业委会；组建志愿者队伍，开展日常巡查。物业服务企业实施定时定点、分类驳运设备改造和配置；培训和落实保洁人员分类指导与驳运岗位职责。业委会支持居委与业主沟通；支持物业服务企业履行法律责任；监督业主履行分类投放义务。

第二款是对居民委员会、村民委员会生活垃圾管理职责的规定。《上海市居民委员会工作条例》明确了居民委员会在协助政府及其派出机构做好公共卫生等公共服务工作和组织居民对环境卫生等公共服务单位的服务情况进行评议等工作职责。生活垃圾管理作为公共卫生、环境卫生的重要部分，居

(村)委应当配合乡镇人民政府和街道办事处做好生活垃圾源头减量和分类投放的组织、动员、宣传、指导工作。居委会、村委会应建立日常工作机制,参与居住区垃圾分类方案的制定、垃圾分类宣传动员、居(村)民的分类指导和居住区(村)分类开展情况的日常管理、监督、整理分析和上报等,并做好与属地管理部门的对接。同时,倡导居(村)委将垃圾分类要求纳入居民公约和村规民约,作为大家共同遵守的章程,充分发挥居民自治功能,进一步形成广泛共识,提升垃圾分类参与度。

第三款是对乡镇人民政府和街道办事处在基层社会治理工作中有关职责的规定。《上海市街道办事处条例》中明确街道办事处应当指导居民委员会等基层群众性自治组织制定并根据自治章程开展自治活动,通过加强业务培训、建立群众评价机制、引入专业社会组织等方式,提升居民委员会等基层群众性自治组织的自治能力。生活垃圾管理是与群众生活息息相关的公共服务事项,生活垃圾分类关系到每一个个体生活习惯的改变,应该纳入基层社会治理工作中,履行好"乡镇人民政府、街道办事处负责所辖区域内生活垃圾分类投放、分类驳运以及相关的分类收集等日常管理工作的具体落实"的职责,并发挥好乡镇人民政府和街道办事处协调和指导居(村)委等基层群众自治性组织开展生活垃圾管理的作用。具体包括:组织落实居委开展垃圾分类投放的宣传、指导、监督;对管理责任人容器配置、分类驳运实施情况进行监督检查;对区域内发生的物业服务企业、居委、业委会间因垃圾分类推进产生的矛盾予以协调解决等。

第四十二条　鼓励通过积分兑换等多种方式,促进单位和个人形成生活垃圾分类投放的良好行为习惯。

鼓励志愿服务组织和志愿者开展生活垃圾分类投放的宣传、示范等活动。

市、区人民政府及其相关部门,乡镇人民政府、街道办事处可以通过购买服务方式,支持各类社会组织参与生活垃圾管理活动。

【释义】 本条是关于生活垃圾管理社会参与的规定。

本条共分三款。第一款是对生活垃圾分类投放激励机制的规定。垃圾分类作为一项长期性、社会性工作,单纯靠规则性、义务性、强制性、约束性的制度措施推进,难度很大,有必要辅之以激励性手段和方式,因此本款明确了鼓励以各种激励形式促进单位和个人养成良好习惯。上海市自2011年开始积极探索以"绿色账户"为载体的激励方式,通过"分类可积分、积分可兑换、兑换可获益"基本路径,逐步吸引更多居民主动、正确地参与垃圾分类。从实践经验来看,激励机制确实在推进上海市垃圾分类方面起到了相当大的积极作用。2017年,国务院《实施方案》明确提出要创新体制机制,通过建立居民"绿色账户""环保档案"等方式,对正确分类投放垃圾的居民给予可兑换积分奖励。上海市绿色账户发展至今,内容不断创新、形式不断丰富。

为持续发挥对生活垃圾分类工作的激励指导作用,上海市在2020年年初发布了《关于完善绿色账户激励机制的指导意见》(沪绿容〔2020〕101号)。绿色账户随着《条例》实施,相应转变功能定位:一是从激励引导为主转变为法规约束为主;二是从对个人投放行为的引导拓展转变为对垃圾分类参与者的引导,包括志愿者、监督员,生活垃圾产生单位、投放管理责任人以及各类参与生活垃圾分类的企业、民非组织、第三方机构等；三是从直接的行为激励向绿色环保档案转变，从实物兑换为主转变为垃圾分类参与者绿色环保指数的表征。同时，绿色账户也将按照“自主开通、自主积分、自由兑换”的原则，持续提升参与的广度和便捷度。

第二款是对志愿服务组织和志愿者开展垃圾分类活动的规定。考虑到市民养成生活垃圾分类投放习惯需要一个长期过程，针对住宅小区开展垃圾分类初期居民投放不准确、参与度不高、习惯还未养成等一系列问题，当前居住区在推进垃圾分类过程中可引入志愿服务组织和志愿者的形式，在居住区内开展垃圾分类宣传、指导、巡查工作。通过志愿者的言传身教，指导居民按照正确的生活垃圾分类投放规范投放生活垃圾，以便尽快让小区居民养成正确的投放习惯。目前，全市已构建区、街镇、居村三级垃圾分类志愿者队伍体系，参与分类志愿服务25万人次。

第三款是对购买服务的规定。本款明确上海市各级政府及街道办事处可以通过购买服务方式支持社会组织参与生活垃圾分类管理活动，鼓励通过社会化方式，促进与激励单位和个人生活垃圾分类投放良好行为习惯的形成。生活垃圾管理工作覆盖面大、任务量重，充分发挥各类社会组织的作用，将部分事项交由具备条件的社会力量承担，有助于发挥提升管理效能。目前，上海市各级政府已在垃圾分类宣传指导、检查（巡查）、硬件设施改造等多领域通过购买服务的方式，开展各项工作。如市级管理部门采购第三方测评服务，对全市居住区、单位生活垃圾分类情况进行评估；区级管理部门采购可回收物回收托底服务，确定主体企业为辖区内可回收物回收提供保障；街镇采购生活垃圾分类宣传指导服务，为辖区内居住区、单位开展垃圾分类提供指导，组织开展各类宣传活动等。

第四十三条 本市循环经济、市容环卫、物业管理、旅游旅馆、餐饮烹饪、家政服务、商业零售等领域的相关行业协会应当制定行业自律规范，开展行业培训和评价，共同推进生活垃圾管理工作。

【释义】 本条是关于相关行业协会工作的规定。

生活垃圾分类减量工作社会性强、涉及面广，贯穿产品生产、流通和消费等全生命周期，关系到各行各业。行业协会介于政府、企业之间，商品生产者与经营者之间，通过行业规则实行自律管理，主要承担服务、咨询、沟通、监督、公正、自律、协调等职能，其不属于政府的管理机构系列，而是政府与企业的桥梁和纽带。随着经济社会不断发展，政府转变职能力度加大，行业协会作为政府与企业之间的桥梁和纽带，在城市管理、社会治理和市场监管领域发挥着越来越突出的作用。因此，《条例》主要对生产、流通、消费过程涉及的相关行业自律要求进行了规定。

对于生活垃圾管理工作来说，发挥行业协会的指导和自律作用，一是要求行业企业做好本单位垃圾强制分类工作，落实分类容器配置、分类驳运等职责；二是要求行业协会针对本行业中涉及的生活垃圾分类管理的有关工作做好宣传贯彻，制定相应的行业自律规范，并且按照法律法规开展相应的行业培训。如循环经济相关各行业协会应当督促各企业按照减量化、再利用、资源化的原则，在生产过程中贯彻低消耗、低排放、高效率的要求；市容环卫行业协会应当督促生活垃圾分类收集、运输、处置企业按照《条例》的要求履行法律法规确定的义务，加强行业自律，切实落实分类的相关要求；物业管理协会应当对会员单位履行生活垃圾分类投放管理责任人职责进行培训指导;旅游行业协会、餐饮烹饪行业协会应当按照《条例》关于促进源头减量方面的规定,在消费领域就旅馆客房一次性用品、餐饮服务一次性用品的限制使用目录内容和要求,为会员单位做好咨询服务,提供行业指导,同时餐饮烹饪行业协会还应当督促餐饮企业做好餐厨垃圾、餐厨废弃油脂的分类收集、交给有资质的企业进行运输等工作;家庭服务业行业协会应当督促会员单位在提供家政服务时遵守《条例》关于垃圾分类投放的要求;垃圾分类减量工作在商品流通领域主要涉及包装物减量,商品零售相关的各行业协会应当督促各会员单位,尤其是超市、卖场、便利店等商业企业,减少非必要的包装物使用,促进绿色消费。

第四十四条 鼓励和引导各类市场主体参与生活垃圾源头减量和分类投放、收集、运输、处置以及资源化利用等活动。

【释义】 本条是关于市场主体参与生活垃圾管理的规定。

上海市生活垃圾有关工作积极鼓励和引导各类市场主体参与,充分发挥专业化力量和市场主体活力,推动生活垃圾分类工作提升和创新。在参与范围上,主要包括生活垃圾源头减量和分类投放、收集、运输、处置以及资源化利用两大方面。前者主要包括生活、流通、消费等领域的源头减量活动,如生产企业减少包装废弃物产生、快递企业进行包装物减量化和循环使用等。后者主要包括生活垃圾分类投放、收集、运输、处置及资源化利用的全程各环节,如目前生活垃圾运输和处置通过特许经营、公开招标等方式,引入专业化服务公司进行作业和管理。在参与主体上,上海市鼓励各类市场主体参与,包括合资、独资、国有、私营各类企业,社会组织和团体等。同时,上海市行政部门做好市场引导和管理,为市场主体创造良好、公正的市场环境,持续推动相关行业有序、健康发展。

第四十五条 **本市文明城区、文明社区、文明小区、文明村镇、文明单位、文明校园等群众性精神文明创建活动和卫生单位、卫生社区(村)等卫生创建活动,应当将生活垃圾分类管理相关情况纳入评选标准。**

【释义】 本条是关于生活垃圾分类管理纳入精神文明创建活动和卫生创建活动评选标准的规定。

精神文明建设渗透在整个物质文明建设之中,体现在经济、政治、文化、社会生活的各个方面。精神文明创建活动是我国人民移风易俗、改造社会的伟大创造,也是加强中国先进文化建设的有效形式。丰富多彩的精神文明创建活动,极大地推动经济与社会的协调发展,对整个中华民族的精神风貌产生了巨大的影响。精神文明创建活动是动员广大群众积极参与社会主义精神文明建设的重要载体,是改造社会环境、转变社会风气、建设文明生活、提高社会文明程度、推进社会主义精神文明建设的重要手段。垃圾分类是市民文明素质和城市文明程度的重要体现。目前,上海市垃圾分类工作相关要求已全面纳入上海市文明城区、文明社区、文明镇、文明小区、文明村以及文明单位、文明校园创建评选标准,并占较高权重分值。结合创建全国文明城区,上海每年对全市各区开展城市文明进步指数测评,垃圾分类减量工作也是重点指标之一。同时,生活垃圾管理作为环境卫生的重要组成部分,是相关卫生创建活动中的应有之义,也一贯是卫生单位、卫生村、卫生社区评选标准中的重要指标。通过各类创建活动,普遍发动居民、单位、村居委等各类主体，进一步形成垃圾分类的社会新风尚。

第四十六条 本市实行生活垃圾管理社会监督员制度。市、区绿化市容部门应当向社会公开选聘生活垃圾管理社会监督员，参与生活垃圾全过程管理的监督工作。

任何单位和个人有权将违反生活垃圾管理规定的行为通过市民热线或者直接向相关部门投诉和举报，有关部门应当按照规定处理。

【释义】 本条是关于生活垃圾分类管理社会监督和举报的规定。

本条共分两款。第一款是对生活垃圾管理社会监督员制度的规定。社会监督作为行政监督的必要补充，在生活垃圾管理领域发挥重要作用。为健全上海市生活垃圾管理监督机制，动员社会力量参与生活垃圾治理，营造社会共治的良好氛围，本市实行社会监督员制度。上海市社会监督员制度按照《上海市生活垃圾管理社会监督员管理办法(试行)》(沪绿容〔2019〕185 号)实施。上海市、区两级绿化市容管理部门向社会公开选聘生活垃圾管理社会监督员，分别建立市、区两级社会监督员队伍。社会监督员工作职责包括宣传生活垃圾管理法律法规、相关政策知识和有关工作情况，对上海市生活垃圾管理工作开展监督检查，向市、区绿化市容管理部门反映生活垃圾管理中存在的问题等。监督内容包括源头投放(对市民群众)、分类驳运(对小区物业)、分类收运(对生活垃圾运输企业)、末端设施(对末端处置情况)、社会单位(对各类机关、企事业单位内部垃圾分类情况)等。

第二款是对生活垃圾管理举报的规定。投诉和举报作为有效的监督方式，对促进管理责任人履行规范设置分类收集容器、实施分类驳运、对投放人进行分类投放指导等义务，规范生活垃圾收运和处置作业，全面提升生活垃圾管理水平起到了举足轻重的作用。相关部门要向社会提供有效的投诉和举报途径，有关情况一经查实应按照《条例》第八章法律责任及相关法律法规依法进行处置。目前，上海市单位和个人可通过市民热线（12345）、生活垃圾混装混运举报平台（微信）、相关部门（生态环保、房管、城管等）以及街道（镇）官方联系方式进行相关问题投诉和违法行为举报。《条例》实施首两个月，全市 12345 热线受理的关于垃圾分类的咨询、建议及投诉约达 2 万件。对于个人拒不分类投放的行为，分类管理责任人可向所在区域街道办事处（乡镇人民政府）举报。

第四十七条 对在生活垃圾管理工作中做出突出贡献和优异成绩的单位和个人，按照国家和本市评比表彰有关规定，给予表彰奖励。

【释义】 本条是关于生活垃圾分类管理表彰的规定。

生活垃圾管理是一项综合性、系统性、社会性工作，需要各有关部门和各级政府的通力合作，单位和组织的密切配合，广大居民的深入参与。为更好地完善生活垃圾管理运行机制、创新工作模式、丰富活动内容，上海市对有突出贡献和优异成绩的单位和个人给予表彰或奖励，肯定其在生活垃圾管理领域的贡献，发挥激励导向作用；同时通过表彰奖励，树立先进典型，凝聚榜样力量，强化引领示范，进一步激发工作积极性和创造性，形成全社会以垃圾分类为荣的良好氛围。本条规定表彰奖励的对象是生活垃圾管理中有突出贡献和优异成绩的单位和个人，个人包括参与生活垃圾管理的普通市民、垃圾分类工作的组织者、宣传者、管理者等，单位包括居民小区、居委会、小区物业管理公司、垃圾分类工作的组织部门、宣传部门、管理部门以及其他参与城市生活垃圾管理的相关集体等。表彰奖励形式为国家和上海市各行各业评比表彰的各类活动，如 2019 年表彰了上海市民政局、市文化旅游局、市机管局、市新闻办、市城管执法局 5 家单位为生活分类工作先进单位，评选了若干垃圾分类达人、优秀志愿者、先进个人和村居委。

第八章 监督管理

第四十八条 本市建立生活垃圾源头减量、全程分类、资源化利用、无害化处置的监督检查制度，有关部门应当及时向社会公开检查情况和处理结果，并接受社会监督。

市、区绿化市容部门应当对本市生活垃圾分类情况进行定期评估，评估报告应当向社会公布。

【释义】 本条是关于生活垃圾全过程监督管理的相关规定。

本条共分两款。第一款明确建立生活垃圾全过程、全方位、多部门的监督检查制度。生活垃圾管理是一项社会性、综合性工程，从源头产生到最后末端无害化处置和资源化利用，涉及多环节、多领域、多部门，各相关职能部门应当在其行业管理职能范围内，对生活垃圾分类减量推进工作落实情况建立监督检查制度。上海市生活垃圾分类减量推进工作联席会议办公室对全市生活垃圾分类减量推进工作开展检查监督，包括居住区和单位达标测评、达标示范街镇测评、示范区测评、生活垃圾中转运输监管、湿垃圾资源化利用监管、末端无害化处置设施监管等内容。

第二款明确市、区绿化市容部门应当对上海市生活垃圾分类情况进行定期评估。绿化市容部门作为生活垃圾管理主管部门，有责任对上海市从基层到市级层面的生活垃圾分类情况定期开展专业评估和考察，当好“监督员”和“裁判员”。一是基层管理层面上，要对居住区和单位开展实效检查，目前主要采用第三方检查和管理部门抽查相结合的方式，检查住宅小区生活垃圾分类“五有”标准落实情况，即有设施设备、有宣传告知、有物流去向、有管理制度、有分类实效；检查单位生活垃圾分类“四规范一明显”达标情况，即容器配置规范、分类物流渠道规范、宣传告知规范、保洁人员作业规范、垃圾分类实效明显。二是在中层管理层面上，开展生活垃圾分类达标（示范）街镇（乡、工业区）和示范区考评，考评经第三方达标测评、人大政协社会评价、管理部门考核等综合考察后，形成综合评定意见，统一命名表彰。三是在市级管理层面上，对生活垃圾分类减量联席会议成员单位职责履行和工作完成情况开展每年一度绩效评估，对各区生活垃圾分类工作指标任务落实情况开展考核评分并进行排名。

需要指出的是，本条第一款和第二款所指的监督检查、考察评估等情况，都按照《中华人民共和国政府信息公开条例》和《上海市政府信息公开规定》的相关要求，向社会公开，接受社会监督，通过“门户网站＋政务大厅＋政务微博微信”等平台，统筹政府公报、新闻发布会、信息公告栏等方式，协调报刊、广播、电视、网站等资源，及时公布与生活垃圾分类监督评估的相关信息。

第四十九条　市、区生态环境部门应当按照规定，对生活

垃圾处理过程中产生的废水、废气、废渣、噪声等污染物排放以及周边土壤污染情况进行监督。

【释义】 本条是关于对生活垃圾处理开展环保监督的相关规定。

随着我国生态文明建设不断深入推进，生态环境保护标准越来越高，对垃圾收集、运输以及处置运行带来了挑战，市民群众的环保意识也不断提升，对高品质市容环境的需求越来越高，对生活垃圾处理过程中产生的废水、废气、废渣、噪声等污染问题的关注度极高。

本条明确生态环境部门应当对生活垃圾处理过程中的环境污染问题开展环保监督。生态环境部门作为环境污染防治的监督管理部门，应当根据相关法律法规规定，对水体、大气、土壤、固体废物、噪声等污染防治建立管理制度并监督实施。《中华人民共和国水污染防治法》规定，建设生活垃圾填埋场，应当采取防渗漏等措施，防止造成水污染。《中华人民共和国大气污染防治法》规定，垃圾填埋产生的可燃性气体应当回收利用，不具备回收利用条件的，应当进行污染防治处理。《中华人民共和国土壤污染防治法》规定，土壤污染责任人负有实施土壤污染风险管控和修复的义务。《固废法》规定，清扫、收集、运输、处理城乡生活垃圾，应当遵守国家有关环境保护和环境卫生管理的规定，防止污染环境。

为促进生活垃圾处理技术进步，《固废法》规定，生活垃圾处理单位应当按照国家有关规定，安装使用监测设备，实时监测污染物的排放情况，将污染排放数据实时公开。监测设备应当与所在地生态环境主管部门的监控设备联网。生态环境部修订完善《生活垃圾焚烧污染控制标准》《生活垃圾填埋场污染控制标准》等生活垃圾处理环境保护标准，对生活垃圾焚烧厂的选址要求、技术要求、入炉废物要求、运行要求、排放控制要求、监测要求、实施与监督等内容，以及对生活垃圾填埋场选址、设计与施工、填埋废物的入场条件、运行、封场、后期维护与管理的污染控制和监测等方面都作了明确规定。另外，为了提高污染防控自动监测水平，生态环境部2019年发布《生活垃圾焚烧发电厂自动监测数据应用管理规定》，垃圾焚烧厂应当规范安装并使用自动监测设备，对焚烧炉排放烟气中的颗粒物、氮氧化物、二氧化硫、氯化氢、一氧化碳等污染物进行连续自动监测，并与生态环境主管部门的监控设备联网，自动监测数据作为判定垃圾焚烧厂是否存在环境违法行为的有力证据。

第五十条　市、区绿化市容部门应当会同商务、生态环境、市场监管、城管执法等部门建立生活垃圾全过程管理信息系统。

生活垃圾分类收集、运输活动应当纳入城市网格化管理。

【释义】　本条是关于信息系统建设和网格化管理的规定。

本条共分两款。第一款明确上海市建立生活垃圾全过程管理信息系统。根据《〈关于加强本市城市管理精细化工作的实施意见〉三年行动计划》的要求，以“三全四化”为着力点，即城市管理精细化要全覆盖、全过程、全天候，用好法治化、社会化、智能化、标准化四种手段，借助现代科技，加强城市管理“神经末梢”建设，打造感知敏捷、互联互通、实时共享的“神经元”系统，以城市网格化综合管理信息平台为基础，推进“城市大脑”建设。

上海市已建立生活垃圾全过程管理信息系统，主要功能包括：一是生活垃圾全过程物流信息实时跟踪功能，每天记录生活垃圾、残渣（湿、生化）、整治垃圾、一般工业固废垃圾、湿垃圾、装修分拣垃圾的收集、运输、中转和处置日报表，每天对生活垃圾全程计量信息进行上传，为生活垃圾全过程管理提供基础数据包，为各区生活垃圾处理费提供结算依据；二是固体废弃物综合监管功能，实现生活垃圾末端处置监管和废弃物管理综合评估；三是生活垃圾管理信息公开公示功能，以绿色账户刷卡积分激励为主要形式，每天记录市民参与生活垃圾分类投放的行为，形成市民环保行为档案，宣传引导社会公众对生活垃圾分类收运行为进行监督，投诉举报混装混运现象，规范分类收运作业，营造社会参与氛围。

在此基础上，上海市将按照市、区、街镇三级管理体系，一是整合各职能部门管理信息和执法检查数据，推进部门信息共享、资源整合，逐步将商务部门关于再生资源和可回收物的监管信息，生态环境部门关于垃圾处置的环境保护监管信息，市场监管部门关于包装废弃物的监管信息，以及城管执法部门处罚生活垃圾违法行为等各类信息统一纳入；二是整合社区现有的智能监控装置、运输车辆 GPS 设备、网格化监控资源等，结合垃圾箱房和定时定点分类投放点改建，探索智能监控装置，实现产生源头与收运企业、收运企业与中转企业、中转企业与处置企业互相监督以及各级管理部门抽查监管的可追溯、可监督，为提升生活垃圾分类综合治理水平提供强有力的科技支撑。

第二款明确上海市生活垃圾分类收集、运输活动要引入网格化管理手段。《上海市城市网格化管理办法》规定，对市容环卫、环境保护、公共卫生等管理领域内可以通过巡查发现的部件、事件问题，应当纳入城市网格化管理的内容。生活垃圾分类收集、运输活动作为市容环卫领域的重要内容应当纳入网格化管理范畴。通过网格化管理手段，对生活垃圾分类收集、运输作业开展全方位、全过程的监督管理，针对发现的重难点问题优化联勤联动机制，加强统筹协调和指挥提高生活垃圾分类收集、运输的常态长效管理水平。

第五十一条 市、区绿化市容部门应当编制生活垃圾处理应急预案，建立生活垃圾收集、运输和处置应急机制。

发生突发性事件造成生活垃圾无法正常收集、运输或者处置的，生活垃圾收集、运输单位或者处置单位应当立即向市或者区绿化市容部门报告，由市或者区绿化市容部门按照应急预案及时组织处理。

【释义】 本条是关于生活垃圾处理应急机制的规定。

本条共分两款。第一款明确市、区绿化市容部门应当编制生活垃圾处理应急预案，建立生活垃圾收集、运输和处置应急机制。生活垃圾的收集、运输和处置与城市的市容环境、污染防治、市民生活息息相关，建立生活垃圾处理应急机制，可最大限度避免突发性重大事故发生，减轻突发性事故造成的损失，同时又能及时恢复重建，确保生活垃圾收集、运输或者处置的稳定性和规范性，保障市民群众生命财产安全，维护城市安全平稳运行。目前，上海市已经建立较为完备的生活垃圾处理突发事件应急预案制度。应急预案明确，因台风、暴雨、暴雪、冰冻、地震等自然灾害，生活垃圾处置设施设备损坏、大面积停电、航道堵塞、环境污染、安全生产事故等突发事件，传染病疫情等突发公共卫生事件，以及群访、罢工等社会安全事件，均应启动生活垃圾处理突发事件应急预案。根据突发事件可能造成的危害性、紧急程度和发展势态，预警级别分为四级：Ⅳ级（一般）、Ⅲ级（较重）、Ⅱ级（严重）和Ⅰ级（特别严重），依次用蓝色、黄色、橙色和红色表示。应急预案同时明确，在上海市绿化市容局应急管理领导小组的统一领导下，开展本行业全市生活垃圾处理应急管理工作。应急预案启动时，市应急管理领导小组统一指挥，各相关应急处置部门按照自然灾害、公共卫生事件、社会安全事件和事故灾害启动相应级别的应急处置预案，确保全市生活垃圾收集、运输、处置体系平稳有序过渡并尽快恢复重建。

第二款明确生活垃圾收集、运输单位和处置单位的相关应急管理职责。上海市生活垃圾收运作业服务单位和处置作业服务单位，应当根据市和区生活垃圾处理应急预案的规定，编制本单位生活垃圾处理应急方案，并报市或者区绿化市容部门备案。发生突发性事件造成生活垃圾收运作业服务单位或者处置作业服务单位无法正常进行收运、处置生活垃圾的，生活垃圾收运作业服务单位或者处置作业服务单位应当立即向市或者区绿化市容部门报告，市或者区绿化市容部门应当及时组织有关单位应急收运、处置生活垃圾。上海市生活垃圾处理突发事件应急预案对各类自然灾害、公共卫生事件、社会安全事件和事故灾害，均已明确相应应急处理措施并落实相应应急队伍、物资、装备、经费和信息技术保障。

第五十二条　本市实行生活垃圾跨区域处置环境补偿制度，生活垃圾处置导出区应当向生活垃圾处置导入区支付环境补偿资金。生活垃圾跨区域处置环境补偿的具体办法，由市人民政府制定。

【释义】 本条是对生活垃圾跨区域处置环境补偿制度的相关规定。

本条包含以下两方面含义:

一是上海市明确建立生活垃圾跨区域处置环境补偿制度。生活垃圾跨区域处置是指生活垃圾产生区(导出区)的生活垃圾无法实现自行处置,需要将其生活垃圾运往市属或其他区生活垃圾处置设施进行转运处置。跨区域处置对市属或其他区处置设施所在的区以及紧邻受影响较大的区(导入区)的生态环境、民生环境造成一定影响,通过导出区向导入区缴纳环境补偿资金,对导入区居民所承担的相应成本和损失予以一定补偿,一定程度上可以减少垃圾无害化处置带来的环境失衡和社会矛盾,同时也有利于推动导出区垃圾处理设施的尽快落地。

上海市是最早开展生活垃圾跨区域处理环境补偿的城市,2005 年已推进相关工作,2008 年下发《上海市生活垃圾末端处置费结算管理办法》《上海市市属生活垃圾处置设施垃圾处置量计划管理办法》,2011 年上海市政府转发《上海市生活垃圾跨区县转运处置环境补偿资金管理办法》,明确建立"谁导出,谁补偿;谁导入,谁受偿"的生活垃圾跨区域处置环境补偿制度。2018 年重新调整了补偿标准。

二是授权上海市人民政府制定生活垃圾跨区域处置环境补偿的具体办法。生活垃圾跨区域处置事关上海市生活垃圾处置设施建设总体布局,市人民政府应当加强统筹协调。目前,市发展改革、财政、审计、绿化市容等职能部门正在加强相关制度调研和政策分析,结合生活垃圾处置结算平台改革,拟根据导出的生活垃圾的不同品类,制定不同的补偿标准,进一步发挥环境补偿制度的杠杆调节作用,促进各区积极推进垃圾减量,或者积极推进本区域末端处置能力建设。

第五十三条 市、区人民政府应当建立和完善本市生活垃圾管理的综合考核制度,将生活垃圾处置总量控制要求作为综合考核的重要内容。

生活垃圾管理综合考核结果应当纳入市、区人民政府对所属部门、下一级人民政府的绩效考核内容。

【释义】 本条是关于生活垃圾管理绩效考核的相关规定。

本条共分两款。第一款包含两方面含义。一是明确市、区人民政府应当建立和完善上海市生活垃圾管理的综合考核制度。为确保生活垃圾管理各项工作任务指标落实到位,上海市生活垃圾分类减量推进工作联席会议办公室根据各成员单位职责分工,每年按照生活垃圾管理工作实施方案调整工作考核方案,考核项目主要有垃圾量指标、全程分类体系建设、"五有"居住区达标和街镇达标、管理制度制定与落实、市联席会议成员单位综合考评等各项指标,考核方式包括现场实效检查、基础数据统计、日常管理考核等。二是明确将生活垃圾处置总量控制要求作为综合考核的重要内容。根据历年全市考核方案,生活垃圾指标量考核一直占据重要地位,重点对各区干垃圾、湿垃圾、可回收物指标量完成情况进行相应扣分,主要形式是干垃圾控制量超量扣分,湿垃圾、可回收物分出量不足扣分,指标全部完成的该项满分。在上海市绿化市容部门每年开展的环卫条线专业考核中,同样引入了干垃圾、湿垃圾、可回收物指标量完成情况的考核内容。

第二款是关于生活垃圾管理综合考核结果应用的规定。

国务院《实施方案》要求，实施生活垃圾强制分类的城市人民政府要加强对生活垃圾强制分类实施情况的监督检查和工作考核。上海市《实施意见》明确，将生活垃圾管理作为生态文明建设和城市精细化管理的重要内容，纳入专项督查和绩效评价指标体系。生活垃圾管理综合考核结果经市、区生活垃圾分类减量推进工作联席会议办公室审定后，向所有成员单位通报，并纳入市、区人民政府对所属部门、下一级人民政府的绩效考核内容。

第五十四条 有下列情形之一的，有关部门应当根据《上海市社会信用条例》相关规定，将单位和个人违反生活垃圾管理规定的信息归集到本市公共信用信息平台，并依法对失信主体采取惩戒措施：

（一）不履行生活垃圾分类义务且拒不改正，造成严重不良影响的；

（二）阻碍执法部门履行职责，造成严重后果的；

（三）法律、法规规定的其他情形。

市市场监管部门应当依照法律、法规规定，将绿化市容部门提交的生活垃圾收集、运输单位和处置单位的评议结果，纳入企业信用信息公示系统。

市房屋管理部门应当将乡镇人民政府、街道办事处、城管执法部门提交的物业服务企业履行分类投放管理责任情况，纳入物业服务企业信用管理体系。

【释义】 本条是关于引入社会信用管理手段的规定。

近年来，上海市和其他省市出台的法规、规章，越来越多地引入了社会信用信息管理和“守信激励、失信约束”管理手段，这离不开当前国家大力推进社会信用体系建设的大背景。

国家《社会信用体系建设规划纲要2014—2020》(国发〔2014〕21号)、《关于运用大数据加强对市场主体服务和监管的若干意见》(国办发〔2015〕51号)等文件相继出台,明确提出要"提高全社会的诚信意识和信用水平",通过运用大数据"加强对市场主体的服务和监管,推进简政放权和政府职能转变",为各地方推进信用信息管理工作、完善相关制度指明了方向。上海市人民政府2016年颁布政府规章《上海市公共信用信息归集和使用管理办法》,对本市近年来公共信用信息的归集和使用制度进行了固化和完善。2017年,上海市人大常委会通过《上海市社会信用条例》,为创新社会治理机制、提高社会信用水平、增强诚信意识提供更有力的法律支撑。国务院《实施方案》也要求:"创新体制机制。逐步将生活垃圾强制分类主体纳入环境信用体系。"

本条共分三款。第一款明确将单位和个人违反生活垃圾管理规定的信息归集到上海市公共信用信息平台。本款采取类似于负面清单式的表述方式(不履行生活垃圾分类义务、阻碍执法部门履行职责),以及穷尽式的概述方式(法律、法规规定的其他情形)。这些行为经屡次提醒教育或者受到行政处罚仍拒不改正的,造成严重不良影响和后果的,有关部门应当将相应的违法信息依法纳入上海市公共信用信息系统,并依法对失信主体采取惩戒措施。

第二款明确将生活垃圾收集、运输和处置单位的相关评议结果纳入企业信用信息系统。按照《上海市城市生活垃圾收运处置管理办法》规定,上海市实行生活垃圾收运、处置作业服务评议制度,每年对生活垃圾收运作业和处置作业单位开展包括作业服务规范、台账建立和数据报送、受行政处理情况，以及服务协议履行情况等方面的评议。按照《条例》规定，绿化市容部门应当将采集的生活垃圾收集、运输单位和处置单位的评议结果提交上海市市场监管部门依法纳入相关作业单位的企业信用信息公示系统。

第三款明确将物业服务企业作为生活垃圾分类投放管理责任人的履责情况纳入物业服务企业信用管理体系。《上海市住宅物业管理规定》规定，业主、业主委员会、物业服务企业应当按照上海市生活垃圾分类管理的规定，履行相应的义务。住宅小区业主和物业服务企业应当将生活垃圾分类投放管理责任的相关内容纳入物业服务合同，上海市房屋管理部门、乡镇人民政府、街道办事处、城管执法部门在日常监督检查和执法过程中，对物业服务企业落实生活垃圾分类投放管理责任所产生的适用一般程序作出的行政处罚信息、被监管部门作出责令改正决定但拒不改正或者逾期不改正的信息、被监管部门处以行业禁入等信息，进行统一归集，由市房屋管理部门依法纳入物业服务企业信用管理体系。

需要指出的是，根据《上海市社会信用条例》等相关法规规章，产生失信信息的相关单位和个人，将会承担“失信受损”的后果，包括依法取消已经享受的行政便利化措施、限制参加政府购买服务或国有土地出让等。此外，对于严重失信的个人、法人和其他组织，还会建立“严重失信名单”，依法采取市场禁入措施或者市场强制退出措施。将社会信用管理手段引入生活垃圾管理领域，对约束不履行生活垃圾分类义务的单位和个人，约束生活垃圾分类收集、运输单位和处置单位，督促物业服务企业履行分类投放管理责任意义重大。各相关职能部门也应当按照国家有关规定以及《上海市公共信用信息归集和使用管理办法》的规定，向平台提供信用信息。提供的具体途径包括：其一，已经向上海市法人信息共享和应用系统、企业信用信息公示系统等信息系统提供的，由相关信息系统与平台对接；其二，通过上述信息系统未能归集的，按月向平台提供，并逐步实现联网实时提供和动态更新维护。

第九章　法 律 责 任

第五十五条　违反本条例规定的行为，法律、行政法规有处理规定的，从其规定。

【释义】　本条是关于对违反《条例》依据其他法律、行政法规规定进行行政处罚的法律责任的指引性规定。

本条内容是关于违反《条例》规定行为应承担的法律责任。除了《条例》已设定的法律责任，在法律、行政法规中，对《条例》规定的其他行为，如有相应的法律责任，则服从其规定。例如，《固废法》规定，对于随意倾倒、抛撒或者堆放生活垃圾的行为，单位处五千元以上五万元以下的罚款，个人处二百元以下的罚款。

第五十六条　违反本条例第二十条第二款规定，农贸市场、标准化菜场未按照标准配置湿垃圾就地处理设施的，由市场监管部门责令限期改正；逾期不改正的，处五千元以上五万元以下罚款。

违反本条例第二十二条第二款规定，餐饮服务提供者或者餐饮配送服务提供者主动向消费者提供一次性筷子、调羹等餐具的，由市场监管部门责令限期改正；逾期不改正的，处五百元以上五千元以下罚款。

违反本条例第二十二条第三款规定，旅馆经营单位主动

向消费者提供客房一次性日用品的，由文化旅游部门责令限期改正；逾期不改正的，处五百元以上五千元以下罚款。

【释义】 本条是关于违反《条例》源头减量措施所需承担法律责任的规定。

《条例》第三章源头减量中对农贸市、标准化菜场设置湿垃圾就地处理设施、绿色办公、绿色消费作出强制性规定，并为此设置了相应罚则。本条的罚则属于创设性的处罚条款，对于国内其他省市的法规都具有借鉴意义。

本条共分三款。第一款是对于农贸市场、标准化菜场未按照标准配置湿垃圾就地处理设施的处罚规定。根据《条例》第二十条第二款规定，新建农贸市场、标准化菜场的，应当按照标准同步配置湿垃圾就地处理设施。已建成的农贸市场、标准化菜场湿垃圾产生量达到一定规模的，应当按照标准配置湿垃圾就地处理设施。由此可见，本款的处罚对象是农贸市场、标准化菜场，由市场监管部门行使处罚行为，针对违法行为，一是新建农贸市场、标准化菜场未同步配置湿垃圾就地处理设施的；二是已建成农贸市场、标准化菜场，湿垃圾日产量达到10桶/日及以上未配置湿垃圾就地处理设施的。针对上述违法行为，由农贸市场、标准化菜场的主管部门，市场监管部门责令限期改正；逾期不改正的，处五千元以上五万元以下罚款。

第二款是对于餐饮服务提供者或者餐饮配送服务提供者主动向消费者提供一次性筷子、调羹等餐具的处罚规定。《条例》第二十二条第二款规定，餐饮服务提供者和餐饮配送服务提供者不得主动向消费者提供一次性筷子、调羹等餐具。由此可见，本款的处罚对象是餐饮服务提供者、餐饮配送服务提供者，由市场监管部门行使处罚行为，针对违法行为，一是餐饮服务提供者主动向消费者提供一次性筷子、调羹等餐具；二是餐饮配送服务提供者主动向消费者提供一次性筷子、调羹等餐具。根据《上海市餐饮服务不得主动提供的一次性餐具目录(2019 版)》，市场监管部门将对餐饮服务提供者或者餐饮配送服务提供者进行执法检查，违反规定主动向消费者提供一次性筷子、调羹、叉子、刀的，由市场监管部门责令限期改正；逾期不改正的，处五百元以上五千元以下罚款。

第三款是对于旅馆经营单位主动向消费者提供客房一次性日用品的处罚规定。《条例》第二十二条第三款规定，旅馆经营单位不得主动向消费者提供客房一次性日用品。由此可见，本款的处罚对象是旅馆经营单位，由文化旅游部门行使处罚行为，针对的违法行为，即旅馆经营单位主动向消费者提供客房一次性日用品。根据《本市旅游住宿业不主动提供的一次性日用品目录(2019 年版)》，文化旅游部门将对旅馆进行执法检查，违反规定主动向消费者提供牙刷、梳子、浴擦、剃须刀、指甲锉、鞋擦这六小件的，由文化旅游部门责令限期改正；逾期不改正的，处五百元以上五千元以下罚款。

第五十七条 单位违反本条例第二十四条第一款规定，未将生活垃圾分别投放至相应收集容器的，由城管执法部门责令立即改正；拒不改正的，处五千元以上五万元以下罚款。

个人违反本条例第二十四条第一款规定，将有害垃圾与可回收物、湿垃圾、干垃圾混合投放，或者将湿垃圾与可回收物、干垃圾混合投放的，由城管执法部门责令立即改正；拒不改正的，处五十元以上二百元以下罚款。

【释义】 本条是关于单位和个人未按规定投放生活垃圾

所需承担法律责任的规定。

本条共分两款。第一款是对单位的处罚规定。这里的单位包括产生生活垃圾的党政机关、企事业单位、社会团体等。违法行为主要表现为单位未将可回收物、有害垃圾、湿垃圾、干垃圾,按照生活垃圾“四分法”分别投放至相应的收集容器,如:将报纸、纸板箱、饮料瓶等可回收物投放至干垃圾收集容器,将花卉绿植等湿垃圾投放至干垃圾收集容器等。单位办公或者生产经营场所的任何一种生活垃圾收集容器中有其他类别的生活垃圾混入,即可构成违法,由城管执法部门责令立即改正;拒不改正的,处五千元以上五万元以下罚款。根据《条例》的规定,除《条例》第五十九条规定的擅自从事有害垃圾、湿垃圾、干垃圾经营性收集、运输,以及湿垃圾、干垃圾经营性处置活动直接给予行政处罚外,其余违法行为均为整改前置类违法行为。所谓整改前置是指执法部门查处违法行为时,应当先对当事人进行教育、告诫、引导,并责令其改正,对拒不改正的,依法给予行政处罚。因此,城管执法部门经过调查取证后,可以认定单位未按规定投放生活垃圾的,向当事人发出《责令改正通知书》,责令其立即改正,拒不改正的,处以罚款。所谓拒不改正,主要指当事人拒不签收《责令改正通知书》、当场拒绝改正违反生活垃圾分类投放规定行为等。另外,《上海市市容环境卫生管理条例》第四十条第二款和《上海市促进生活垃圾分类减量办法》第三十二条第三款第一项亦规定,对违反生活垃圾分类投放规定的单位,责令改正;拒不改正的,处一百元以上一千元以下罚款。可见,为了体现垃圾分类从严管理的要求,《条例》规定对这一违法行为的处罚幅度明显提高。

第二款是对个人的处罚规定。根据《行政处罚法》的规定,这里的个人指已满14周岁的人。此外,个体工商户按个人论处。违法行为主要表现为:一是个人将有害垃圾与可回收物、湿垃圾、干垃圾混合投放;二是个人将湿垃圾与可回收物、干垃圾混合投放。需要注意的是,个人将可回收物与干垃圾混合投放的,不予以罚款处罚,这是《条例》关于混合投放生活垃圾的法律责任中,对个人与单位规定的不同之处。由于生活垃圾是在日常生活中或者为日常生活提供服务的活动中产生的固体废弃物,因此个人投放生活垃圾属于常见、高频、多发性行为,且具有"一过性"特点,执法人员往往很难亲睹当事人混合投放生活垃圾的行为。如果没有直接的现场照片等证据,但证人证言、视频资料等证据能够互相印证,形成证据链,亦可认定个人将有害垃圾与可回收物、湿垃圾、干垃圾混合投放,或者将湿垃圾与可回收物、干垃圾混合投放的行为,由城管执法部门责令立即改正;拒不改正的,处五十元以上二百元以下罚款。个人具有拒不签收《责令改正通知书》、当场拒绝改正违反生活垃圾分类投放规定行为等情形的,可以视为拒不改正,依法处罚。

第五十八条 违反本条例第二十六条第一款规定,管理责任人未按照要求设置收集容器、设施的,由城管执法部门责令限期改正;逾期不改正的,处五百元以上五千元以下罚款。

违反本条例第二十七条第二款规定,管理责任人未分类驳运的,由城管执法部门责令立即改正;拒不改正的,处五百元以上五千元以下罚款。

【释义】 本条是关于管理责任人违反生活垃圾分类管理规定所需承担法律责任的规定。

本条共分两款。第一款是对管理责任人未按照要求设置收集容器、设施的处罚规定。根据《条例》第二十五条规定,管理责任人包括五类场所的生活垃圾分类投放管理责任人:(1)党政机关、企事业单位、社会团体等单位,由业主委托物业服务企业实施物业管理的,物业服务企业为管理责任人;由业主自行管理的,业主为管理责任人;(2)住宅小区由业主委托物业服务企业实施物业管理的,物业服务企业为管理责任人;(3)农村居民点,村民委员会为管理责任人;(4)道路、广场、公园、公共绿地等公共场所,管理部门或者管理部门委托的服务单位为管理责任人;(5)机场、客运站、轨道交通站点以及旅游、文化、体育、娱乐、商业等公共场所,经营管理单位或者经营管理单位委托的物业服务企业为管理责任人。违法行为主要表现为管理责任人未按照《上海市生活垃圾分类投放指引》规定的分类收集容器类别要求、分类标志色(可回收物蓝色,有害垃圾红色,湿垃圾棕色,干垃圾黑色)、图文标识设置收集容器、设施。如:住宅小区在其他公共区域设置收集容器的,湿垃圾、干垃圾两类收集容器未成组设置。城管执法部门经过调查取证,有证据证明管理责任人设置的生活垃圾收集容器、设施,容器类别、分类标志色、图文标识其中之一不符合规定的,即可认定为违法行为,责令限期改正;逾期不改正的,处五百元以上五千元以下罚款。责令限期改正的期限一般不超过10日,当事人如果有下列情形的,可以视为逾期不改正:(1)拒不签收《责令改正通知书》的;(2)拒绝、阻挠城管执法部门实施复查的;(3)城管执法部门复查发现,管理责任人仍未按照要求设置收集容器、设施。《上海市促进生活垃圾分类减量办法》第三十二条第一款规定,管理责任人未按照规定设置分类收集容器的，由城管执法部门责令限期改正，可处五十元以上五百元以下罚款。《条例》与之相比较，一是处罚幅度增加，罚款金额扩大至10倍，二是处罚程序由直接处罚调整为整改前置。城管执法部门在执法中，应当适用《条例》进行处罚。

第二款是对管理责任人未分类驳运的处罚规定。《条例》第二十七条第二款规定，管理责任人应当将需要驳运的生活垃圾，分类驳运至生活垃圾收集运输交付点。这里需要驳运的生活垃圾，是指单位、住宅小区、农村居民点等场所有多处生活垃圾投放点，而这些投放点并不都是与环卫企业对接的交付点。因此，需要由管理责任人配置分类驳运车辆、工具或改进原先设备，督促保洁人员将生活垃圾从投放点分类收集运输到垃圾箱房、小型压缩站或者分类收集容器临时集中点，以便环卫企业统一收运。此款中的违法行为主要表现为两种：一是管理责任人没有使用对应类别的机具实施分类驳运，如：使用垃圾桶（车）对投放点的湿垃圾进行分类驳运，但驳运用的垃圾桶为干垃圾桶（车）；二是未将生活垃圾分类驳运至生活垃圾收集运输交付点，如：在将生活垃圾从投放点分类驳运至收集点过程中，将干垃圾、湿垃圾倒入同一个垃圾桶或同一辆手推车且手推车没有分隔和分类标识，进行混合驳运。城管执法部门经过调查取证后，认定管理责任人未分类驳运的，先责令其立即改正，拒不改正的，处以罚款。如：管理责任人拒不签收《责令改正通知书》、当场拒绝改正等，可以认定为“拒不改正”的情形。另外，《上海市促进生活垃圾分类减量办法》第三十二条第二款规定，管理责任人未将分类投放的生活垃圾分类驳运的，由城管执法部门责令改正；拒不改正的，处一千元以上三千元以下罚款。《条例》与之相比较，处罚幅度发生了明显的变化。城管执法部门在执法中,应当适用《条例》进行处罚。

第五十九条 **违反本条例第二十八条第一款规定,擅自从事有害垃圾、湿垃圾、干垃圾经营性收集、运输,以及湿垃圾、干垃圾经营性处置活动的,由城管执法部门责令停止违法行为,并处三万元以上十万元以下罚款。**

【释义】 本条是关于擅自从事生活垃圾收集、运输、处置活动所需承担法律责任的规定。

根据住房城乡建设部《城市生活垃圾管理办法》和《上海市城市生活垃圾收运处置管理办法》的相关规定,上海市从事生活垃圾经营性收集、运输或者处置活动的单位应当具备一定的条件,由市或者区绿化市容部门通过招标方式确定,并由市绿化市容部门核发生活垃圾经营服务许可证。其中,《上海市城市生活垃圾收运处置管理办法》第十条规定,生活垃圾收运单位应当具备以下条件:(1)具备企业法人资格,注册资本不少于人民币 300 万元;(2)有分类收集功能的收集工具;(3)有全密闭、防臭味扩散、防遗撒、防渗沥液滴漏的运输工具;(4)有健全的技术、质量、安全和监测管理制度并得到有效执行;(5)有合法的道路运输经营许可证、车辆行驶证;(6)有固定的办公场所;(7)有固定的机械、设备、车辆、船只停放场所。《上海市城市生活垃圾收运处置管理办法》第十四条规定,生活垃圾处置作业服务单位应当具备以下条件:(1)具备企业法人资格,规模小于 100 吨/日的卫生填埋场和堆肥厂的注册资本不少于人民币 500 万元,规模大于 100 吨/日的卫生填埋场和堆肥厂的注册资本不少于人民币 5000 万元,焚烧厂的注册资本不少于人民币 1 亿元;(2)卫生填埋场、堆肥厂和焚烧厂的选址符合规划,并取得相关规划许可文件;(3)采用的技术、工艺符合国家有关标准;(4)有至少5名具有初级以上专业技术职称的环境工程、机械、环境监测等专业技术人员,其中,技术负责人具有5年以上垃圾处理工作经历,并具有中级以上专业技术职称;(5)具有完善的工艺运行、设备管理、环境监测与保护、财务管理、生产安全、计量统计等方面的管理制度;(6)生活垃圾处理设施配备沼气检测仪器,配备环境监测设施如渗沥液监测井、尾气取样孔,安装在线监测系统等监测设备;(7)卫生填埋场、堆肥厂应当有完善的生活垃圾渗沥液、沼气的利用和处理技术方案,其中,卫生填埋场还应当有不同垃圾进行分区填埋方案;(8)有污染物达标排放处理方案。未经市绿化市容部门的许可,不得擅自从事有害垃圾、湿垃圾、干垃圾经营性收运,不得擅自从事湿垃圾、干垃圾经营性处置。这里的未经许可包括未依法取得许可证、已经注销或者吊销许可证、超过许可的收运或者处置服务期限等情形。需要注意的是,从事可回收物的收集、运输无需取得绿化市容部门的许可;从事有害垃圾处置应当依法取得危险废物经营许可证,擅自从事有害垃圾处置的,不属于《条例》规定的处罚事项,应当按照环保管理的相关规定进行处罚。

本条规定是《条例》中仅有的可以直接实施行政处罚的事项,违法主体包括单位或者个人,城管执法部门经过调查取证,查明当事人以牟取经济利益为目的,在没有取得生活垃圾经营服务许可证的情况下,客观上从事了有害垃圾、湿垃圾、干垃圾收集、运输,或者湿垃圾、干垃圾处置活动的,即可认定为擅自从事有害垃圾、湿垃圾、干垃圾经营性收集、运输,以及湿垃圾、干垃圾经营性处置活动,责令停止违法行为,并处三万元以上十万元以下罚款。此外,《上海市城市生活垃圾收运处置管理办法》第四十三条规定,未经批准从事城市生活垃圾经营性清扫、收集、运输或者处置活动的,责令停止违法行为,并处三万元的罚款。《条例》与之相比较,处罚金额由单一的三万元调整为三万元以上十万元以下。城管执法部门在执法中,应当适用《条例》进行处罚。

第六十条 收集、运输单位不遵守相关规定的,由城管执法部门按照下列规定处罚:

(一)违反本条例第三十条第一项规定,未使用专用车辆、船舶,未清晰标示所运输生活垃圾的类别、未实行密闭运输或者未安装在线监测系统的,责令限期改正;逾期不改正的,处五千元以上五万元以下罚款;情节严重的,吊销其生活垃圾经营服务许可证。

(二)违反本条例第三十条第二项规定,将已分类投放的生活垃圾混合收集、运输,或者将危险废物、工业固体废物、建筑垃圾等混入生活垃圾的,责令限期改正;逾期不改正的,处五千元以上五万元以下罚款;情节严重的,吊销其生活垃圾经营服务许可证。

(三)违反本条例第三十条第三项规定,未按照要求将生活垃圾运输至符合条件的转运场所的,责令限期改正;逾期不改正的,处一万元以上十万元以下罚款。

【释义】 本条是关于生活垃圾收集、运输单位不遵守相关规定所需承担法律责任的规定。

本条规定的违法主体是取得生活垃圾经营服务许可证的收集、运输单位,擅自从事生活垃圾收运的单位或者个人不适用本条的处罚规定。

本条共分三项，第一项是对生活垃圾收运单位的车船不符合行业规范的处罚规定。违法行为主要表现在：一是收运单位没有使用专用车辆、船舶运输生活垃圾，如：使用干垃圾收运车清运有害垃圾；二是专用车辆、船舶未清晰标示所运输生活垃圾的类别，如：生活垃圾分类收运车辆标识不清晰、不明确，生活垃圾分类收集容器标识（色）明显错误；三是专用车辆、船舶未实行密闭运输，生活垃圾滴漏、拖挂；四是专用车辆、船舶未安装 GPS、自动称重等在线监测系统。违反规定的，由城管执法部门责令限期改正；逾期不改正的，处五千元以上五万元以下罚款；情节严重的，吊销其生活垃圾经营服务许可证。第二项是对生活垃圾收运单位混装、混运的处罚规定。违法行为主要表现为两种，一是将已分类投放的生活垃圾混合收集、运输，如：将可回收物和湿垃圾全部使用同一辆收运车清运；二是将危险废物、工业固体废物、建筑垃圾等混入生活垃圾。这里的危险废物，是指列入国家危险废物名录或者根据国家规定的危险废物鉴别标准和鉴别方法认定的具有危险特性的固体废物；工业固体废物，是指在工业生产活动中产生的固体废物；建筑垃圾，是建设工程施工过程中产生的固体废物。违反规定的，由城管执法部门责令限期改正；逾期不改正的，处五千元以上五万元以下罚款；情节严重的，吊销其生活垃圾经营服务许可证。第三项是对生活垃圾收运单位未按要求将生活垃圾运输至符合条件的转运场所的处罚规定。违法行为主要表现为生活垃圾收集、运输单位未按照要求，将生活垃圾运输至符合环境保护要求和设置技术规范的转运场所。违反规定的，由城管执法部门责令限期改正；逾期不改正的，处一万元以上十万元以下罚款。

本条对生活垃圾收集、运输单位的行政处罚，设定了整改前置规定，责令限期改正的期限一般不超过10日，当事人如果有下列情形的，可以视为逾期不改正，依法予以处罚：(1)拒不签收《责令改正通知书》的；(2)拒绝、阻挠城管执法部门实施复查的；(3)城管执法部门复查发现，收运单位仍未改正违法行为的。处罚种类的设定上，除了常见的行政罚款外，《条例》规定收运单位具有本条第一项、第二项违法行为，且情节严重的，城管执法部门还应当吊销其生活垃圾经营服务许可证。吊销许可证是《行政处罚法》第八条规定的行政处罚种类之一，根据《上海市城市管理行政执法条例》第二条、第十一条规定，上海市城管执法部门依法相对集中行使市容环境卫生管理领域的全部行政处罚权及相关的行政检查权和行政强制权，因此本次《条例》将吊销许可证的处罚权直接赋予城管执法部门行使。需要说明的是，由于吊销生活垃圾经营服务许可证是一种较重的行政处罚，应当由市城管执法部门实施，且须履行严格的执法程序，作出吊销许可证的决定之前应当告知当事人有要求举行听证的权利；当事人要求听证的，市城管执法部门应当组织听证。此外，还应当按照规定进行重大执法决定法制审核。为了确保生活垃圾经营服务许可证吊销与注销程序的及时衔接，市城管执法部门在处罚决定作出之日起3个工作日内，应当告知市、区绿化市容部门，由发证的绿化市容部门注销生活垃圾经营服务许可证。

第六十一条　处置单位不遵守相关规定的，由城管执法部门按照下列规定处罚：

（一）违反本条例第三十四条第一项规定，未保持生活垃圾处置设施、设备正常运行，影响生活垃圾及时处置的，责令

限期改正;逾期不改正的,处五万元以上五十万元以下罚款。

(二)违反本条例第三十四条第二项规定,未按照要求分类处置生活垃圾的,责令限期改正;逾期不改正的,处五万元以上五十万元以下罚款;情节严重的,吊销其生活垃圾经营服务许可证。

【释义】 本条是关于生活垃圾处置单位不遵守相关规定所需承担法律责任的规定。

本条规定的违法主体是取得生活垃圾经营服务许可证的处置单位,擅自从事生活垃圾处置的单位或者个人不适用本条规定。

本条共分两项,第一项是对处置单位未保持生活垃圾处置设施、设备正常运行的处罚规定。违法行为主要表现为处置单位未保持生活垃圾处置设施、设备正常运行,客观上影响了生活垃圾的及时处置。生活垃圾处置设施、设备包括沼气检测仪器、环境监测设施、在线监测系统等。需要说明的是,处置单位未保持生活垃圾处置设施、设备的正常运行的,就会影响到生活垃圾的及时处置。因此,执法人员经过调查取证,只要有证据证明处置单位未保持生活垃圾处置设施、设备正常运行的,即可认定为违法行为,依法予以查处。第二项是对处置单位未按照要求分类处置生活垃圾的处罚规定。违法行为主要表现为处置单位将已分类的生活垃圾进行混合处置,如:将干垃圾与湿垃圾混合处置等。

本条对生活垃圾处置单位的行政处罚,也设定了整改前置规定,责令限期改正的期限一般不超过10日,当事人如果有下列情形的,可以视为逾期不改正,依法予以处罚:(1)拒不签收《责令改正通知书》的;(2)拒绝、阻挠城管执法部门实施复查的;(3)城管执法部门复查发现,处置单位仍未改正违法行为的。生活垃圾处置单位具有本条规定的违法行为的,经城管执法部门责令限期改正,逾期不改正的,处五万元以上五十万元以下罚款,这是《条例》规定的最高处罚幅度,远远高于《上海市城市生活垃圾收运处置管理办法》中对生活垃圾处置单位规定的处罚幅度,充分体现了《条例》对处置单位从严管理的要求。城管执法部门在执法中,应当适用《条例》进行处罚。

第六十二条 违反本条例规定,各级人民政府、有关行政管理部门及其工作人员有下列行为之一的,由所在单位或者其上级主管部门依法对直接负责的主管人员和其他直接责任人员给予处分:

(一) 未按照规定履行生活垃圾源头减量以及分类投放、收集、运输、处置、利用的监督管理职责的;

(二) 未按照要求落实生活垃圾处理设施建设的;

(三) 接到相关投诉、举报,未依法调查处理的;

(四) 其他玩忽职守、滥用职权、徇私舞弊的。

【释义】 本条是关于各级人民政府、有关行政管理部门及其工作人员不依法履职行为的法律责任的规定。

为了体现行政机关权力与责任相统一、管理相对人权利与义务相统一的原则,《中华人民共和国立法法》明确要求,立法时应当对行政机关依法行政提出具体要求,并对行政执法主体违法行政的法律责任作出具体规定。本条根据行政管理部门和行政管理工作人员违反法定义务的不同情形,依法确定了其应当承担责任的种类和内容。

本条中以列举的方式规定了四类违法违纪行为:一是未

按照规定履行生活垃圾源头减量以及分类投放、收集、运输、处置、利用的监督管理职责的;二是未按照要求落实生活垃圾处理设施建设的;三是接到相关投诉、举报,未依法调查处理的;四是其他玩忽职守、滥用职权、徇私舞弊的行为。

根据《公务员法》和《国务院行政机关公务员处分条例》的规定,国家公务人员的行政处分有警告、记过、记大过、降级、撤职和开除六类。如果国家机关工作人员滥用职权或者玩忽职守,致使公共财产、国家和人民利益遭受重大损失,则根据《中华人民共和国刑法》第三百九十七条规定,分别构成滥用职权罪和玩忽职守罪。考虑到相关法律法规和文件对行政责任的追究已经有了详细的规定,《条例》不再对违法违纪行为的权限、程序等内容作重复规定。组织查处的部门可根据现有规定,综合考虑违法违纪行为情节的严重性,给予责任人相应的处理。情节较轻未构成犯罪的,应当由所在单位或者上级主管部门对直接负责的主管人员和其他直接责任人员,依法给予行政处分;构成犯罪的,应当追究刑事责任。

第十章　附　　则

第六十三条　以下生活垃圾的投放、收集、运输、处置按下列规定执行:

(一)餐饮服务、单位供餐等活动中产生的餐厨垃圾和餐厨废弃油脂,应当按本市相关规定单独投放至餐厨垃圾和餐厨废弃油脂收集容器,经分类收集、运输后实行资源化利用。

(二)废旧家具等体积大、整体性强的大件垃圾,可以预约可回收物回收经营者进行回收,或者投放至管理责任人指定的场所,经分类收集、运输并拆分再处理后,实行资源化利用或者无害化处置。

（三）日常生活或者为日常生活提供服务的活动中废弃的电器电子产品，体积较小的应当投入可回收物收集容器，体积较大的应当按照大件垃圾的管理要求予以回收，并按照国家有关废弃电器电子产品的规定进行处置。

【释义】 本条是关于其他生活垃圾的管理要求的规定。

从立法技术角度而言，体例上设章节的地方性法规，在“附则”章节中一般对以下内容作出规定：对适用范围的补充规定，如扩大适用范围或者排除适用的具体情形；对法规中出现的相关名词、术语的含义进行解释；对部分具体管理要求作出扩充、限定或者说明；对法规生效之前有关行为的效力、如何适用或者管理衔接作出说明；法规的生效时间；法规生效的同时，对其他相关地方性法规存废的处理等。

本条对三类特殊生活垃圾的投放、收集、运输、处置作了相应的规定。本条共有三项。第一项是关于餐厨垃圾和餐厨废弃油脂的相关规定。餐厨垃圾和餐厨废弃油脂，上海市已有相应的政府规章予以规范。餐厨垃圾，根据《上海市餐厨垃圾处理管理办法》规定，餐厨垃圾产生单位应当按照《上海市城镇环境卫生设施设置规定》，设置符合标准的餐厨垃圾收集容器，将餐厨垃圾与非餐厨垃圾分开收集。餐厨废弃油脂，根据《上海市餐厨废弃油脂处理管理办法》规定，餐厨废弃油脂由市和区县绿化市容行政管理部门招投标确定的收运、处置单位进行定向收运、处置。第二项是关于大件垃圾的规定。废旧家具等大件垃圾，根据《上海市城市生活垃圾收运处置管理办法》规定，废旧家具、家用电器等大件垃圾应当单独收集。《条例》进一步细化了大件垃圾的规范，规定可以预约可回收物回收经营者进行回收,或者投放至管理责任人指定的场所,经分类收集、运输并拆分再处理后,实行资源化利用或者无害化处置。2019 年 6 月 20 日,上海市绿化市容局制发《关于印发〈关于规范本市大件垃圾管理的若干意见〉的通知》(沪绿容规〔2019〕2 号),对大件垃圾的投放、收集、运输、处置予以细化规定,规定大件垃圾产生者可以将大件垃圾投放至大件垃圾分类堆放场所,或者通过电话、网络等方式预约可回收物回收经营者或者大件垃圾收集、运输单位上门回收,也可以自行运送至区绿化市容管理部门或者乡镇人民政府(街道办事处)设立的大件垃圾拆解处理场所,对大件垃圾实施定时收运和预约收运,对拆分过程中分离的玻璃、金属、塑料、木材等具有再生价值的成分,可纳入可回收物资源利用渠道进行资源化利用,不具有再生价值的残渣,纳入生活垃圾无害化处置渠道。第三项是关于废弃电器电子产品的规定。依照《循环经济法》规定,对废电器电子产品进行拆解或者再利用,应当符合有关法律、行政法规的规定。《条例》规定,日常生活或者为日常生活提供服务的活动中废弃的电器电子产品,体积较小的应当投入可回收物收集容器,体积较大的应当按照大件垃圾的管理要求予以回收,并按照国家有关废弃电器电子产品的规定进行处置。《上海市可回收物指导目录(2019 版)》中将电路板(主板、内存条)、充电宝、手机、电话机、电饭煲、照相机等小型废弃电气电子产品列入可回收物目录;《关于规范本市大件垃圾管理的若干意见》中,也明确大型的电冰箱、电视机等废弃电器电子产品按照大件垃圾予以回收。

第六十四条　工业固体废物、危险废物的投放、收集、运输和处置,按照国家相关规定处理。

建设工程新建、改建、扩建、修缮或者拆除中产生的弃料和其他废弃物，以及房屋装饰装修过程中产生的弃料和其他废弃物，其投放、收集、运输和处置，按照国家和本市建筑垃圾相关规定处理。

【释义】 本条是关于非生活垃圾的指引性规定。

这是为了回应市民的投放需求，对其他非生活垃圾类生活垃圾的投放、收集、运输、处置规定予以指引。

本条共分两款。第一款是关于工业固体废物、危险废物投放、收集、运输和处置的指引性规定。关于工业固体废物、危险废物，《固废法》专设章节对其进行了规定，明确了其投放、收集、运输和处置流程。

第二款是关于建筑垃圾的相关规定。《上海市建筑垃圾处理管理规定》按照全品种、全过程、全覆盖的管理思路，根据各类建筑垃圾的特性，明确了相应的处理途径。明确了建设工程垃圾和装修垃圾处理管理规定。对市民较为关心的装修垃圾，纳入建筑垃圾范围予以统一规范：一是建立装修垃圾投放管理责任人制度，明确责任人应当将装修垃圾交由装修垃圾运输单位进行清运，并承担设置装修垃圾堆放场所以及引导居民分类投放等职责；二是按照《上海市市容环境卫生管理条例》的规定，明确由各区组织招投标活动，中标的市容环境卫生作业服务单位作为装修垃圾运输单位，提供清运服务；并明确由产生单位和个人承担清运费；三是明确装修垃圾处理流程。装修垃圾收运处置采取“堆放场所——中转分拣场所——消纳场所(资源利用设施或中转码头)”三点两段的分段管理模式。

第六十五条 本条例自2019年7月1日起施行。

【释义】 本条是关于《条例》施行日期的规定。

法的效力范围，包括空间效力、对人的效力和时间效力三方面内容。其中，时间效力范围就是法律生效和失效的时间问题，以及法律对其颁布实施以前的时间和行为有无溯及力的问题。法律一般只能适用于生效后发生的事实和关系，不适用于生效前发生的事实和关系，即法律不溯及既往的原则，这个原则已成为各国法律遵循的原则，本《条例》施行后发生的行为，必须按照《条例》规定执行。

《条例》由上海市第十五届人民代表大会第二次会议于2019年1月31日通过，自2019年7月1日起施行。为法规施行预留了较长的准备期。

第二部分

附　录

附录一　条例及有关说明

上海市生活垃圾管理条例

（2019 年 1 月 31 日上海市第十五届人民代表大会第二次会议通过）

目录

第一章　总　　则

第一条　为了加强本市生活垃圾管理，改善人居环境，促进城市精细化管理，维护生态安全，保障经济社会可持续发展,根据《中华人民共和国固体废物污染环境防治法》《中华人民共和国循环经济促进法》《城市市容和环境卫生管理条例》等法律、行政法规,结合本市实际,制定本条例。

第二条 本市行政区域内生活垃圾的源头减量、投放、收集、运输、处置、资源化利用及其监督管理等活动,适用本条例。

本条例所称的生活垃圾,是指在日常生活中或者为日常生活提供服务的活动中产生的固体废弃物以及法律、行政法规规定视为生活垃圾的固体废弃物。

第三条 本市以实现生活垃圾减量化、资源化、无害化为目标,建立健全生活垃圾分类投放、分类收集、分类运输、分类处置的全程分类体系,积极推进生活垃圾源头减量和资源循环利用。

本市生活垃圾管理工作,遵循政府推动、全民参与、市场运作、城乡统筹、系统推进、循序渐进的原则。

第四条 本市生活垃圾按照以下标准分类:

(一) 可回收物,是指废纸张、废塑料、废玻璃制品、废金属、废织物等适宜回收、可循环利用的生活废弃物;

(二) 有害垃圾,是指废电池、废灯管、废药品、废油漆及其容器等对人体健康或者自然环境造成直接或者潜在危害的生活废弃物;

(三) 湿垃圾,即易腐垃圾,是指食材废料、剩菜剩饭、过期食品、瓜皮果核、花卉绿植、中药药渣等易腐的生物质生活废弃物;

(四) 干垃圾,即其他垃圾,是指除可回收物、有害垃圾、湿垃圾以外的其他生活废弃物。

生活垃圾的具体分类标准，可以根据经济社会发展水平、生活垃圾特性和处置利用需要予以调整。

第五条　市人民政府应当加强对本市生活垃圾管理工作的领导，建立生活垃圾管理工作综合协调机制，统筹协调生活垃圾管理工作。

市绿化市容部门是本市生活垃圾管理的主管部门，负责本市生活垃圾管理工作的组织、协调、指导和监督。

市发展改革部门负责制定促进生活垃圾源头减量、资源化利用以及无害化处置的政策，协调生产者责任延伸制度的落实，研究完善生活垃圾处理收费机制。

市房屋管理部门负责督促物业服务企业履行生活垃圾分类投放管理责任人义务。

市生态环境部门负责生活垃圾处理污染防治工作的指导和监督。

市城管执法部门负责对查处违反生活垃圾分类管理规定行为的指导和监督。

本市住房城乡建设、商务、财政、规划、经济信息化、教育、民政、农业农村、科技、卫生健康、文化旅游、市场监管、邮政、机关事务管理等部门按照各自职责，协同实施本条例。

第六条　区人民政府负责所辖区域内生活垃圾管理工作，并建立相应的综合协调机制。

区绿化市容部门负责所辖区域内生活垃圾管理工作的具体组织、协调、指导和监督。区发展改革、房屋管理、生态环境、城管执法等部门按照各自职责，协同推进所辖区域内生活垃圾管理工作。

乡镇人民政府、街道办事处负责所辖区域内生活垃圾分类投放、分类驳运以及相关的分类收集等日常管理工作的具体落实。

第七条 单位和个人应当积极参与绿色生活行动，减少生活垃圾产生，履行生活垃圾分类投放义务，并承担生活垃圾产生者责任。

本市按照谁产生谁付费的原则，逐步建立计量收费、分类计价的生活垃圾处理收费制度。具体办法由市人民政府另行制定。

第八条 本市实行区域生活垃圾处置总量控制制度。市人民政府根据本市生活垃圾全程分类管理要求，结合各区人口规模以及经济社会发展水平，制定各区生活垃圾处置总量控制计划。各区人民政府应当按照本区生活垃圾处置总量控制计划，落实生活垃圾减量和资源化利用措施。

第九条 本市各级人民政府及其相关部门应当采取有效措施，加强生活垃圾源头减量、全程分类管理、资源化利用的宣传教育，提高市民生活垃圾分类意识，普及生活垃圾分类知识，推动形成全社会共同参与的良好氛围。

第十条 本市支持政府部门、企事业单位、社会团体运用科技手段，逐步提高生活垃圾分类投放、收集、运输、处置以及管理运行的智能化水平。

本市支持生活垃圾源头减量、分类投放、就地处置、资源化利用等方面的新技术、新工艺、新材料、新装备的研发和应用。

第二章 规划与建设

第十一条 市、区人民政府编制国民经济和社会发展规划，应当将推进生活垃圾源头减量、全程分类、资源化利用、无害化处置作为重要内容。

本市有关部门组织编制的城乡规划、土地利用规划，应当统筹考虑减少生活垃圾产生量、促进生活垃圾资源化利用和无害化处置。

第十二条 市绿化市容部门应当根据国民经济和社会发展规划，组织编制本市生活垃圾管理专项规划。生活垃圾管理专项规划应当包括生活垃圾管理的指导原则和目标任务，生活垃圾转运、处置、回收利用设施的布局，规划实施的保障措施等内容。

市、区绿化市容部门应当会同规划部门组织编制生活垃圾转运、处置、回收利用设施规划（以下简称生活垃圾处理设施专项规划）。

第十三条 市、区绿化市容部门应当根据生活垃圾处理设施专项规划，制定生活垃圾处理设施年度建设计划并组织实施。

市、区发展改革、规划等部门应当将生活垃圾处理设施年度建设计划所需资金和土地，分别纳入年度投资计划和年度土地供应计划。

经确定的生活垃圾转运、处置、回收利用设施用地，未经法定程序，不得改变用途。

第十四条 新建、改建或者扩建住宅、公共建筑、公共设施等建设工程，应当按照国家和本市标准配套建设生活垃圾收集设施。配套生活垃圾收集设施应当与主体工程同步设计、同步建设、同步验收、同步使用。

已有的生活垃圾收集设施不符合生活垃圾分类标准的，

应当予以改造。

第十五条 市、区绿化市容部门应当按照规定推进可回收物回收服务点、中转站和集散场建设。

鼓励社会资本参与本市可回收物收集、运输设施建设。

第三章 促进源头减量

第十六条 市、区人民政府应当统筹环境保护、资源节约与生产生活安全等要求，建立涵盖生产、流通、消费等领域的各类生活垃圾源头减量工作机制。

第十七条 企业应当遵守国家有关清洁生产的规定，优先选择易回收、易拆解、易降解、无毒无害或者低毒低害的材料和设计方案，生产废弃物产生量少、可循环利用的产品。

第十八条 市、区市场监管部门应当按照国家和本市有关法律、法规的规定，做好产品包装物减量的监督管理工作。

企业对产品的包装应当合理，包装的材质、结构和成本应当与内装产品相适应，减少包装废弃物的产生。

第十九条 市市场监管、邮政部门应当制定本市快递业绿色包装标准，促进快递包装物的减量化和循环使用。

快递企业在本市开展经营活动的，应当使用电子运单和环保箱（袋）、环保胶带等环保包装。鼓励寄件人使用可降解、可循环使用的环保包装。

电子商务企业在本市开展经营活动的，应当提供多种规格封装袋、可循环使用包装袋等绿色包装选项，并运用计价优惠等机制，引导消费者使用环保包装。

第二十条 市农业农村、商务等部门应当加强对果蔬生产基地、农贸市场、标准化菜场、超市的管理，积极推行净菜上市。

新建农贸市场、标准化菜场的，应当按照标准同步配置湿垃圾就地处理设施。已建成的农贸市场、标准化菜场湿垃圾产生量达到一定规模的，应当按照标准配置湿垃圾就地处理设施。鼓励产生湿垃圾的其他单位配置湿垃圾就地处理设施。

市绿化市容部门应当会同市市场监管、生态环境、商务等部门组织编制湿垃圾就地处理设施配置标准。

第二十一条 党政机关、事业单位应当带头使用有利于保护环境的产品、设备和设施，提高再生纸的使用比例，减少使用一次性办公用品，内部办公场所不得使用一次性杯具。

政府采购应当按照规定，优先采购可循环利用的产品。

鼓励企业、社会团体节约使用和重复利用办公用品，减少使用一次性杯具。

第二十二条 鼓励单位和个人使用可循环利用的产品，通过线上、线下交易等方式，促进闲置物品再使用。

餐饮服务提供者应当在餐饮服务场所设置节俭消费标识，提示消费者适量点餐。餐饮服务提供者和餐饮配送服务提供者不得主动向消费者提供一次性筷子、调羹等餐具。

旅馆经营单位不得主动向消费者提供客房一次性日用品。

本条第二款、第三款所指的一次性物品，应当有利于保护环境。

第四章 分类投放

第二十三条 市绿化市容部门应当会同市商务、生态环境等部门制定生活垃圾具体分类目录，并向社会公布。

市绿化市容部门应当提供多种形式的便捷查询服务，指导单位和个人准确分类投放生活垃圾。

第二十四条 产生生活垃圾的单位和个人是生活垃圾分类投放的责任主体，应当将生活垃圾分别投放至相应的收集容器。其中，可回收物还可以交售至可回收物回收服务点或者其他可回收物回收经营者。

本市逐步推行生活垃圾定时定点分类投放制度。

第二十五条 本市实行生活垃圾分类投放管理责任人（以下简称管理责任人）制度，管理责任人按照下列规定确定：

（一）党政机关、企事业单位、社会团体等单位的办公和生产经营场所，由业主委托物业服务企业实施物业管理的，物业服务企业为管理责任人；由业主自行管理的，业主为管理责任人。

（二）住宅小区由业主委托物业服务企业实施物业管理的，物业服务企业为管理责任人。农村居民点，村民委员会为管理责任人。

（三）道路、广场、公园、公共绿地等公共场所，管理部门或者管理部门委托的服务单位为管理责任人；机场、客运站、轨道交通站点以及旅游、文化、体育、娱乐、商业等公共场所，经营管理单位或者经营管理单位委托的物业服务企业为管理责任人。

按照前款规定无法确定管理责任人的，由所在地乡镇人民政府、街道办事处确定管理责任人。

乡镇人民政府和街道办事处应当对所辖区域内管理责任人履行管理责任的情况进行监督。

第二十六条 管理责任人应当按照下列规定设置生活垃圾分类收集容器：

（一）党政机关、企事业单位、社会团体等单位的办公或生产经营场所应当设置可回收物、有害垃圾、湿垃圾、干垃圾四类收集容器。

（二）住宅小区和农村居民点应当在生活垃圾收集运输交付点设置可回收物、有害垃圾、湿垃圾、干垃圾四类收集容器；在其他公共区域设置收集容器的，湿垃圾、干垃圾两类收集容器应当成组设置。

（三）公共场所应当设置可回收物、干垃圾两类收集容器；但湿垃圾产生量较多的公共场所，应当增加设置湿垃圾收集容器。

市绿化市容部门应当制定分类收集容器设置规范，并向社会公布。收集容器的颜色、图文标识应当统一规范、清晰醒目、易于辨识。

鼓励管理责任人根据可回收物、有害垃圾的种类和处置利用需要，细化设置收集容器。

第二十七条　管理责任人应当对投放人的分类投放行为进行指导，发现投放人不按分类标准投放的，应当要求投放人改正。投放人拒不改正的，管理责任人可以向所在地的乡镇人民政府或者街道办事处举报。

管理责任人应当将需要驳运的生活垃圾，分类驳运至生活垃圾收集运输交付点。

管理责任人按照规定履行管理职责的，有关单位和个人应当予以配合。

第五章　分类收集、运输、处置

第二十八条　从事有害垃圾、湿垃圾、干垃圾经营性收集、运输的单位和湿垃圾、干垃圾经营性处置的单位，应当按照国家规定取得生活垃圾经营服务许可证。从事有害垃圾处置活动的单位应当依法取得危险废物经营许可证。

市或者区绿化市容部门以及乡镇应当与通过政府采购等方式确定的可回收物、有害垃圾、湿垃圾、干垃圾的收集、运输单位（以下简称收集、运输单位）以及湿垃圾、干垃圾的处置单位，签订收集、运输服务协议以及处置服务协议。

第二十九条 收集、运输单位应当按照下列规定，对生活垃圾进行分类收集、运输：

（一）对可回收物、有害垃圾实行定期或者预约收集、运输；

（二）对湿垃圾实行每日定时收集、运输；

（三）对干垃圾实行定期收集、运输。

收集、运输单位发现所交的生活垃圾不符合分类标准的，应当要求改正；拒不改正的，收集、运输单位可以拒绝接收，同时应当向所在地乡镇人民政府或者街道办事处报告，由乡镇人民政府或者街道办事处及时协调处理。

管理责任人发现收集、运输单位违反分类收集、运输要求的，可以向乡镇人民政府或者街道办事处举报。

第三十条 收集、运输单位应当执行行业规范和操作规范，并遵守下列规定：

（一）使用专用车辆、船舶分类运输生活垃圾；专用车辆、船舶应当清晰标示所运输生活垃圾的类别，实行密闭运输，并安装在线监测系统。

（二）不得将已分类投放的生活垃圾混合收集、运输，不得将危险废物、工业固体废物、建筑垃圾等混入生活垃圾。

(三) 按照要求将需要转运的生活垃圾运输至符合条件的转运场所。

第三十一条 市、区绿化市容部门应当完善可回收物回收体系建设,加强对可回收物回收签约单位以及其他回收经营者回收活动的指导、管理和监督。市绿化市容部门应当会同有关部门编制并发布可回收物回收指导目录,制定低价值可回收物回收扶持政策。

鼓励采用"互联网+回收"、智能回收等方式,增强可回收物投放、交售的便捷性。

其他可回收物回收经营者在收集、运输可回收物过程中,应当采取覆盖、围挡、保洁等有效措施,保持环境卫生整洁,不得造成环境污染。

第三十二条 转运设施的设置应当符合环保要求和技术规范,并按照规定办理环保等有关审批手续。

生活垃圾转运产生的渗滤液,应当按照国家和本市水污染物排放标准处理后排放。

第三十三条 有害垃圾、湿垃圾、干垃圾处置单位(以下简称处置单位)应当按照分类标准接收生活垃圾,发现所交的生活垃圾不符合分类要求的,应当要求改正;拒不改正的,可以拒绝接收,同时应当向市或区绿化市容部门报告,由市或区绿化市容部门及时协调处理。

有害垃圾、湿垃圾、干垃圾应当按照下列方式进行分类利用处置:

(一) 有害垃圾采用高温处理、化学分解等方式进行无害化处置;

(二) 湿垃圾采用生化处理、产沼、堆肥等方式进行资源化利用或者无害化处置；

（三）干垃圾采用焚烧等方式进行无害化处置。

第三十四条 处置单位应当执行行业规范和操作规范，并遵守下列规定：

（一）保持生活垃圾处置设施、设备正常运行，对接收的生活垃圾及时进行处置；

（二）按照技术标准分类处置生活垃圾，不得将已分类的生活垃圾混合处置；

（三）对废水、废气、废渣、噪声以及周边土壤污染等进行处理，并按照规定进行环境修复；

（四）定期向绿化市容部门报送接收、处置生活垃圾的来源、数量、类别等信息。

第六章 资源化利用

第三十五条 市发展改革部门应当会同有关部门制定循环经济发展扶持政策，对符合本市城市功能需要、符合相关产业发展导向的可回收物回收利用项目予以支持，并推进循环经济产业园建设。

第三十六条 可回收物回收经营者应当按照国家和本市有关要求，将可回收物交由可回收物利用企业进行资源化利用。

市商务、经济信息化、绿化市容部门应当对可回收物资源化利用活动进行指导、协调和监督。

第三十七条 对列入国家强制回收目录的产品和包装物，生产者、销售者应当按照规定进行回收和处理。鼓励生产者、销售者通过自主回收、联合回收或者委托回收等模式，提高废弃产品和包装物的回收再利用率。

市邮政部门应当指导在本市开展经营活动的快递企业建立健全多方协同的包装物回收再利用体系。

第三十八条 市绿化市容、农业农村部门应当会同市市场监管部门研究制定本市湿垃圾资源化利用标准,鼓励和支持开展湿垃圾资源化利用团体标准、企业标准的研究制定和推广实施工作。

本市相关政府部门应当支持在公共绿地、公益林的土壤改良中优先使用湿垃圾资源化利用产品,支持符合标准的湿垃圾资源化利用产品在农业生产领域的推广应用。

农村地区应当就地就近对湿垃圾进行资源化利用;鼓励党政机关、企事业单位、社会团体、住宅小区将湿垃圾处理后用于单位绿化、居住区绿化、家庭园艺。

第三十九条 干垃圾焚烧产生的热能应当通过发电、供热等方式进行利用。在符合环保要求的情况下,鼓励对炉渣、飞灰等进行综合利用,鼓励具备条件的企业协同处置干垃圾。

第七章 社会参与

第四十条 市、区人民政府及其相关部门和工会、共青团、妇联等组织应当通过多种方式,广泛开展社会动员,推动全社会共同参与生活垃圾管理工作。

绿化市容、生态环境等部门应当设立生活垃圾科普教育基地,面向社会普及生活垃圾分类知识。本市大型生活垃圾处理设施运营单位应当设立公众开放日,接待社会公众参观。

教育部门应当将生活垃圾分类知识纳入本市幼儿园、中小学校、高等院校教育内容,组织开展生活垃圾分类教育和实践等活动。

新闻媒体应当持续开展生活垃圾管理法规和生活垃圾分类知识的公益宣传，对违反生活垃圾管理的行为进行舆论监督。

第四十一条 本市建立健全以居民区、村党组织为领导核心，居民委员会或者村民委员会、业主委员会、物业服务企业、业主等共同参与的工作机制，共同推进生活垃圾管理工作。

居民委员会、村民委员会应当配合乡镇人民政府和街道办事处做好生活垃圾源头减量和分类投放的组织、动员、宣传、指导工作。倡导居民委员会和村民委员会将生活垃圾分类要求纳入居民公约和村规民约。

乡镇人民政府和街道办事处应当将生活垃圾管理纳入基层社会治理工作，加强组织协调和指导。

第四十二条 鼓励通过积分兑换等多种方式，促进单位和个人形成生活垃圾分类投放的良好行为习惯。

鼓励志愿服务组织和志愿者开展生活垃圾分类投放的宣传、示范等活动。

市、区人民政府及其相关部门，乡镇人民政府、街道办事处可以通过购买服务方式，支持各类社会组织参与生活垃圾管理活动。

第四十三条 本市循环经济、市容环卫、物业管理、旅游旅馆、餐饮烹饪、家政服务、商业零售等领域的相关行业协会应当制定行业自律规范，开展行业培训和评价，共同推进生活垃圾管理工作。

第四十四条 鼓励和引导各类市场主体参与生活垃圾源

头减量和分类投放、收集、运输、处置以及资源化利用等活动。

第四十五条 本市文明城区、文明社区、文明小区、文明村镇、文明单位、文明校园等群众性精神文明创建活动和卫生单位、卫生社区(村)等卫生创建活动,应当将生活垃圾分类管理相关情况纳入评选标准。

第四十六条 本市实行生活垃圾管理社会监督员制度。市、区绿化市容部门应当向社会公开选聘生活垃圾管理社会监督员,参与生活垃圾全过程管理的监督工作。

任何单位和个人有权将违反生活垃圾管理规定的行为通过市民热线或者直接向相关部门投诉和举报,有关部门应当按照规定处理。

第四十七条 对在生活垃圾管理工作中做出突出贡献和优异成绩的单位和个人,按照国家和本市评比表彰有关规定,给予表彰奖励。

第八章 监督管理

第四十八条 本市建立生活垃圾源头减量、全程分类、资源化利用、无害化处置的监督检查制度,有关部门应当及时向社会公开检查情况和处理结果,并接受社会监督。

市、区绿化市容部门应当对本市生活垃圾分类情况进行定期评估,评估报告应当向社会公布。

第四十九条 市、区生态环境部门应当按照规定,对生活垃圾处理过程中产生的废水、废气、废渣、噪声等污染物排放以及周边土壤污染情况进行监督。

第五十条 市、区绿化市容部门应当会同商务、生态环境、市场监管、城管执法等部门建立生活垃圾全过程管理信息系统。

生活垃圾分类收集、运输活动应当纳入城市网格化管理。

第五十一条 市、区绿化市容部门应当编制生活垃圾处理应急预案，建立生活垃圾收集、运输和处置应急机制。

发生突发性事件造成生活垃圾无法正常收集、运输或者处置的，生活垃圾收集、运输单位或者处置单位应当立即向市或者区绿化市容部门报告，由市或者区绿化市容部门按照应急预案及时组织处理。

第五十二条 本市实行生活垃圾跨区域处置环境补偿制度，生活垃圾处置导出区应当向生活垃圾处置导入区支付环境补偿资金。生活垃圾跨区域处置环境补偿的具体办法，由市人民政府制定。

第五十三条 市、区人民政府应当建立和完善本市生活垃圾管理的综合考核制度，将生活垃圾处置总量控制要求作为综合考核的重要内容。

生活垃圾管理综合考核结果应当纳入市、区人民政府对所属部门、下一级人民政府的绩效考核内容。

第五十四条 有下列情形之一的，有关部门应当根据《上海市社会信用条例》相关规定，将单位和个人违反生活垃圾管理规定的信息归集到本市公共信用信息平台，并依法对失信主体采取惩戒措施：

（一）不履行生活垃圾分类义务且拒不改正，造成严重不良影响的；

（二）阻碍执法部门履行职责，造成严重后果的；

（三）法律、法规规定的其他情形。

市市场监管部门应当依照法律、法规规定，将绿化市容部门提交的生活垃圾收集、运输单位和处置单位的评议结果，纳入企业信用信息公示系统。

市房屋管理部门应当将乡镇人民政府、街道办事处、城管执法部门提交的物业服务企业履行分类投放管理责任情况，纳入物业服务企业信用管理体系。

第九章　法律责任

第五十五条　违反本条例规定的行为，法律、行政法规有处理规定的，从其规定。

第五十六条　违反本条例第二十条第二款规定，农贸市场、标准化菜场未按照标准配置湿垃圾就地处理设施的，由市场监管部门责令限期改正；逾期不改正的，处五千元以上五万元以下罚款。

违反本条例第二十二条第二款规定，餐饮服务提供者或者餐饮配送服务提供者主动向消费者提供一次性筷子、调羹等餐具的，由市场监管部门责令限期改正；逾期不改正的，处五百元以上五千元以下罚款。

违反本条例第二十二条第三款规定，旅馆经营单位主动向消费者提供客房一次性日用品的，由文化旅游部门责令限期改正；逾期不改正的，处五百元以上五千元以下罚款。

第五十七条　单位违反本条例第二十四条第一款规定，未将生活垃圾分别投放至相应收集容器的，由城管执法部门责令立即改正；拒不改正的，处五千元以上五万元以下罚款。

个人违反本条例第二十四条第一款规定，将有害垃圾与可回收物、湿垃圾、干垃圾混合投放，或者将湿垃圾与可回收物、干垃圾混合投放的，由城管执法部门责令立即改正；拒不改正的，处五十元以上二百元以下罚款。

第五十八条 违反本条例第二十六条第一款规定，管理责任人未按照要求设置收集容器、设施的，由城管执法部门责令限期改正；逾期不改正的，处五百元以上五千元以下罚款。

违反本条例第二十七条第二款规定，管理责任人未分类驳运的，由城管执法部门责令立即改正；拒不改正的，处五百元以上五千元以下罚款。

第五十九条 违反本条例第二十八条第一款规定，擅自从事有害垃圾、湿垃圾、干垃圾经营性收集、运输，以及湿垃圾、干垃圾经营性处置活动的，由城管执法部门责令停止违法行为，并处三万元以上十万元以下罚款。

第六十条 收集、运输单位不遵守相关规定的，由城管执法部门按照下列规定处罚：

（一）违反本条例第三十条第一项规定，未使用专用车辆、船舶，未清晰标示所运输生活垃圾的类别、未实行密闭运输或者未安装在线监测系统的，责令限期改正；逾期不改正的，处五千元以上五万元以下罚款；情节严重的，吊销其生活垃圾经营服务许可证。

（二）违反本条例第三十条第二项规定，将已分类投放的生活垃圾混合收集、运输，或者将危险废物、工业固体废物、建筑垃圾等混入生活垃圾的，责令限期改正；逾期不改正的，处五千元以上五万元以下罚款；情节严重的，吊销其生活垃圾经营服务许可证。

（三）违反本条例第三十条第三项规定，未按照要求将生活垃圾运输至符合条件的转运场所的，责令限期改正；逾期不改正的，处一万元以上十万元以下罚款。

第六十一条　处置单位不遵守相关规定的,由城管执法部门按照下列规定处罚:

(一) 违反本条例第三十四条第一项规定,未保持生活垃圾处置设施、设备正常运行,影响生活垃圾及时处置的,责令限期改正;逾期不改正的,处五万元以上五十万元以下罚款。

(二) 违反本条例第三十四条第二项规定,未按照要求分类处置生活垃圾的,责令限期改正;逾期不改正的,处五万元以上五十万元以下罚款;情节严重的,吊销其生活垃圾经营服务许可证。

第六十二条　违反本条例规定,各级人民政府、有关行政管理部门及其工作人员有下列行为之一的,由所在单位或者其上级主管部门依法对直接负责的主管人员和其他直接责任人员给予处分:

(一) 未按照规定履行生活垃圾源头减量以及分类投放、收集、运输、处置、利用的监督管理职责的;

(二) 未按照要求落实生活垃圾处理设施建设的;

(三) 接到相关投诉、举报,未依法调查处理的;

(四) 其他玩忽职守、滥用职权、徇私舞弊的。

第十章　附　　则

第六十三条　以下生活垃圾的投放、收集、运输、处置按下列规定执行:

(一) 餐饮服务、单位供餐等活动中产生的餐厨垃圾和餐厨废弃油脂,应当按本市相关规定单独投放至餐厨垃圾和餐厨废弃油脂收集容器,经分类收集、运输后实行资源化利用。

(二) 废旧家具等体积大、整体性强的大件垃圾,可以预约可回收物回收经营者进行回收，或者投放至管理责任人指定的场所，经分类收集、运输并拆分再处理后，实行资源化利用或者无害化处置。

（三）日常生活或者为日常生活提供服务的活动中废弃的电器电子产品，体积较小的应当投入可回收物收集容器，体积较大的应当按照大件垃圾的管理要求予以回收，并按照国家有关废弃电器电子产品的规定进行处置。

第六十四条 工业固体废物、危险废物的投放、收集、运输和处置，按照国家相关规定处理。

建设工程新建、改建、扩建、修缮或者拆除中产生的弃料和其他废弃物，以及房屋装饰装修过程中产生的弃料和其他废弃物，其投放、收集、运输和处置，按照国家和本市建筑垃圾相关规定处理。

第六十五条 本条例自 2019 年 7 月 1 日起施行。

关于《上海市生活垃圾管理条例(草案)》的说明

——2018年9月25日在上海市第十五届人民代表大会常务委员会第六次会议上

上海市绿化和市容管理局局长　邓建平

主任、各位副主任、秘书长、各位委员:

我受市人民政府委托,就《上海市生活垃圾管理条例(草案)》(以下简称《条例(草案)》),作如下说明:

一、制定条例的必要性

随着经济社会发展、城市规模扩大和人口不断增长,生活垃圾产生量与日俱增,给资源环境带来巨大压力,垃圾处理问题成为大城市面临的重大环境问题之一。自2001年以来,本市生活垃圾年均增长量超过3%,目前的生活垃圾年度处置量接近750万吨。面对这一严峻形势,市委、市政府始终对生活垃圾管理工作给予高度关注和重视,并在实践中不断探索、深化认识。

1996年以来,本市开展了多轮生活垃圾分类试点推进工作,并于2000年成为国家首批生活垃圾分类试点城市之一。2011年4月,《国务院批转住房城乡建设部等部门关于进一步加强城市生活垃圾处理工作意见的通知》明确提出了切实控制生活垃圾产生、全面提高处理能力和水平等五个方面的25项具体工作任务和要求。以此为契机,本市自2011年起拉开了新一轮生活垃圾分类减量试点工作的序幕。试点工作以生活垃圾分类投放为突破口,以“绿色账户”激励机制为着力点,生活垃圾分类减量连续7年列入市政府实事项目;2012年4月,市政府又建立了生活垃圾分类减量推进工作联席会议制度,协调推进相关工作。经过多年的实践探索,新一轮试点工作取得明显进展,在生活垃圾分类减量、体系建设、社会参与、推进方式等方面,积累了必要的经验。

在总结试点工作成效和经验基础上,市政府于2014年2月制定出台了政府规章《上海市促进生活垃圾分类减量办法》(以下简称《办法》)。《办法》首次对生活垃圾的基本分类标准、具体投放要求、分步推进措施、监督管理职责等重要内容,在政府立法层面作出了较为详细的规定。《办法》的出台施行,标志着在立法上确认了生活垃圾从末端治理向源头治理方式的转变,为进一步提升生活垃圾分类管理水平、推动城市整体文明水平和人居环境质量的提高,发挥了积极的作用。截至2017年底,全市已实施生活垃圾分类的小区覆盖面超过60%,“绿色账户”激励机制覆盖居民410万户;干垃圾处置能力达到2.35万吨/日,湿垃圾资源化利用能力达到3 900吨/日,松江、奉贤和崇明创建成为全国农村生活垃圾分类和资源化利用示范区。

十八大以来,党中央、国务院高度重视生活垃圾管理问题。习近平总书记作出了普遍推行垃圾分类制度的重要指示,要求北京、上海等城市“向国际水平看齐,率先建立生活垃圾强制分类制度,为全国作出表率”;国务院于去年出台了《生活垃圾分类制度实施方案》(以下简称《实施方案》),进一步明确上海等重点城市在2020年底前先行实施生活垃圾强制分类。为深入贯彻落实党中央、国务院要求，本市出台了《关于进一步加强本市垃圾综合治理的实施方案》《关于建立完善本市生活垃圾全程分类体系的实施方案》《上海市生活垃圾全程分类体系建设行动计划(2018—2020 年)》等多个政府文件，但对照党中央、国务院的要求以及社会各界期盼，实践中依然存在着若干“短板”，主要体现在以下四个方面：一是分类质量有待进一步提高；二是全程分类体系尚未健全；三是基础设施建设和改造有待加快推进；四是源头减量措施缺乏，有待进一步丰富。

综合以上情况，有必要通过制定生活垃圾管理条例，对生活垃圾源头减量、全程分类、无害化处置和资源化利用进行规范，重点强化全程分类体系建设，为提升本市生活垃圾管理水平和实效提供坚实的法制保障。

二、起草过程

《上海市生活垃圾管理条例》于 2017 年列为市人大常委会年度立法计划的重点调研项目。按照市人大要求，政府主管部门会同其他相关部门相继开展了生活垃圾管理及立法问卷调查、生活垃圾相关政府规章立法后评估、专题课题研究等前期工作，为条例的起草奠定了必要的基础。条例列为市人大常委会 2018 年度立法计划的正式项目后，于今年 3 月成立了由市人大、市政府领导担任“双组长”的立法工作领导小组，形成了立法工作方案。政府主管部门按照领导小组和方案要求，在起草阶段对条例的立法思路、体例结构、重点内容等进行了多次研究，广泛听取市政府有关部门、各区政府、人大代表、专家学者、相关作业服务单位和社会公益组织的意见建议，并提请市政府分管领导召开专题会议，研究、明确立法有关问题。在上述工作基础上，形成了《条例（草案）》送审稿。送审稿上报市政府后，市政府法制办组织听取了市政府相关部门、各区政府以及市政协、高法院、市律协、相关群众团体、行业协会等单位、组织的意见，对送审稿作了进一步修改、完善。

在立法起草和审核过程中，政府主管部门、市政府法制办与市人大有关专门委员会保持积极沟通，就草案体例结构以及分类标准、源头规划、资源化利用等具体内容进行了充分研究。在认真研究、借鉴吸收各方意见基础上，草案内容的完整性、针对性进一步加强，各方面的共识程度不断提升。经市政府常务会议讨论通过，形成了目前的《条例（草案）》。

三、《条例（草案）》的主要内容

此次生活垃圾管理立法遵循的基本思路是：贯彻习近平生态文明思想，将生活垃圾综合治理作为破解超大城市精细化管理世界级难题的重要环节，遵循“全生命周期管理、全过程综合治理、全社会普遍参与”理念，聚焦补足“短板”、注重可操作性，着力强化全程分类体系建设，加快推进生活垃圾“减量化、资源化、无害化”，形成本市生活垃圾管理的基本制度规范。

《条例（草案）》共九章五十六条，主要内容包括以下九个方面：

（一）确立管理目标

国务院《实施方案》要求，上海等重点城市于2020年底前先行实施生活垃圾强制分类。为实现这一目标，《条例（草案)》重点围绕投放、收集、运输、处置各环节提出分类规范，建立健全生活垃圾全程分类体系；同时，将管理范畴向两端适当延伸，对源头减量和资源化利用予以进一步推进。此外，《条例(草案)》还将政府推动、全民参与、系统推进等作为基本管理原则，为破解垃圾综合治理难题提供路径指引。(第二条、第三条)

(二) 进一步明确源头减量措施

源头减量是生活垃圾综合治理的重要内容，对于缓解日益增长的垃圾产生量和收运、处置压力、促进循环经济和可持续发展具有积极意义。为此，《条例(草案)》以《办法》相关规定为基础，从生产、消费、流通、办公等环节作了全面规定，包括生产环节遵守清洁生产规定和采用清洁生产技术，消费环节倡导可循环利用产品的使用和闲置物品的交易，流通环节实行果蔬菜皮减量和限制过度包装，以及办公环节实行绿色办公、绿色采购等。

同时，考虑到源头减量涉及众多行业的生产、流通领域，有着“全国一盘棋”的特点，往往超出地方立法权限范围。此次地方立法，重点针对减少一次性用品使用这一方向，形成了若干具体规范：一是减少旅馆客房一次性用品的使用。旅馆行业普遍提供一次性牙刷、牙膏、拖鞋等“六小件”，这是国内旅馆服务、入住客人长期以来形成的做法，现阶段尚无法完全取消，因此，从减少使用的目的出发，规定旅馆不得主动提供客房一次性日用品。二是减少一次性餐具的使用。餐饮外卖行业普遍提供筷子、调羹等一次性餐具，而不论消费者是否有实际需要；另外，一些小型餐饮场所也会主动提供。从卫生、成本等因素考虑，目前完全禁止使用的可行性较差，但减少使用的条件是具备的，为此，规定餐饮服务提供者以及外卖餐饮不得主动提供免费的筷子、调羹等一次性用品。三是公共机构禁用一次性杯具。这一措施重在发挥党政机关、事业单位带头践行、率先示范的作用。但是，禁用一次性杯具的场合限于内部办公场所，这主要是考虑到在市民办事服务窗口等外部办公场所，为了便民的需要，不宜提出一概禁止的要求。此外，为确保果蔬菜皮就地处理真正落地，《条例(草案)》进一步明确了新建和既有农贸市场、标准化菜场配置就地处理设施的具体要求。

对于外界较为关注的快递包装物减量问题，考虑到本市快递物品入境量约为出境量的1.5倍，在外省市尚未推行快递包装物强制减量的情况下，本市如果单方面实行，无法起到本地源头减量的作用。因此，《条例(草案)》主要通过制定快递绿色包装标准、快递企业使用电子面单和中转箱等措施，减少快递包装物的消耗。(第八条至第十三条)

(三) 强化设施落地，推进“两网融合”

生活垃圾收集、转运、处置和资源化利用等处理设施，是生活垃圾处理的重要硬件保障，对于确保全程分类体系正常运行具有至关重要的作用。但面对日益增长的生活垃圾产生量和分类投放的全面铺开，相关基础设施的布局、建设及改造成为一块“短板”。市统计局在今年上半年开展的一项专题电话调查也显示，在2 000名受访市民中，认为分类处理设施不健全是生活垃圾分类处理主要障碍的比例最高，约占32%。加快推进处理设施建设，凸显其紧迫性。为此，《条例(草案)》设专章对此作出规定，强化规划引领，注重建设“落地”：一是在规划环节，明确市、区绿化市容部门按照生活垃圾全程分类要求,编制生活垃圾管理发展规划,并据此编制生活垃圾处理设施专项规划;二是在建设环节,要求市、区绿化市容部门根据专项规划制定年度建设计划,并纳入相应的年度投资计划和土地供应计划;配套的生活垃圾收集设施则应当与建设项目主体工程实行"三同步",并对不符合分类要求的既有收集设施逐步实施改造。

近年来,本市着力推进生活垃圾分类收运处置体系和再生资源回收体系"两网融合",关于两网融合回收体系的建设导则也于今年6月开始试行。相应地,《条例(草案)》没有单纯局限于生活垃圾处理设施方面的规范,而是同步强化了再生资源回收体系建设,要求商务部门负责编制再生资源回收网点布局规划,并强调与生活垃圾处理设施专项规划之间的相互衔接;同时,通过绿化市容部门推进回收服务点、中转站、集散场建设等措施,加快实现与再生资源回收网点布局的兼容共享。(第十四条至第十七条)

(四)明确基本分类标准

生活垃圾分类是实现生活垃圾减量化、资源化、无害化的源头基础,其中,生活垃圾分类标准又是关键因素之一,直接影响到生活垃圾分类效果。本市生活垃圾分类标准历经多次变化,比如从早期试点的有机、无机二分法,到逐步拓展为2011年以来试点的可回收物、有害垃圾、厨余垃圾(湿垃圾)、其他垃圾(干垃圾),以及目前实行的可回收物、有害垃圾、湿垃圾、干垃圾的"四分法",并在《办法》和市政府有关文件中得到固化。

2017年的国务院《实施方案》明确了可回收物、有害垃圾、易腐垃圾(即单位食堂、宾馆饭店、农贸市场等场所产生的餐厨垃圾、果蔬菜皮、碎骨碎肉等单位“湿垃圾”)和居民“干、湿”垃圾的分类类别,本市现行的“四分法”与国家要求是一致的。同时,考虑到目前的分类标准已实施数年、逐步定型,市民认知度和配合度逐渐提高,此种情况下不宜轻易作出调整。最终,《条例(草案)》将“四分法”予以延续和固化,并针对具体分类列举了日常生活中常见的垃圾品种,在实践中还重点针对居民家庭提出“一严禁(有害垃圾)、一鼓励(可回收物)、两分类(湿垃圾、干垃圾)”的宣传口号,以利于市民直观认知和理解;同时,也明确了通过制定、调整具体分类目录,为分类实践提供细化指引,也为今后分类标准的进一步完善预留空间。(第十九条)

(五)细化收集容器设置要求

对于生活垃圾收集容器的设置,《条例(草案)》提出的基本规范是:住宅小区、党政机关、企事业单位应当按照分类标准,设置可回收物、有害垃圾、湿垃圾、干垃圾四类收集容器,并合理布局设置位置。结合实践经验,《条例(草案)》区分住宅小区、机关企事业单位以及道路、商场等公共场所等三类区域,作出了细化的设置规定:在住宅小区和机关企事业单位内,干、湿垃圾产生量比较均衡且占产生总量的比重很高,因此,要求干、湿垃圾收集容器成组设置,方便日常投放;如设置空间允许,则可回收物、有害垃圾收集容器可以和干、湿垃圾收集容器一起集中设置。而在公共场所区域,较为普遍的是饮料瓶、纸张、商品固体包装等垃圾品种,与小区、单位投放的垃圾类别、品种相比相对单一,因此要求至少设置可回收物、干垃圾两类收集容器。《条例(草案)》还要求所有的收集容器均应当有分类标识,并且清晰醒目、容易辨识,以利于市民准确投放。此外,实践中已经有一些小区做到了将废弃的玻璃、纸张、灯管等垃圾再进行细分,对此,《条例(草案)》也明确允许有条件的住宅小区、机关企事业单位可以细化设置可回收物、有害垃圾收集容器。(第二十条)

(六) 规范分类投放行为

在明确了分类标准和分类收集容器设置要求的基础上,生活垃圾投放行为也应当严格予以对应,实行分类投放。根据市统计局2017年和2018年的抽样数据对比显示,能够按照《办法》做到四类生活垃圾分类投放的约占24.5%,比2017年提升了1.2个百分点;能够做到干湿分开处理的约占19.2%,比2017年提升了4.1个百分点。可以说,规范分类投放的工作依然艰巨,还有很大的提升空间。对此,《条例(草案)》作了专门规定:一方面,延续《办法》的分类投放要求,明确四类生活垃圾应当投放至对应的收集容器,并对部分投放行为作细化指引,如可回收物还可以交售至再生资源回收企业和回收点;另一方面,对于实践中易发生的、严重影响分类质量的部分混合投放行为,包括将有害垃圾与可回收物、湿垃圾、干垃圾混合投放,湿垃圾与可回收物、干垃圾混合投放,以及干垃圾与湿垃圾的混合投放,专门予以明确禁止,并设定了对应的罚则。同时,《条例(草案)》延续了《办法》已经确立的生活垃圾分类投放管理责任人制度,由责任人对分类投放行为予以指导、监督,并有权对不符合分类要求的投放行为予以纠正直至向城管执法部门举报。(第二十一条至第二十三条)

(七) 严格实行分类收运

分类收运是连接前端分类投放和末端分类处置的重要环节。试点工作中,由于分类收运能力尚未完全跟上,以及部分小区、单位在收集容器到垃圾箱房之间的驳运过程中，存在着将已分类投放的生活垃圾再次混同的行为，导致实践中出现了一些混装混运现象，使得分类投放失去应有的作用，影响到居民的分类积极性和后续的分类处置。

按照国务院《实施方案》提出的“建立与分类品种相配套的收运体系”要求，在今年2月市政府印发的《关于建立完善本市生活垃圾全程分类体系的实施方案》中，明确全面实行分类驳运收运。《条例(草案)》结合文件内容，重点从三个方面对分类收运进行规范：一是分别明确了四类生活垃圾的具体收运方式；二是落实责任人的具体职责，要求责任人配置分类驳运机具，进行分类驳运，确保交付给收运单位的生活垃圾符合分类要求；三是收运单位配备分类收运专用车辆、船舶进行收运和中转，严禁将四类生活垃圾混同，或者与医疗废物、建筑垃圾等非生活垃圾混同。实践中，还将通过车辆、船舶显示收运类别标识等方式，接受公众监督。针对违反分类收运规定的行为，《条例(草案)》同步设定了罚则，除了处以最高10万元罚款外，情节严重的，还将吊销收运单位的生活垃圾经营服务许可证。(第二十四条至第二十六条)

（八）实行无害化处置，促进资源化利用

对于末端处理环节，《条例(草案)》明确有害垃圾和干垃圾实行无害化处置，可回收物和湿垃圾实行资源化利用。其中，干垃圾的无害化处置方式除了焚烧外，还包括填埋。但从土地资源节约集约利用、降低土壤污染风险的角度考虑，填埋方式不能长期持续。结合国家“十三五”生活垃圾无害化处理设施建设有关规划要求，本市已经提出了到2020年实现“零填埋”的目标。为此，《条例(草案)》也专门明确，本市将逐步减少干垃圾的填埋处置量,直至最终不再采用填埋方式。

同时,针对现阶段本市生活垃圾资源化利用状况,《条例(草案)》设专章提出了若干完善措施,提升资源化利用程度,主要包括:一是从整体上,鼓励生活垃圾资源化利用的技术研发和应用,推动生活垃圾再细分,提升资源化利用效率;二是对于湿垃圾,明确采用堆肥、生化处理等资源化利用方式,优先用于本市绿地、林地的土壤改良活动,提倡农村地区的就近就地利用,并通过研究制定产品标准,拓宽湿垃圾资源化利用产品的本地市场出路;三是对于可回收物,侧重于强化政府部门在拓宽回收方式、编制再生资源回收指导目录等方面的推进保障职责,多举措健全回收利用体系。此外,尽管干垃圾通过焚烧等方式作了无害化处置,但在处置后仍有再利用的价值。对此,《条例(草案)》专门强调干垃圾焚烧后产生的热能,应当用于发电、供热;焚烧后产生的炉渣、飞灰等符合要求的,提倡予以综合利用。(第二十七条至第二十九条、第三十一条至第三十六条)

(九)完善社会动员体系,加强监督管理力度

生活垃圾管理作为一项系统工作,需要社会方方面面的共同参与。国务院《实施方案》也指出,要形成全社会共同参与的良好氛围。对此,《条例(草案)》规定了一系列推进措施,具体包括:一是明确街镇和相关部门可以通过购买服务的方式,支持社会主体参与生活垃圾具体处理活动;二是实行正向激励,鼓励通过社会化方式,促进和激励全民生活垃圾投放良好习惯的形成;三是提倡志愿服务,鼓励志愿服务组织和志愿者开展生活垃圾分类投放的宣传、示范、引导等活动;四是加强行业自律,各相关行业协会通过制定自律规范和培训、评价等活动,督促会员单位落实分类减量要求;五是广泛宣传教育,发挥居村委等基层社会组织以及群众团体、社会公益组织的作用,通过多种方式,开展宣传动员、教育科普等工作;六是纳入创建活动,将生活垃圾分类投放、收运情况作为相关文明创建、卫生创建的评选标准之一;七是实行社会监督,向社会公开选任生活垃圾处理社会监督员,参与生活垃圾处理设施的监督管理工作。

配套的监管措施,是提升生活垃圾分类管理水平和实效的必要保障。对此,《条例(草案)》一方面设计了分段监督机制,即包括产生单位和个人、责任人、收运(转运)单位、处置单位在内的生活垃圾参与主体,应当对各自相邻环节是否符合分类要求进行监督,发挥"不分类、不收运,不分类、不处置"的倒逼作用;另一方面,重点强化信用管理,通过将相关违法事项纳入本市公共信用信息平台,由有关部门依法对失信主体采取惩戒措施。同时,《条例(草案)》对违反源头减量相关要求以及违反分类投放、驳运、收运转运和处置要求的行为,设定了相应的行政处罚和行政强制措施。(第三十条、第三十七条至第五十四条)

《条例(草案)》及以上说明,请予审议。

上海市人民代表大会城市建设环境保护委员会关于《上海市生活垃圾管理条例(草案)》的审议意见报告

——2018 年 9 月 25 日在上海市第十五届人民代表大会常务委员会第六次会议上

上海市人大城市建设环境保护委员会主任委员　崔明华

主任、各位副主任、秘书长、各位委员:

加强生活垃圾管理,推行垃圾分类制度,实现垃圾减量化、资源化、无害化,对于改善城乡人居环境、提升城市文明程度、维护资源环境安全、促进城市可持续发展具有重要意义,是推进生态文明建设的重大举措。2016 年 12 月,习近平总书记在中央财经领导小组会议上明确提出,要普遍推行垃圾分类制度,加快研究制定生活垃圾强制分类制度的法律和地方性法规,并要求上海等城市要向国际水平看齐,率先建立生活垃圾强制分类制度,为全国做出表率。2017 年 3 月,国务院办公厅发布《生活垃圾分类制度实施方案》,要求 2020 年底前,在直辖市、省会城市和计划单列市等 46 个重点城市的城区范围内先行实施生活垃圾强制分类。

2010 年上海世博会之后,全市大规模推进新一轮生活垃圾分类试点工作,经过数年的探索取得了一定的进展,形成了一些好的典型案例和成功做法,但尚未形成可全面复制推广的成熟经验，总体上未取得实质性突破，与党中央、国务院的要求、人民群众的期待以及上海建设卓越的全球城市的目标定位相比仍存在较大的差距。市人大常委会高度关注生活垃圾分类工作，2011 年、2012 年市十三届人大常委会连续两年开展专项工作监督予以积极推进。近年来的市人代会上，不断有代表提出议案，呼吁围绕垃圾分类加快地方立法。为贯彻落实党中央、国务院的决策部署，回应广大代表和人民群众呼声，做好本市垃圾治理工作，2017 年，市人大常委会将生活垃圾管理立法列为重点调研项目，建立了由市人大常委会和市政府相关领导为双组长的立法调研小组，聚焦生活垃圾治理的实践和地方立法面临的难点问题深入开展调研，坚持政府工作和人大立法同步推进，推动市政府有关部门加强顶层设计和难点突破，并形成了立法的框架思路。

今年，市人大常委会将制定生活垃圾管理条例列为正式立法项目，市人大常委会主任殷一璀亲自牵头，结合大调研全力主导推进立法工作。一是进一步深化重点问题的调研。按照习近平总书记关于“加快建立分类投放、分类收集、分类运输、分类处理的垃圾处理系统”的要求，3 月份以来，殷一璀主任、肖贵玉、莫负春副主任带领城建环保委和法制委、法工委，围绕“三化”目标和全程分类体系建设的全链条及关键环节，先后深入 10 个区、20 多个住宅小区、10 余家企业，对源头分类、资源回收、分类运输、分类处置、湿垃圾和可回收物循环利用等开展实地调研，并聚焦实践中的堵点问题和立法关键制度设计，开展近 10 次专题研究、讨论，同时多次深入听取静安、杨浦、长宁等各区人大、政府的意见和建议。肖贵玉副主任还带队专程赴宁波、杭州、厦门、大连、青岛等城市考察学习生活垃圾分类和立法经验。二是进一步广泛听取民意。为汇集各方智慧，广泛凝聚社会共识，切实增强立法的科学性和可操作性，2017 年，城建环保委会同常委会代表工委组织市人大代表带着垃圾分类主题下社区，并面向市人大代表和社区居民开展高达 1.5 万份的"双样本"问卷调查。在此基础上，今年又进一步扩大听取意见建议的范围，组织市、区两级人大代表带着垃圾分类主题下社区，围绕与公众直接相关的一些具体制度措施，向 2 000 多名市、区、乡镇人大代表和 14 000 多位居民开展问卷调查，在集中民意民智的同时大力开展社会宣传动员。问卷调查显示，公众对实施生活垃圾分类工作高度认可，超过 85％的受访者认为"每个居民都是垃圾的产生主体，开展垃圾分类是居民应尽的义务"，将近 83％的受访者认为应当强制推行生活垃圾分类。三是进一步推动形成立法共识。在法规起草调研过程中，城建环保委始终坚持地方立法与政府工作同步推动，反复梳理立法中需要重点突破的难点和分歧点，就生活垃圾治理的顶层设计和系统规划、源头减量措施、分类投放的主体责任和监督管理责任设定、资源回收利用和循环产业布局、湿垃圾资源化利用等问题，不断与市政府有关部门加强沟通协调，促使双方在立法基本思路和关键制度设计等方面逐步形成共识。

9 月上旬，收到市政府报送的《上海市生活垃圾管理条例（草案）》（以下简称《条例（草案）》）后，城建环保委先后召开五个座谈会，进一步听取市政府相关部门、区绿化市容部门、街镇、居委、基层立法联系点和各相关企业、社会组织，以及市人大代表、专家、媒体记者、物业管理人员、保洁员、志愿者等方方面面的意见和建议。在此基础上，城建环保委于 9 月 12 日

召开第四次委员会会议,对《条例(草案)》进行了审议。现将审议意见报告如下:

城建环保委认为,开展生活垃圾分类,推行垃圾减量化、资源化、无害化,是对传统生产生活方式的一场变革,是一项长期、复杂的系统工程,通过地方立法给予规范和引领,不仅是党中央、国务院的明确要求,也是实践工作的迫切需要。《条例(草案)》立足于本市生活垃圾管理的实践基础,以构建全程分类体系为核心,围绕规划与建设、分类投放、分类收集、分类运输、分类处置作出相应的制度规范,同时统筹推进减量化、资源化、无害化,在源头减量、资源化利用等方面结合上海实际提出了一些可行的制度安排。《条例(草案)》内容总体基本成熟,可以提请本次常委会会议审议。同时,城建环保委结合立法调研和征求意见情况,提出以下意见和建议:

一、关于总则

(一)关于目的和依据。不少意见认为,《条例(草案)》第一条的表述没有准确体现立法的目的,没有反映出垃圾治理工作的重要意义和时代要求,以及与市民群众的密切关系,建议修改完善。

(二)关于政府职责。一是《条例(草案)》第四条市级部门的职责中,对部分与生活垃圾管理工作关系较为密切的部门的职责作了明确和细化,但缺少对宣传教育部门的规定,鉴于宣传教育在生活垃圾管理工作中的重要作用,建议对教育、宣传部门的职责予以进一步明确和细化。二是《条例(草案)》第五条关于“区级及街镇职责”的规定中,对区级政府部门仅明确了区绿化市容部门的职责,其他有关部门均无涉及,不利于生活垃圾管理工作的全面推进,建议参照第四条市级部门职责规定,对其他区级政府部门的职责予以明确。

(三)关于宣传教育。有些意见提出,推行生活垃圾分类和源头减量措施,改变的是长期形成的生产生活习惯,加强宣传教育至关重要。《条例(草案)》虽在第七章“社会参与与监督”中对宣传教育作了具体规定,但总则部分对宣传教育没有涉及,不能充分凸显宣传教育在垃圾治理中的重要性,建议在总则中增加相关内容。

(四)关于生活垃圾收费制度。今年7月,国家发展改革委发文明确要求2020年底前,全国城市及建制镇全面建立生活垃圾处理收费制度;对具备条件的居民用户,实行计量收费和差别化收费,加快推进垃圾分类。目前,本市已经对企事业单位实施了生活垃圾处理计量收费制度。《条例(草案)》第六条第二款“本市逐步建立计量收费、分类计价的生活垃圾处理收费制度”的规定过于含糊,不利于国家相关要求的落实。实行生活垃圾处理收费制度是大势所趋,但对于居民用户具体的收费办法还需进一步审慎研究,因此建议法规授权市政府另行研究制定。

二、关于规划与建设

(一)关于章节排序。推行生活垃圾全程分类,实现生活垃圾减量化、资源化、无害化目标,需要强化从垃圾源头产生到末端处置、资源循环利用全过程的系统规划,而《条例(草案)》关于“规划与建设”一章排列在“源头减量”之后,没有体现规划引领垃圾治理全过程,容易理解为规划不包括源头减量的内容,建议将该章内容放到“源头减量”之前,作为条例的第二章。

（二）关于发展规划的编制主体和编制要求。《条例（草案）》第十四条第一款规定，“市、区绿化市容部门应当按照生活垃圾全程分类要求，组织编制本区域生活垃圾管理发展规划。生活垃圾管理发展规划应当明确生活垃圾源头减量、利用处置等管理目标和主要任务、保障措施等内容”。有意见提出，生活垃圾管理发展规划是涵盖源头减量、全程分类、资源循环利用的大规划，应当由发展改革部门组织编制，或者由绿化市容部门会同发展改革、商务等部门共同编制。发展规划应当围绕减量化、资源化、无害化的总体要求进行编制，不能仅限于“生活垃圾全程分类要求”。建议予以修改。

（三）关于再生资源回收网点布局规划和回收设施建设。《条例（草案）》第十四条第二款规定，“市、区商务部门应当组织编制再生资源回收网点布局规划”，第十七条规定，“市、区绿化市容部门应当按照建设标准，推进回收服务点、中转站和集散场建设”。征求意见过程中，不少意见认为，再生资源回收体系建设是资源循环利用的硬件基础，如果缺乏用地规划支撑，实践中往往很难落地，并且规划与建设之间也没有有效衔接。为此建议，明确编制再生资源回收网点布局规划应有规划国土资源部门参与，同时进一步厘清商务部门和绿化市容部门在资源回收利用中各自的职责。

三、关于源头减量

《条例（草案）》第二章规定了清洁生产、绿色消费、绿色办公、果蔬菜皮和包装物减量等源头减量措施，但这些措施主要针对单位、个人和社会，对政府部门在源头减量方面应起到的导向和推进作用缺乏相应的要求，建议研究增加相关内容，完善源头减量的制度设计。一是突出行业源头治理，增加各行业主管部门加强生活垃圾源头治理，推进垃圾减量的相关要求；二是将收费制度作为源头减量的重要措施，明确生活垃圾处理收费以及资金使用应当有利于引导生活垃圾源头减量、鼓励资源循环利用；三是将《条例(草案)》第四十六条第二款中的生活垃圾处置量限值排放制度作为源头减量的重要制度，强化市政府对区政府、区政府对街镇垃圾处置量的考核控制，推动各级政府进一步研究采取各项源头减量措施。

四、关于分类投放

(一) 关于分类标准。不少意见认为，第十九条第一款关于有害垃圾、湿垃圾、干垃圾的表述不够准确，如，有害垃圾中的“单位集中产生的除外”应限定为“单位生产过程中集中产生的除外”；湿垃圾中列举的剩菜剩饭、肉类碎骨、餐厨垃圾等存在交叉重复，应当进一步梳理；干垃圾应当明确不包括装修垃圾和大件垃圾。建议作进一步修改完善。

(二) 关于收集容器设置和分类投放。《条例(草案)》第二十条对收集容器的设置规定了相应的要求。在征求意见过程中，大家提出了不少建议：一是收集容器的标志标识应当全市统一；二是应当逐步减少道路沿线的收集容器数量；三是要明确分类收集容器设置的原则，既体现标准化、规范化要求，又考虑各类型小区的实际，体现因地制宜，给予基层更多的自主权；四是明确规定没有相应的分类收集容器不得投放相应的垃圾。建议予以研究。

(三) 关于分类投放的责任主体。根据《条例(草案)》第六条“垃圾产生者责任”和第二十一条关于“分类投放”的内容看,产生垃圾的单位和个人应当是分类投放的责任主体,但《条例(草案)》未对此进行明示,同时,由于第二十二条设定了物业服务企业作为分类投放管理责任人,并且简称为责任人,有不少意见认为,这样的表述不够清晰,容易引起混淆,建议第二十一条增加相应的表述,明确规定居民个人和单位是垃圾分类投放的责任主体,第二十二条分类投放管理责任人建议简称为管理责任人。

(四) 关于分类投放管理责任人制度。各方面普遍认为设定分类投放管理责任人制度确有必要,将物业服务企业设定为管理责任人也符合管理实际,但要让这项制度得以落实,必须解决好几个方面的问题。一是要进一步明确物业服务企业履行管理责任人制度的保障机制。按照《条例(草案)》规定,物业服务企业履行分类投放管理责任人义务所增加的相关费用"纳入物业服务费",实践难以落实。二是对物业的管理责任和居民个人的主体责任要进一步明确界定、区分,防止将居民个人应承担的分类投放责任转嫁给物业服务企业。三是物业服务企业作为管理责任人的指导监督责任与乡镇政府、街道办事处、居委会的监督管理责任也要明确区分,不能过分强调物业服务企业的责任和作用,而淡化或削弱政府应尽的监督管理职责。此外,因业主或者使用人自行管理致使业主、使用人同为管理责任人和投放责任主体的,如何履职也应当明确。建议对此作进一步研究。

五、关于分类收集、运输、处置

(一) 关于有害垃圾的收集、运输、处置。一是《条例(草案)》关于有害垃圾的管理规定比较零散且不够明确,无法有效解决实践中碰到的问题，应当对有害垃圾收集、运输、储存、处置各环节予以规定，以形成畅通和闭环的管理制度。二是第二十八条第二款规定，"鼓励生产者、销售者将废药品、废灯管等有害垃圾通过各种渠道予以回收并安全处置"，有部分意见认为，这款内容不应只作倡导性规定，应当明确药店、药房要建立过期药品回收制度，灯管生产者、销售者也要通过销售渠道回收废灯管，并交给有资质的单位进行无害化处置。建议予以研究完善。

（二）关于对收集、运输、处置单位的要求。不少意见认为，除了《条例（草案）》第二十六条、第二十七条规定的收集、运输、处置单位的权利和义务，还应当积极回应社会的关切，明确规定以下要求：第一，收集运输车辆、船舶等设施设备应当有清晰、统一的标志标识，便于社会监督；第二，收集、运输、处置的过程应当严格遵守环保方面的标准规范，最大程度减少对环境的影响；第三，收集、运输、处置企业应当加强信息化建设，建立生活垃圾全流程追溯机制，并加强信息公开，接受公众监督。建议修改完善。

（三）关于不分类不收运制度。《条例（草案）》第二十六条第四款规定，"收集、运输单位发现交付的生活垃圾不符合分类要求的，应当要求改正；拒不改正的，有权拒绝接收"。实施不分类不收运制度对源头分类投放环节可以形成有效的制约，但分类质量的评判标准等需要进一步明确，住宅小区能否落实这一制度也需要作进一步分析。建议予以研究。

六、关于资源化利用

《条例（草案）》第六章规定了湿垃圾资源化利用、干垃圾综合利用、回收利用产业化等资源化利用措施。有不少意见认为,本章大多数条文都是“鼓励”、“倡导”,缺少力度和刚性,没有凸显资源化利用的重要性,需要强化相关内容。一是准确定位政府与市场的关系,发挥好各自的作用。进一步明确政府相关部门的职责,确定由某一部门负责统筹推进资源回收利用工作,加强规划引领、政策激励和产业扶持,协调解决资源回收利用过程中企业面临的物流、场地、税收、产品出路等实际困难,积极引导企业参与。二是应强调资源化利用要以无害化为前提,不得造成二次污染,要求回收利用企业建立再生资源全过程追溯机制,既防止因不规范的循环利用造成环境污染,又防止再生资源回流到焚烧厂、填埋场等垃圾末端处置体系。三是进一步重视循环产业的发展,对本市循环产业布局给予积极的立法导向,促使市、区各级政府研究布局相应的循环利用产业,保障再生资源的稳定出路。建议研究完善。

七、关于社会参与与监督

《条例(草案)》第七章规定了社会参与、社会监督、基层治理、文明创建、行业自律、宣传教育等内容。有些意见认为,本章条文层次不是非常清晰,需要进一步梳理完善,尤其是关于监督的规定过于薄弱,没有完整体现政府层级监督、政府部门行业监督、基层自治组织自我监督、社会公众监督、舆论监督等重要内容。还有意见认为,关于宣传教育的规定,应当进一步明确职责,夯实责任,确定某个部门统筹推进宣传教育工作,强化整体策划,同时,充实各级政府及相关部门、社会组织、企业、学校、公共媒体等各类主体在宣传教育方面的具体职责规定,增强宣传教育的实效性和针对性。关于社会参与的规定,要进一步拓宽社会动员的覆盖面,注重强化企业在组织动员、促进职工习惯养成中的责任和作用。建议研究完善。

八、关于法律责任

《条例(草案)》第八章规定了违反源头减量、分类投放、分类收运、分类处置等要求的法律责任,同时也规定了行政责任。有部分意见认为,有些法律责任规定要进一步提高操作性和针对性。一是《条例(草案)》第五十五条关于行政责任的规定过于笼统,不利于政府各相关部门职责的落实。二是有些法律责任的设定过轻,如第五十一条第二项关于单位的处罚设定的罚款额度只有二百元到二千元,建议引入环境保护领域按日计罚等制度。三是对个人的处罚一方面要根据垃圾分类工作的阶段性特点,处理好行政处罚和宣传教育的关系,加强正面的教育引导,另一方面要对发现机制、取证机制有所规定,完善执法机制,该处罚的时候要严格执法,体现生活垃圾强制分类制度应有的刚性。建议研究完善。

九、关于其他意见和建议

征求意见过程中,还有部分意见提出,《条例(草案)》有些规定表述不够明确、精准,建议修改完善。如,第二十一条第一款关于禁止混合投放的规定过于繁琐,反而容易引起歧义;第二十九条第二款,应当明确是"原生垃圾"不再填埋处置;第三十八条第二款应当明确接受投诉和举报的具体部门;第四十八条关于信用管理的规定,应当明确列举哪些情形要纳入公共信用信息平台，既增强操作性，又防止征信制度过度使用；对于个体工商户，在生活垃圾管理中是按照“单位”还是按照“个人”进行管理，建议进一步明确；等等。

以上报告，请予审议。

上海市人民代表大会法制委员会关于《上海市生活垃圾管理条例(草案)》审议结果的报告

——2018年11月20日在上海市第十五届人民代表大会常务委员会第七次会议上

上海市人大法制委员会副主任委员　丁　伟

主任、各位副主任、秘书长、各位委员：

市十五届人大常委会第六次会议对市人民政府提请审议的《上海市生活垃圾管理条例(草案)》(以下简称条例草案)进行了审议。常委会组成人员认为,为了加强本市生活垃圾管理,建立生活垃圾分类制度,提高生活垃圾减量化、资源化和无害化水平,改善人居环境,维护生态安全,实现城市精细化管理,促进经济社会可持续发展,根据国家相关法律、行政法规,结合本市实际,制定本条例是必要的。同时,常委会组成人员对条例草案提出了一些修改意见。

会后,法制委员会、常委会法工委围绕常委会审议的热点问题,开展了一系列调研活动。一是召开座谈会,听取政府相关部门的意见;二是赴静安区调研住宅小区分类投放情况,听取部分市人大代表的意见;三是赴长宁区调研分类收运情况,听取部分收运企业和物业服务企业的意见;四是赴闵行区调研湿垃圾资源化利用情况,听取部分湿垃圾处置利用企业的意见；五是赴黄浦区就生活垃圾管理执法工作听取基层立法联系点的意见。由于条例草案拟提交明年市人代会审议，为提前做好大会审议工作，法制委员会、常委会法工委注重加强人大代表对立法工作的参与：一是在常委会审议后即将草案在代表履职平台发布，并点对点发出短消息，提示代表关注并反馈；二是将条例草案及说明书面印发全体市人大代表征求意见，已有150余位代表反馈了意见；三是邀请部分市人大代表全程参加委员会组织的各项调研活动；四是会同相关委员会举办生活垃圾管理立法的代表论坛活动；五是建立立法工作微信群，加强与部分市人大代表的互动。

常委会领导对条例高度重视，殷一璀主任多次听取修改工作的汇报，并带队专题调研了互联网餐饮外卖平台和快递企业的源头减量情况。莫负春副主任就有关问题率队专程赴全国人大常委会法工委作了请示，并召集市发改委、市绿化市容局、市商务委、市农委等部门对条例草案四个重要问题进行了专题协调。

在深入调研和广泛征求意见的基础上，常委会法工委会同市人大城建环保委员会、市绿化市容局、市政府法制办对条例草案进行了研究修改。这次修改，我们的主要思路有五点：一是突出减量化、资源化、无害化的要求；二是强化全程分类管理的要求；三是强化政府推进垃圾管理的责任要求；四是强化社会参与的意识；五是进一步完善草案文本结构以及表述的逻辑性。

11月8日，法制委员会召开会议，根据常委会组成人员和市人大城建环保委员会的审议意见以及其他各方面提出的意见和建议，对条例草案进行了审议。市人大城建环保委员会的负责同志列席了会议。现将主要修改情况和审议结果报告如下：

一、关于生活垃圾的定义

有的委员提出，条例草案应明确生活垃圾的定义。经研究，法制委员会认为，为进一步厘清条例的适用范围，对生活垃圾的概念进行界定是必要的。为此，建议按照《中华人民共和国固体废物污染环境防治法》的表述，在条例草案第二条中增加一款："本条例所称的生活垃圾，是指单位和个人在日常生活中或者为日常生活提供服务的活动中产生的固体废物以及法律、行政法规规定的视为生活垃圾的固体废物。"（草案修改稿第二条）

二、关于生活垃圾的分类标准

城建环保委员会和有的委员提出，为了使生活垃圾分类标准的规定更易于被市民接受，相关条款应当前移，并按照国务院《生活垃圾分类制度实施方案》（以下简称《实施方案》）中的排序进行调整；要对各类垃圾中列举的种类进行梳理，减少重复和交叉项目。经研究，法制委员会建议将条例草案第十九条第一款关于生活垃圾分类标准的内容，从第四章移至第一章，作为草案修改稿第四条；同时，将生活垃圾的分类排序调整为"有害垃圾、可回收物、湿垃圾、干垃圾"，并对"可回收物"、"湿垃圾"中列举的垃圾种类和排序作了修改。（草案修改稿第四条）

三、关于政府职责

城建环保委员会和有的委员提出，应当突出市政府在生活垃圾管理工作中的主导地位和统筹推进的职能;在区级政府部门的职责方面,条例草案只涉及了区绿化市容部门,建议补充完善;生活垃圾分类的宣传教育工作十分重要,建议在总则中对此作出规定。经研究,法制委员会建议对条例草案作以下修改:

1. 在条例草案第四条“市人民政府”后增加“应当加强对本市生活垃圾管理工作的领导”的内容,并增加对市城管执法部门职责的表述。(草案修改稿第五条)

2. 对条例草案第五条作两处修改:一是在第二款增加区发展改革、商务、环保等部门的职责;二是对乡镇政府、街道办事处所负责的生活垃圾分类管理职责范围,按照实际情况进行调整。(草案修改稿第六条)

3. 新增一条关于本市实行区域生活垃圾处置总量控制制度的规定,作为草案修改稿第七条。

4. 新增一条,作为草案修改稿第九条,规定本市各级人民政府及其相关部门应当采取有效措施,加强生活垃圾源头减量、分类管理、资源化利用的宣传教育。

四、关于生活垃圾收费制度

关于生活垃圾收费制度,存在三种意见。城建环保委员会和有的委员提出,生活垃圾处理应当收费,但对于居民用户具体的收费办法需审慎研究,可授权市政府另行制定;有的委员提出,在生活垃圾分类起步阶段,不宜收费,待居民养成分类的习惯后,再进行收费。还有委员提出,生活垃圾处理是否收费,还需要进一步研究。经研究,法制委员会认为,国家发改委《关于创新和完善促进绿色发展价格机制的意见》中提出,2020 年底前要全面建立生活垃圾处理收费制度,对非居民用户推行垃圾计量收费,对具备条件的居民用户,实行计量收费和差别化收费。目前,本市已对企事业单位收取垃圾处理费用,而对居民用户如何收费,政府部门尚在研究之中。为此,建议条例对此不作详细规定,授权市政府另行制定具体办法。(草案修改稿第八条)

五、关于规划与建设

有的委员建议,将条例草案第三章“规划与建设”与第二章“源头减量”的顺序对调,以体现相关规划引领生活垃圾全过程管理的要求。经研究,法制委员会建议对条例草案作以下修改:

1. 将“规划与建设”前移作为第二章,用规划统筹生活垃圾从源头减量到资源化利用的全过程管理。

2. 将条例草案第十四条修改拆分为两条,分别作为草案修改稿第十一条、第十二条。其中,第十一条规定:“市、区人民政府编制国民经济和社会发展规划时,应当将推进生活垃圾源头减量、全程分类、资源化利用、无害化处置作为重要内容。”“本市其他有关部门组织编制的城乡规划、土地利用规划等规划,应当统筹考虑减少生活垃圾产生量,促进生活垃圾的综合利用和无害化处置,落实国民经济和社会发展规划关于生活垃圾管理的目标和要求。”而第十二条则规定了生活垃圾管理发展专项规划、再生资源回收行业发展专项规划,以及生活垃圾处理设施规划的编制要求。

六、关于源头减量

城建环保委员会提出,条例草案应当补充政府部门在源头减量方面的职责规定，并对防止过度包装等提出要求。经会同市政府有关部门研究，法制委员会建议对条例草案作以下修改：

1. 增加一条，作为草案修改稿第十七条，明确市、区人民政府应当建立涵盖生产、流通、消费等领域的各类生活垃圾源头减量工作机制。

2. 在条例草案第十一条第一款有关推行净菜上市的职能部门中，增加市农业部门。（草案修改稿二十一条第一款）

3. 将条例草案第十二条第二款修改为："企业对产品的包装应当合理，包装的材质、结构和成本应当与内装产品的质量、规格和成本相适应，减少包装性废物的产生，不得进行过度包装。"（草案修改稿第二十二条）

七、关于生活垃圾收集容器设置和分类投放

有的委员提出，对于分类收集容器的设置，要给予基层更多的自主权，并明确没有相应的分类收集容器就不得投放这类垃圾。还有委员提出，条例草案有关禁止混合投放垃圾的表述不够明确，不利于实际操作；要明确废弃家用电器、装修垃圾、家具等大件垃圾的处置方式。经研究，法制委员会建议，对条例草案作以下修改：

1. 对条例草案第二十条作三点修改。一是删除第二款中"有设置空间的，可回收物、有害垃圾两类收集容器应当与湿垃圾、干垃圾收集容器集中设置"的规定；二是将"具备条件的住宅小区、党政机关、企事业单位可以根据生活垃圾品种，细化设置可回收物和有害垃圾收集容器"的内容修改后并入本条第一款款尾；三是新增一款，作为第五款："市绿化市容部门

应当制定收集容器设置规范,并向社会公布。”(草案修改稿第二十五条)

2. 将条例草案第二十一条第一款修改为:“产生生活垃圾的单位和个人是生活垃圾分类投放的责任主体,应当将生活垃圾分别投放至相应的收集容器,不得随意丢弃垃圾。”同时,对条例草案五十一条的处罚规定作出相应修改。(草案修改稿第二十六条、第五十八条)

3. 鉴于生活垃圾中的餐厨垃圾及餐厨废弃油脂、电器电子废弃物,废旧家具等体积大、整体性强的大件垃圾,均无法直接按照条例草案中四类生活垃圾的管理要求进行收集、运输和处置,为此建议在附则中新增一条,对上述生活垃圾的处理另作规定。同时,根据委员意见,单列一款对装修垃圾的处理也一并作出指引性规定。(草案修改稿第六十三条)

八、关于分类投放管理责任人

有的委员和城建环保委员会提出,条例草案将物业服务企业确定为实施物业管理的住宅小区、党政机关、企事业单位的生活垃圾分类投放管理责任人,应当明确是依据法律规定还是依据业主和物业服务企业双方合同约定;规定物业服务企业履行分类管理职责所增加的费用应纳入物业服务费用,在实践中难以落实;要求管理责任人对不符合分类要求的行为固定证据材料,超出了物业服务企业的能力。经听取基层意见并会同有关部门研究,法制委员会认为,为推动生活垃圾的分类投放,设定分类投放管理责任人制度十分必要,将物业服务企业作为管理责任人也符合相关管理的实际要求。至于相关费用如何承担,由于现实情况较为复杂,目前法规可以不作统一规定，继续在实践中予以探索。为此，建议删去条例草案第二十二条第三款中的“所增加的费用，应当纳入物业服务费用”的内容。同时，为了使相关制度设计更有可操作性，建议将条例草案第二十三条第二款修改为：“管理责任人应当对投放人的生活垃圾分类投放行为进行指导监督，发现投放人不按分类要求投放的，应当要求投放人改正。投放人拒不改正的，管理责任人可以向所在区域的乡镇人民政府或者街道办事处举报。”（草案修改稿第二十七条、第二十八条）

九、关于生活垃圾的收集、运输和处置

有的委员提出，为了切实推动生活垃圾分类制度的实施，生活垃圾收集、运输、处置单位应当做到运输设施有清晰、统一的标识，各个环节都严格遵守环保规范，加强信息化建设，建立追溯机制，接受公众监督；对于“不分类、不收运、不处置”制度要进一步研究，明确后续流程。经研究，法制委员会建议对条例草案作以下修改：

1. 为了进一步严格收集、运输规范，加强对分类收集、分类运输的监督，对条例草案第二十六条作三点修改。一是要求运输车辆、船舶应当配置在线监测系统，实行密闭运输，并清晰标示所运输的生活垃圾类别；二是对不符合分类要求的垃圾，收集、运输单位有权拒绝接收，并同时向乡镇人民政府或者街道办事处报告，由乡镇人民政府或者街道办事处予以处理；三是管理责任人发现收集、运输单位违反分类收集、运输要求的，可以向乡镇人民政府或者街道办事处举报。（草案修改稿第三十一条）

2. 根据生活垃圾运输的实际情况，增加关于垃圾转运管

理的要求。(草案修改稿第三十二条)

3. 将条例草案第二十八条、第二十九条、第三十二条第一款有关内容合并为一条,专条规定生活垃圾的处置要求。(草案修改稿第三十三条)

4. 为完善生活垃圾处置规范,在条例草案第二十七条增加处置单位应当防止对周边环境造成污染,建立管理台账;拒绝接收不符合分类要求垃圾的,应当同时向市或区绿化市容部门报告,由绿化市容部门处理等要求。(草案修改稿第三十四条)

十、关于资源化利用

城建环保委员会和有的委员建议,应当明确政府部门对生活垃圾资源化利用统筹推进、规划引领、政策激励和产业扶持的职责;对湿垃圾资源化利用产品要扩大使用范围。经会同市政府有关部门研究,法制委员会建议对条例草案作以下修改:

1. 在条例草案第六章增加一条关于生活垃圾资源化利用产业发展导向的规定,作为草案修改稿第三十六条。

2. 在条例草案第三十四条增加相关部门应当向社会公布回收企业目录、建立再生资源回收公共信息服务平台等要求。(草案修改稿第三十七条)

3. 在条例草案第三十二条增加对已达标的湿垃圾资源化利用产品,相关政府部门应当支持在农业生产领域的推广应用等内容。(草案修改稿第四十条)

十一、关于社会参与与监督

有的委员提出,条例草案第七章“社会参与与监督”的条文层次不是非常清晰,需要进一步梳理完善,特别是关于监督的内容较为薄弱,没有完整体现各层次、各方面监督的内容。经研究,法制委员会建议将本章内容拆分为“社会参与”和“监督管理”两章,并对条例草案作以下修改:

1. 对社会参与的内容作五点修改。一是按照社会动员、基层治理、社会参与、行业参与、文明创建、监督和举报、表彰与激励的顺序,对条例草案相关条文进行调整;二是在社会动员中增加关于新闻媒体开展宣传和舆论监督的规定;三是在基层治理条款中,分别对乡镇政府和街道办事处,居民、村民委员会,业主大会和业委会的治理职能进行详细表述;四是将条例草案第四十条购买服务的条款纳入社会参与的内容;五是将条例草案第二十七条第四款单列为一条,突出表彰和激励措施。(草案修改稿第四十三条、第四十四条、第四十五条、第四十九条)

2. 对监督管理的内容作三点修改。一是规定市、区绿化市容部门要建立生活垃圾分类收集、运输、处置活动的监督检查制度,并对生活垃圾分类情况进行定期评估,有关评估情况应向社会公布;二是增加市、区环保部门要对湿垃圾无害化就地处置设施、生活垃圾集中转运和处置设施的污染物排放情况加强监督的内容;三是对信用管理的内容进行了细化完善,并将物业服务企业履行分类投放管理责任的情况,纳入物业服务企业信用管理体系。(草案修改稿第五十条、第五十一条、第五十二条、第五十六条)

法制委员会已按上述意见对条例草案作了修改,提出了草案修改稿。

草案修改稿和以上报告,请予审议。

上海市人民代表大会法制委员会关于《上海市生活垃圾管理条例(草案)》(修改稿)修改情况的报告

——2018年12月18日在上海市第十五届人民代表大会常务委员会第八次会议上

上海市人大法制委员会副主任委员　丁　伟

主任、各位副主任、秘书长、各位委员:

市十五届人大常委会第七次会议对《上海市生活垃圾管理条例(草案)》(修改稿)(以下简称草案修改稿)进行了审议。常委会组成人员认为,在广泛听取各方面意见基础上形成的草案修改稿,总体上趋于成熟。同时,常委会组成人员还提出了一些修改意见和建议。

会后,草案修改稿向社会公开征求意见,共收到修改建议130多条。常委会法工委还将草案修改稿通过代表履职平台再次征求代表意见,并印发各区人大常委会、基层立法联系点及有关社会团体征求意见。围绕常委会组成人员的审议意见,法制委员会、常委会法工委继续开展调研活动:一是赴广东省、福建省厦门市学习考察生活垃圾管理立法工作;二是赴青浦区、奉贤区等实地调研可回收物回收利用和菜场湿垃圾就地处理情况;三是在虹桥街道举行立法听证会,就草案修改稿中生活垃圾分类标准、收集容器设置、大件垃圾管理等问题,深入社区直接听取业主、业委会、物业服务企业、居委会的意见;四是赴市政协听取部分市政协委员的意见建议。

常委会领导对修改工作十分关注,殷一璀主任多次听取修改情况汇报并提出要求。莫负春副主任参加相关调研活动,就规划编制、可回收物回收体系、湿垃圾就地处理等问题召开市政府分管副秘书长以及有关部门参加的专题协调会,并在联系市人大代表座谈会上专题听取代表对草案修改稿的意见。

在进一步调研的基础上,常委会法工委同市人大城建环保委员会、市绿化市容局和市司法局对草案修改稿做了研究和修改。12月6日,法制委员会召开会议,对草案修改稿进行了审议。市人大城建环保委员会的负责同志列席会议。现将主要修改情况报告如下:

一、关于生活垃圾分类标准

有的委员和代表提出,要进一步完善湿垃圾、干垃圾的定义,对干垃圾的具体种类可以作出列举;政府部门应当提供智能化查询服务,便于准确分类投放。还有委员提出,中药药渣是不是湿垃圾,应予明确。经研究,法制委员会认为,从各方面反映的情况看,各方对垃圾"四分类"基本取得共识,对四类垃圾的名称以及具体表述还可以进一步完善,以方便市民投放。为此建议,对相关条款作如下修改:

1. 在草案修改稿第四条分类标准中注明湿垃圾即易腐垃圾,干垃圾即其他垃圾,同时补充列举干垃圾的具体种类,并将中药药渣列为湿垃圾的种类之一。(草案修改二稿第四条)

2. 在草案修改稿第二十四条中增加一款作为第二款:"市

绿化市容部门应当提供互联网智能查询服务,指导单位和个人准确分类投放生活垃圾。”(草案修改二稿第二十四条)

二、关于规划的编制和实施

有的委员提出,修改生活垃圾管理发展专项规划的名称,以准确体现该规划的性质,同时补充规划的主要内容;对已有的不符合分类要求的生活垃圾收集设施,都要予以改造,确保在条例通过后能得到有效实施。经研究,法制委员会建议,对相关条款作如下修改:

1. 将草案修改稿第十二条中的“生活垃圾管理发展专项规划”改为“生活垃圾管理专项规划”,并明确该规划内容应当包括“生活垃圾管理的指导原则和目标任务,生活垃圾转运、处置、回收利用设施的布局,规划实施的保障措施等”。(草案修改二稿第十二条)

2. 在草案修改稿第十四条第一款“同步设计、同步建设、同步验收”的基础上,增加“同步使用”的要求;同时,将该条第二款中“应当逐步改造”修改为“应当予以改造”。(草案修改二稿第十四条)

三、关于可回收物回收体系建设的有关规定

有的委员提出,应进一步明确生活垃圾可回收物回收利用的职能部门以及职责分工。有的委员提出,对再生资源回收活动的规范应当在条例中有所体现。经过市人大常委会领导与市政府方面的专题协调,对草案修改稿中绿化市容部门和商务部门关于可回收物回收利用的职责分工问题目前形成了共识。一是将再生资源按其产生来源分为生活源再生资源

(即生活垃圾可回收物)和生产源再生资源,由绿化市容部门主管生活垃圾可回收物的回收管理工作,并负责回收体系建设;商务部门负责生活源再生资源的后续资源利用以及生产源再生资源的回收利用管理,绿化市容部门予以配合。二是绿化市容部门负责推进生活垃圾可回收物"点、站、场"建设,商务部门不再参与相关规划和建设。三是市绿化市容局会同市发改委制定可回收物回收的扶持政策,培育可回收物回收服务市场。据此,法制委员会建议对相关条款作如下修改:

1. 删去草案修改稿第五条第四款关于市商务部门的职责,将其作为协同实施条例的职能部门。(草案修改二稿第五条)

2. 删去草案修改稿中第十二条关于市商务部门编制再生资源回收行业发展专项规划、参与编制生活垃圾处理设施专项规划的内容。(草案修改二稿第十二条)

3. 删去草案修改稿第十五条中关于市、区绿化市容部门会同商务部门推进生活垃圾处理设施与再生资源回收网点兼容共享的内容。(草案修改二稿第十五条)

4. 对草案修改稿第二十六条第二款进行调整,规定可回收物可以交售至可回收物回收服务点或者再生资源回收经营者。(草案修改二稿第二十五条)

5. 在第五章中增加一条作为草案修改二稿第三十二条,对再生资源的回收运输提出具体规范。

6. 完善可回收物回收体系建设的内容,要求绿化市容部门加强对回收活动的监管,会同相关部门编制并发布回收指导目录,并制定低价值可回收物的回收扶持政策。(草案修改二稿第三十八条)

7. 要求市商务部门对可回收物资源利用活动进行指导、协调,市绿化市容部门应当予以配合。(草案修改二稿第三十九条)

四、关于湿垃圾源头减量

有的委员提出,为了推进湿垃圾源头减量,要大力推广符合环保标准的湿垃圾就地处理设施,对已建成的标准化菜场配置湿垃圾就地处理设施,要有更大的力度。经研究,法制委员会建议,在草案修改稿第二十一条第二款中增加"鼓励产生湿垃圾的单位配置湿垃圾就地处理设施"的规定,进一步加大湿垃圾源头减量的力度;同时,为明确已建成的农贸市场、标准化菜场配置湿垃圾就地处理设施的条件,将该款中的"具备条件"修改为"湿垃圾产生量达到一定规模"。(草案修改二稿第二十一条)

五、关于分类投放

有的委员提出,条例中分类投放责任主体既有单位也有个人,建议对两类主体的责任加以区分;有的委员建议,进一步细化收集容器设置的规定,以涵盖各类产生生活垃圾的责任主体;还有委员提出,要增加有关农村地区生活垃圾分类投放的管理要求。经研究并听取各方意见,法制委员会建议对相关条款作如下修改:

1. 按照先确定管理责任人,再规范收集容器设置的顺序,调整相关条款的排序。(草案修改二稿第二十五条、第二十六条、第二十七条)。

2. 对不同区域的责任主体加以细分,分别确定相应的管理责任人。主要有五类：一是党政机关、企事业单位、社会团体等单位的办公和生产场所；二是住宅小区；三是由政府管理部门管理的道路、广场等公共场所；四是由经营管理单位管理的机场、轨道交通站点等公共场所；五是农村地区的农民居住地。同时规定依照上述规定仍无法确定管理责任人的，由所在地的乡镇人民政府、街道办事处确定。（草案修改二稿第二十六条）

3. 增加道路、广场、公园、轨道交通站点等公共场所，以及村民家庭、村民委员会设置收集容器的规定。（草案修改二稿第二十七条）

4. 鉴于本市单位和个人开展生活垃圾分类工作的推进情况有所差异，将草案修改稿第五十八条拆分为两款，第一款对单位未将生活垃圾投放至相应收集容器的行为进行处罚；第二款对个人两种混合投放生活垃圾的行为加以处罚。（草案修改二稿第五十八条）

六、关于资源化利用

有的委员提出，上海应当对循环经济产业园建设有所规划。还有委员和代表提出，增加工业企业协同处置生活垃圾的内容；有关鼓励开展资源化利用技术研究的内容，可在总则相关条款中一并表述。经研究，法制委员会建议对相关条款作如下修改：

1. 在草案修改稿第三十六条款尾增加推进循环经济产业园建设的表述；在草案修改稿第四十一条中增加一款作为第二款："鼓励具备条件的工业企业协同处置干垃圾"，以推动拓展干垃圾处置和利用的渠道。（草案修改二稿第三十七条、第

四十二条)

2. 删除草案修改稿第四十二条有关鼓励生活垃圾资源化利用技术研发和应用的内容,相关表述整合在草案修改二稿第十条中予以体现。

七、关于社会参与

有的委员和代表提出,应进一步明确基层组织职责,以充分发挥基层治理在推动生活垃圾分类管理中的作用。经研究,法制委员会建议,在草案修改稿第四十四条中增加一款作为第一款:"本市建立健全以居民区党组织为领导核心,居民委员会或者村民委员会、业主委员会、物业服务企业、业主等共同参与的综合治理结构,集聚区域资源、社会资源共同推进生活垃圾管理工作。"(草案修改二稿第四十四条)

八、关于大件垃圾和电器电子废弃物

有的委员和代表建议,进一步完善大件垃圾的投放规范,并可采取预约收运的方式;废弃的电子产品是否属于生活垃圾,应予以明确。经研究并听取听证陈述人意见,法制委员会建议对相关条款作如下修改:

1. 规定大件垃圾应当单独投放至管理责任人指定的堆放场所,或者预约可回收物回收企业进行回收。(草案修改二稿第六十三条第一款第二项)

2. 明确日常生活或者为日常生活提供服务的活动中废弃的电器电子产品,按体积大小区分不同的投放方式:体积较小的投入可回收物收集容器,体积较大的按照大件垃圾的管理要求予以回收。同时,按照国家有关废弃电器电子产品的规

定进行处置。(草案修改二稿第六十三条第一款第三项)

法制委员会已按上述意见对草案修改稿作了修改,提出了草案修改二稿。

主任、各位副主任、秘书长、各位委员,市十五届人大常委会第七次会议决定将该项立法列入市十五届人民代表大会第二次会议议程。法制委员会认为,经过常委会第六次、第七次、第八次会议三次审议,多次听取常委会组成人员、全体市人大代表的意见,在此基础上修改形成的条例草案修改二稿已经比较成熟,法制委员会将根据本次常委会审议意见对条例草案修改二稿作进一步的完善,形成《上海市生活垃圾管理条例(草案)》的议案,提请市十五届人民代表大会第二次会议审议。

草案修改二稿和以上报告,请予审议。

关于《上海市生活垃圾管理条例(草案)》的说明

——2019年1月27日在上海市第十五届人民代表大会第二次会议上

上海市人大常委会副主任　肖贵玉

各位代表:

我受市人大常委会的委托,对《上海市生活垃圾管理条例(草案)》(以下简称条例草案)作如下说明。

一、关于立法的必要性

随着经济社会发展、城市规模扩大,本市生活垃圾的产生量不断增加,2018年全市每日生活垃圾清运量接近2.6万吨,年均生活垃圾产生量超过900万吨,给资源环境和经济社会可持续发展带来很大压力。市委、市政府高度重视生活垃圾管理工作,1996年以来本市开展了多轮生活垃圾分类试点,并于2000年成为国家首批生活垃圾分类试点城市。市政府连续七年将生活垃圾分类减量列入实事项目,2014年出台政府规章《上海市促进生活垃圾分类减量办法》。市人大常委会始终重视以法治方式推进生活垃圾管理工作,2017年将《上海市生活垃圾管理条例》列为重点调研项目,2018年将该项目列为正式立法项目。

(一) 制定条例是贯彻落实党中央、国务院普遍推行生活垃圾分类制度部署要求的需要。十八大以来,党中央、国务院高度重视生活垃圾管理工作。习近平总书记在中央财经领导小组第十四次会议上对普遍推行垃圾分类制度作出了重要指示,要求北京、上海等城市要向国际水平看齐,率先建立生活垃圾强制分类制度,为全国做出表率。国务院 2017 年出台了《生活垃圾分类制度实施方案》,进一步明确上海等 46 个城市要在 2020 年底前,先行实施生活垃圾强制分类。为了落实中央要求,有必要制定相应地方性法规,保障本市生活垃圾减量化、资源化、无害化的管理目标顺利推进。

(二) 制定条例是提升城市管理水平和文明水平,建设卓越的全球城市的需要。通过地方立法推行生活垃圾分类制度,规范生活垃圾分类投放、收集、运输、处置各个环节,完善源头减量和资源化利用的各项措施,有助于改善城市人居环境、维护生态安全,建设更加美丽的生态之城;有助于提升城市精细化管理整体水平,促进经济社会可持续发展;有助于增强社会公众建设生态文明的责任意识,展现上海现代化国际大都市的文明形象,并为建设卓越的全球城市创造有利条件。

(三) 制定条例是总结本市生活垃圾管理实践,全面推进生活垃圾全程分类管理工作的需要。经过多年实践,本市生活垃圾管理工作在坚持全程管控、确保系统推进、推动社会参与等方面取得了不少有益的经验。这些经验需要通过地方立法将其制度化、法治化。同时,本市生活垃圾管理工作还存在着全程分类管理体系不健全、基础设施建设和改造有待加快推进、源头减量和资源化利用水平有待提高等问题,亟需学习和借鉴国际国内先进经验,发挥立法智慧破解难题,推动本市生活垃圾管理工作全面深入开展。

二、关于条例草案的起草修改过程

建立生活垃圾全程管理制度，是本市的一项重大举措，需要全市上下增进共识、形成合力。为此，本届市人大常委会第八次会议决定将条例草案提请本次代表大会审议。

条例草案提请代表大会审议前，常委会坚持地方立法与政府工作同步推动，做了大量认真细致的准备工作。一是发挥立法主导作用，推动解决难点问题。常委会提前介入法规起草工作，建立由市人大常委会和市政府相关领导为双组长的立法工作领导小组，全力主导推进立法工作。收到市政府的法规案后，先后在9月、11月、12月的常委会会议上三次对条例草案充分审议，对条例草案的框架结构以及关键条款反复打磨。常委会还会同市政府对生活垃圾规划编制、回收体系建设等难点问题进行了四次专题协调。二是发挥代表主体作用，组织代表深度参与立法工作。连续两年将生活垃圾分类管理作为市、区两级人大代表下社区活动的主题，听取市民意见近两万人次，并发放三万余份调查问卷。三次征求全体市人大代表对条例草案的意见，共有270多位代表提出380多条意见建议，其中50多条意见建议被采纳。先后组织150多位市人大代表参加立法实地调研和代表论坛。三是注重开门立法，汇集各方智慧。将条例草案通过媒体向社会公布，共收到280多条修改建议。聚焦实践中的堵点问题和关键条款，深入本市10多个区、40多个住宅小区、20多家企业开展立法调研。在虹桥街道举行立法听证会，就生活垃圾分类标准、收集容器设置、大件垃圾管理三项内容，在居民“家门口”直接听取意见。赴广州、宁波、杭州、厦门、大连、青岛等城市考察学习立法和工作经验。

三、关于条例草案的主要修改思路和框架

习近平总书记去年11月在上海考察时指出，“垃圾分类工作就是新时尚，垃圾综合处理需要全民参与，上海要把这项工作抓紧抓实办好”。总书记的要求，对上海既是压力更是动力。我们必须充分认识这项工作的重大意义，全力予以推进。同时，我们也看到，生活垃圾分类管理涉及到人们行为习惯的改变，“新时尚”的形成需要一个长期的过程。日本、德国等国家生活垃圾精细化治理都是经历了几十年，甚至更长时间的努力，才有今天的成就。因此，要在全市层面建立和推行生活垃圾全程管理制度，必然是一场攻坚战、持久战。在这样的背景下由市人民代表大会开展生活垃圾管理立法工作，既是动员全市力量，在法治框架内推进垃圾管理、把改革发展决策同立法决策更好结合起来的需要，也是充分发挥地方立法功能，通过立法对垃圾管理工作进行主动谋划、全面推进的需要。

据此，条例草案的修改遵循了以下思路：一是注重立法引领推动。考虑到本市生活垃圾管理工作与立法工作处于同步推进阶段，条例草案一方面在管理理念等方面与国际水平对接，另一方面根据本市实际，对一些看得准、有共识的管理要求予以固化，对一些还在探索的内容着重规定其工作目标和方向，以便为实践创新预留空间。二是注重全过程综合治理。条例草案按照到2020年底本市生活垃圾“减量化、资源化、无害化”达到国内领先水平的目标，在建立健全全程分类体系的同时，分设促进源头减量、资源化利用专章，将管理范畴向两端有效延伸。三是注重建立全社会责任体系。条例草案重点

对全过程管理各环节主体的责任作了明确,力求建立横向到边、纵向到底,垃圾产生者、政府部门、管理责任人、收运处置单位、社会组织各司其职、各尽其责的全社会责任体系。四是注重激励与约束并举。生活垃圾分类行为习惯的养成,不可能一蹴而就,需要多管齐下。为此,条例草案既注重发挥宣传教育的功能,坚持完善正向激励机制,又对违反管理要求的行为设定必要的处罚,引导单位和个人自觉履行生活垃圾管理义务。五是注重体现上海特色。作为超大型城市,近年来上海在创新社会治理、加强基层建设、提高城市精细化管理水平上有许多经验,在建设智慧政府上有新的举措,在科技成果策源、科技成果应用上有不少积累。为此,条例草案对在生活垃圾管理中如何发挥本市基层社会治理、政府管理以及科技创新等优势提出相应要求。

经过反复修改,最终形成的条例草案共十章六十五条,分为四大板块。第一章构成第一板块,明确了立法目的依据、生活垃圾的定义、管理原则、分类标准、政府职责、垃圾产生者责任等内容。第二章至第六章构成第二板块,明确了生活垃圾相关规划的编制、促进源头减量的主要措施、资源化利用体系的构建以及建立分类投放、收集、运输、处置全程分类体系的要求,包括各环节的责任、相互制约监督措施。第七章、第八章构成第三板块,明确了完善社会动员体系、加强监督管理等内容。第九章、第十章构成第四板块,明确了法律责任和施行日期,并对三类特殊生活垃圾以及非生活垃圾的法律适用作出指引性规定。

四、需要重点说明的几个问题

(一) 关于生活垃圾分类标准。生活垃圾分类标准直接影响到生活垃圾分类管理的效果。生活垃圾分类标准的确定，既要坚持科学性，又要兼顾可操作性，是目前各地生活垃圾管理立法面临的共同难题。本市生活垃圾分类标准历经几次变化，到 2011 年确定为可回收物、有害垃圾、湿垃圾、干垃圾的“四分法”，并在 2014 年的政府规章中予以固化。在本次立法过程中，常委会采取问卷调查、立法听证等方式对此作了重点调研，多数市民对“四分法”表示了认可，认为“四分法”虽然不尽完美，但已是约定俗成。为此，条例草案沿用了这一分类标准。同时，根据各方意见，对四类垃圾的名称以及具体表述作了进一步厘清：一是部分市民反映湿垃圾、干垃圾的概念不易理解，为此条例草案注明湿垃圾即易腐垃圾，干垃圾即可回收物、有害垃圾、湿垃圾以外的其他垃圾。二是对可回收物、有害垃圾、湿垃圾的常见种类作了列举，为了在起步阶段方便市民投放、降低市民分类投放的辨识难度，条例草案对种类的列举采取了化繁就简的原则。三是明确可以根据经济社会发展水平、生活垃圾特性等对分类标准予以细化调整，为今后进一步完善预留空间。

（二）关于政府管理职责。推进生活垃圾全过程管理，各级政府及其有关部门责无旁贷。为此，条例草案确立了条块结合、以块为主的管理模式：一是在市级层面，强调市政府要加强对本市生活垃圾管理工作的领导，明确市绿化市容部门是本市生活垃圾管理的主管部门，负责相关工作的组织、协调、指导和监督，并明确了市相关部门的职责。二是在区级层面，明确区政府负责所辖区域内生活垃圾管理工作，区绿化市容部门承担相应的具体工作。三是在街镇层面，顺应管理职责重心下沉的要求，规定乡镇人民政府、街道办事处负责相关工作的具体落实。同时，还在“规划与建设”、“监督管理”两章中，对政府部门编制生活垃圾管理专项规划、推进生活垃圾处理设施建设等提出要求，对健全监督检查制度、完善网格化管理、强化绩效考核等予以明确。

（三）关于促进源头减量。源头减量是生活垃圾综合治理的重要内容，也是当前推进生活垃圾全过程管理的薄弱环节和难点问题。循环经济促进法、清洁生产促进法、电子商务法等法律对促进源头减量都有相应要求，但大多为倡导性规定。为了提高源头减量措施的刚性，市政府在法规起草过程中开展了多次协调，条例草案中针对特定对象提出了强制性要求：一是要求积极推进产品包装物、快递包装物减量工作。二是规定农贸市场、标准化菜场应当按照要求配置湿垃圾就地处理设施。三是在绿色办公、绿色消费方面，将减少一次性用品使用作为着力点，规定党政机关、事业单位内部办公场所不得使用一次性杯具，旅馆不得主动提供客房一次性日用品，餐饮服务提供者和餐饮配送服务提供者不得主动提供免费的一次性筷子、调羹等餐具。

（四）关于分类投放。分类投放是生活垃圾分类管理的关键环节，是实行分类收运、分类处置的前提条件。条例草案重点从三个方面对分类投放作了规定：一是明确产生生活垃圾的单位和个人是分类投放的责任主体，应当将生活垃圾分别投放至相应的收集容器。二是确立分类投放管理责任人制度，区分单位、居住区、公共场所的不同情况确定相应的管理责任人，并明确其权利义务。三是按照既体现标准化、规范化要求，又兼顾基层实践因地制宜需要的思路，对单位、居住区、公共场所收集容器的设置作出规范。

（五）关于分类收集、运输和处置。分类收集、运输、处置是连接前端分类投放和末端资源化利用的重要环节。针对市民关注的分类投放后又被混装混运等问题，条例草案对分类收集、运输和处置作了较为全面的规范。一是明确生活垃圾的分类收运方式。二是严格规范收运和转运行为，明确收运单位必须使用专用车辆和船舶实行密闭运输，不得混装混运。三是规定了生活垃圾的主要处置方式。考虑到本市2020年将基本实现原生生活垃圾零填埋，因此条例草案未将填埋列为生活垃圾处置方式。四是建立“不分类、不收运，不分类、不处置”的监督机制，保障全程分类效果的实现。

（六）关于可回收物回收体系建设。为了提高可回收物的回收率，推进再生资源回收和生活垃圾分类收运体系“两网融合”，条例草案对可回收物回收体系建设提出如下要求：一是由绿化市容部门负责回收体系建设，推进可回收物“点、站、场”建设，并会同有关部门制定低价值可回收物回收扶持政策，培育回收服务市场。二是鼓励采用“互联网＋回收”、智能回收等方式；鼓励社会资本参与收运设施建设，充分发挥市场机制的作用。

（七）关于资源化利用。推进生活垃圾资源化利用，既是实现经济社会可持续发展的现实需要，也是开展垃圾分类的必然要求。条例草案重点对以下方面作了规定：一是明确发展改革等部门应当统筹制定本市循环经济发展政策、对资源化利用项目予以支持。二是明确政府部门应当支持在公共绿地、公益林土壤改良工作中优先使用湿垃圾资源化产品，并对湿垃圾就地就近资源化利用提出要求。三是明确市商务等部门负责可回收物资源化利用活动的指导和协调，并对干垃圾焚烧后产生的热能、炉渣等的综合利用作了规定。

（八）关于社会参与。落实生活垃圾分类管理工作离不开全社会的共同参与和支持。为此，条例草案提出了一系列促进措施：构建广泛的社会动员体系，建立健全以居（村）民区党组织为领导核心、各方共同参与的基层治理机制，鼓励社会参与、行业参与、市场参与，将生活垃圾分类管理情况纳入文明创建活动等。

（九）关于条例的贯彻实施。在立法过程中，不少代表对条例的实施表示关注。经研究，我们认为，生活垃圾全程管理是需要长期坚持、循序渐进的系统工程，但通过立法明确行为规则并培育、指引行为习惯，刻不容缓。针对条例通过后可能带来的实施难题，市政府已在同步研究提出明确的行动计划，并拟进一步加大工作力度，认真贯彻落实条例的各项规定，使法规中源头减量、全程分类管理、资源化利用等各项举措落到实处；市人大常委会也拟于 2019 年对生活垃圾全程分类管理推进情况开展专项监督，以共同推动本市生活垃圾管理工作再上新台阶。

条例草案和以上说明，请予审议。

上海市人民代表大会法制委员会关于《上海市生活垃圾管理条例(草案)》审议结果的报告

——2019年1月30日在上海市第十五届人民代表大会第二次会议主席团第四次会议上

上海市人大法制委员会主任委员　陈立斌

大会主席团：

1月28日，各代表团对市人大常委会提交的《上海市生活垃圾管理条例(草案)》(以下简称条例草案)进行了审议。1月29日，各代表团对大会秘书处专项工作组提出的草案修改建议稿进行了再次审议。代表们普遍认为，为了加快实现生活垃圾减量化、资源化、无害化的管理目标，建设美丽的生态之城，促进城市精细化管理，制定条例十分必要。将条例草案提交代表大会审议，是发挥立法引领推动作用的重要体现，有利于凝聚全市共识，共同推进本市生活垃圾管理工作再上新台阶。条例草案注重构建全过程生活垃圾管理体系，注重有效性和可操作性，体现了本市生活垃圾管理的地方特色。经过市十五届人大常委会三次审议、三次听取全体市人大代表意见，条例草案已经比较成熟，建议依据代表审议意见进一步修改完善后提请本次代表大会表决通过。两次审议中，共有代表488人次提出646条意见和建议。其中，具体条文的修改意见180条,涉及草案内容61处。其他意见中,有关加大宣传力度的意见147条,强化激励措施的意见89条,扩大社会参与的意见86条,加大推进和落实力度的意见106条,加快完善配套制度的意见38条。

1月30日,市人大法制委员会召开会议,逐条认真研究分析代表提出的意见,对条例草案作了审议和修改,共计修改33处。市人大城建环保委员会、市政府有关部门的负责同志,以及部分市人大代表列席了会议。现就条例草案的修改情况和审议结果报告如下:

一、主要修改情况

(一)关于产品包装物减量。有的代表提出,市场监管部门开展产品包装物减量的监督管理工作,除了依据本市已有的地方性法规,还要依据国家法律。经研究,法制委员会认为,这一意见应予采纳,建议将第十八条第一款修改为:“市、区市场监管部门应当按照国家和本市有关法律、法规的规定,做好产品包装物减量的监督管理工作。”(草案表决稿第十八条)

(二)关于快递包装物减量。有的代表提出,条例草案只对本市的快递企业和电子商务企业提出快递包装物减量要求是不够的,建议修改。经研究,法制委员会认为,废弃的快递包装物在生活垃圾中比重越来越高,为促进快递包装物的减量化和循环使用,应当将所有在本市开展经营活动的快递企业和电子商务企业都纳入管理范围。为此,建议对条例草案作两点修改:一是将第十九条第二款中的“本市快递企业”、第三款中的“本市电子商务企业”分别修改为“快递企业在本市开展经营活动的”“电子商务企业在本市开展经营活动的”；二是将第三十七条中的“本市快递企业”修改为“在本市开展经营活动的快递企业”。（草案表决稿第十九条、第三十七条）

（三）关于一次性物品的限制措施。有的代表提出，条例草案关于一次性筷子、调羹等餐具和旅馆客房一次性日用品的规定，在可操作性方面还需要再作研究。经研究，法制委员会认为，一次性物品的过度使用是生活垃圾增长的重要因素之一，对其予以适当限制是必要的，同时也要综合考虑环保要求和消费者的现实需要。为此，建议删除第二十二条第二款中“免费的”的表述，着重强调餐饮服务提供者和餐饮配送服务提供者不得主动提供一次性的筷子、调羹等餐具；同时，增加一款作为第四款：“本条第二款、第三款所指的一次性物品，应当有利于保护环境。”（草案表决稿第二十二条）

（四）关于收集容器设置。有的代表提出，条例草案要求在住宅小区其他区域设置收集容器的，湿垃圾、干垃圾两类收集容器应当成组设置，这在某些老旧住宅区的共用厨房等区域难以做到。经研究，法制委员会认为，这一意见应予采纳，建议将条例草案第二十六条第一款第二项的“在其他区域”修改为“在其他公共区域”。（草案表决稿第二十六条）

（五）关于处置单位环境保护规范。有的代表提出，条例草案关于处置单位环境保护的规范应当与第四十九条环保监督的规定保持一致。经研究，法制委员会认为，这一意见应予采纳，建议将条例草案第三十四条第三项修改为：“对废水、废气、废渣、噪声以及周边土壤污染等进行处理，并按照规定进行环境修复”。（草案表决稿第三十四条）

（六）关于加强社会参与。有的代表提出，落实生活垃圾管理各项要求，离不开全社会的共同参与，建议在法规中对加强基层治理和宣传教育作进一步强调。经研究，法制委员会认为，这一意见应予采纳。为此，建议对建立健全以居民区党组织、村党组织为领导核心的基层治理机制的表述作进一步完善，将新闻媒体加强生活垃圾管理工作宣传的内容修改为："新闻媒体应当持续开展生活垃圾管理法规和生活垃圾分类知识的公益宣传，对违反生活垃圾管理的行为进行舆论监督。"（草案表决稿第四十条、第四十一条）

（七）关于监督管理。有的代表提出，条例草案关于政府部门监管的规定，应当体现对生活垃圾管理各环节全过程监管的要求。经研究，法制委员会认为，这一意见应予采纳，建议将草案第四十八条修改为："本市建立生活垃圾源头减量、全程分类、资源化利用、无害化处置的监督检查制度，有关部门应当及时向社会公开检查情况和处理结果，并接受社会监督。"（草案表决稿第四十八条）

（八）关于违反收集、运输活动规范的处罚。有的代表提出，条例草案第六十条第一项的处罚措施，未能完全对应第三十条第一项中密闭运输等规范要求，建议修改。经研究，法制委员会认为，这一意见应予采纳，建议将第六十条第一项中的"未按照规定使用专用车辆、船舶分类运输生活垃圾的"修改为"未使用专用车辆、船舶，未清晰标示所运输生活垃圾的类别、未实行密闭运输或者未安装在线监测系统的"。（草案表决稿第六十条）

此外，根据代表意见，还对条例草案的一些文字作了修改。

二、需要说明的问题

（一）关于生活垃圾分类标准。在审议过程中，有些代表对四类生活垃圾的名称、列举的具体种类等提出了修改意见；也有部分代表提出，条例草案的生活垃圾分类标准在本市已经沿用多年，建议不作修改。经研究，法制委员会认为，条例草案在常委会审议和公开征集意见时，生活垃圾分类标准一直是各方关注的焦点问题，目前的方案是市人大常委会权衡各方意见作出的一个选择。生活垃圾分类管理是一场持久战，这一分类标准还可以在实践中不断接受检验，不断予以完善。条例草案也规定生活垃圾具体分类标准可以根据经济社会发展水平、生活垃圾特性和处置利用的需要进行调整。为此，法制委员会建议保留目前的分类标准，并建议相关主管部门按照条例规定，进一步加大垃圾分类知识的宣传普及，向社会公布生活垃圾具体分类目录，通过各种途径向市民提供便捷的查询服务，指导市民准确地分类投放生活垃圾。

（二）关于积分兑换激励措施。有的代表提出，条例草案应当进一步完善绿色账户积分奖励制度；但也有代表认为，绿色账户积分兑换是阶段性措施，不宜在法规中体现；还有代表提出，积分兑换作为鼓励措施，不必限于社会化方式。经与相关部门研究，法制委员会认为，总的来看，在生活垃圾分类试点工作中，绿色账户积分兑换对鼓励居民分类投放起到了推动作用。为保持工作延续性，强化正向激励措施，建议对此不作实质性修改。

在审议中，代表们普遍对条例草案审议通过后如何加大宣传、贯彻、实施的力度提出了很多好的意见和建议。法制委员会认为,生活垃圾全程管理是需要长期坚持、循序渐进的系统工程,相应的法制保障也是一个需要结合实践发展不断完善的过程。为此,建议各级政府部门加强组织领导,形成工作合力,充分做好条例实施的准备工作。一是要加大宣传力度,用简洁明了、易于接受和市民喜闻乐见的方式,让垃圾分类知识进社区、进企业、进校园,大力倡导垃圾分类就是新时尚的理念,提升垃圾分类的责任意识,特别是党政机关要带头开展垃圾分类。二是要提高工作站位,以条例的实施为契机,增强做好生活垃圾管理工作的责任感、紧迫感,完善各级政府的生活垃圾分类工作联席会议制度,加强综合协调和监督指导,细化各职能部门的责任分工,提高管理水平,加大执法力度。三是要抓紧条例配套文件和实施细则的制定,加强对分类投放管理责任人,收集、运输、处置单位的工作人员以及社区志愿者的培训,拓展分类管理工作中相应的激励措施。四是高度重视代表反映较为集中的包装物减量、收集容器的颜色标识、湿垃圾资源化利用等工作,在具体工作推进中不断探索更为优化的实施方案。同时,建议市、区人大常委会依法履行监督职能,适时对生活垃圾分类工作和条例的实施情况开展专项监督或执法检查,督促政府部门加快相关工作进程,并根据执法检查中发现的问题适时提出对条例修改完善的建议。

法制委员会已根据上述意见,提出了《上海市生活垃圾管理条例(草案)》(表决稿),建议经主席团审议通过后,提请本次代表大会表决,并建议条例自 2019 年 7 月 1 日起施行。

草案表决稿和以上报告,请予审议。

附录二　国家法律、行政法规和文件

（一）法律

中华人民共和国固体废物污染环境防治法（节选）

（1995 年 10 月 30 日第八届全国人民代表大会常务委员会第十六次会议通过，2004 年 12 月 29 日第十届全国人民代表大会常务委员会第十三次会议修订，根据 2013 年 6 月 29 日第十二届全国人民代表大会常务委员会第三次会议《关于修改〈中华人民共和国文物保护法〉等十二部法律的决定》第一次修正，根据 2015 年 4 月 24 日第十二届全国人民代表大会常务委员会第十四次会议《关于修改〈中华人民共和国港口法〉等七部法律的决定》第二次修正，根据 2016 年 11 月 7 日第十二届全国人民代表大会常务委员会第二十四次会议《关于修改〈中华人民共和国对外贸易法〉等十二部法律的决定》第三次修正，根据 2020 年 4 月 29 日第十三届全国人民代表大会常务委员会第十七次会议第二次修订）

第一章　总　　则

第三条　国家推行绿色发展方式，促进清洁生产和循环经济发展。

国家倡导简约适度、绿色低碳的生活方式,引导公众积极参与固体废物污染环境防治。

第四条 固体废物污染环境防治坚持减量化、资源化和无害化的原则。

任何单位和个人都应当采取措施,减少固体废物的产生量,促进固体废物的综合利用,降低固体废物的危害性。

第五条 固体废物污染环境防治坚持污染担责的原则。

产生、收集、贮存、运输、利用、处置固体废物的单位和个人,应当采取措施,防止或者减少固体废物对环境的污染,对所造成的环境污染依法承担责任。

第六条 国家推行生活垃圾分类制度。

生活垃圾分类坚持政府推动、全民参与、城乡统筹、因地制宜、简便易行的原则。

第十一条 国家机关、社会团体、企业事业单位、基层群众性自治组织和新闻媒体应当加强固体废物污染环境防治宣传教育和科学普及,增强公众固体废物污染环境防治意识。

学校应当开展生活垃圾分类以及其他固体废物污染环境防治知识普及和教育。

第二章 监督管理

第二十一条 在生态保护红线区域、永久基本农田集中区域和其他需要特别保护的区域内,禁止建设工业固体废物、危险废物集中贮存、利用、处置的设施、场所和生活垃圾填埋场。

第三十条 县级以上人民政府应当将工业固体废物、生活垃圾、危险废物等固体废物污染环境防治情况纳入环境状况和环境保护目标完成情况年度报告，向本级人民代表大会或者人民代表大会常务委员会报告。

第四章 生活垃圾

第四十三条 县级以上地方人民政府应当加快建立分类投放、分类收集、分类运输、分类处理的生活垃圾管理系统，实现生活垃圾分类制度有效覆盖。

县级以上地方人民政府应当建立生活垃圾分类工作协调机制，加强和统筹生活垃圾分类管理能力建设。

各级人民政府及其有关部门应当组织开展生活垃圾分类宣传，教育引导公众养成生活垃圾分类习惯，督促和指导生活垃圾分类工作。

第四十四条 县级以上地方人民政府应当有计划地改进燃料结构，发展清洁能源，减少燃料废渣等固体废物的产生量。

县级以上地方人民政府有关部门应当加强产品生产和流通过程管理，避免过度包装，组织净菜上市，减少生活垃圾的产生量。

第四十五条 县级以上人民政府应当统筹安排建设城乡生活垃圾收集、运输、处理设施，确定设施厂址，提高生活垃圾的综合利用和无害化处置水平，促进生活垃圾收集、处理的产业化发展，逐步建立和完善生活垃圾污染环境防治的社会服务体系。

县级以上地方人民政府有关部门应当统筹规划，合理安排回收、分拣、打包网点，促进生活垃圾的回收利用工作。

第四十六条 地方各级人民政府应当加强农村生活垃圾

污染环境的防治，保护和改善农村人居环境。

国家鼓励农村生活垃圾源头减量。城乡结合部、人口密集的农村地区和其他有条件的地方，应当建立城乡一体的生活垃圾管理系统；其他农村地区应当积极探索生活垃圾管理模式，因地制宜，就近就地利用或者妥善处理生活垃圾。

第四十七条 设区的市级以上人民政府环境卫生主管部门应当制定生活垃圾清扫、收集、贮存、运输和处理设施、场所建设运行规范，发布生活垃圾分类指导目录，加强监督管理。

第四十八条 县级以上地方人民政府环境卫生等主管部门应当组织对城乡生活垃圾进行清扫、收集、运输和处理，可以通过招标等方式选择具备条件的单位从事生活垃圾的清扫、收集、运输和处理。

第四十九条 产生生活垃圾的单位、家庭和个人应当依法履行生活垃圾源头减量和分类投放义务，承担生活垃圾产生者责任。

任何单位和个人都应当依法在指定的地点分类投放生活垃圾。禁止随意倾倒、抛撒、堆放或者焚烧生活垃圾。

机关、事业单位等应当在生活垃圾分类工作中起示范带头作用。

已经分类投放的生活垃圾，应当按照规定分类收集、分类运输、分类处理。

第五十条 清扫、收集、运输、处理城乡生活垃圾，应当遵守国家有关环境保护和环境卫生管理的规定，防止污染环境。

从生活垃圾中分类并集中收集的有害垃圾，属于危险废物的，应当按照危险废物管理。

第五十一条 从事公共交通运输的经营单位,应当及时清扫、收集运输过程中产生的生活垃圾。

第五十二条 农贸市场、农产品批发市场等应当加强环境卫生管理,保持环境卫生清洁,对所产生的垃圾及时清扫、分类收集、妥善处理。

第五十三条 从事城市新区开发、旧区改建和住宅小区开发建设、村镇建设的单位,以及机场、码头、车站、公园、商场、体育场馆等公共设施、场所的经营管理单位,应当按照国家有关环境卫生的规定,配套建设生活垃圾收集设施。

县级以上地方人民政府应当统筹生活垃圾公共转运、处理设施与前款规定的收集设施的有效衔接,并加强生活垃圾分类收运体系和再生资源回收体系在规划、建设、运营等方面的融合。

第五十四条 从生活垃圾中回收的物质应当按照国家规定的用途、标准使用,不得用于生产可能危害人体健康的产品。

第五十五条 建设生活垃圾处理设施、场所,应当符合国务院生态环境主管部门和国务院住房城乡建设主管部门规定的环境保护和环境卫生标准。

鼓励相邻地区统筹生活垃圾处理设施建设,促进生活垃圾处理设施跨行政区域共建共享。

禁止擅自关闭、闲置或者拆除生活垃圾处理设施、场所;确有必要关闭、闲置或者拆除的,应当经所在地的市、县级人民政府环境卫生主管部门商所在地生态环境主管部门同意后核准,并采取防止污染环境的措施。

第五十六条 生活垃圾处理单位应当按照国家有关规

定，安装使用监测设备，实时监测污染物的排放情况，将污染排放数据实时公开。监测设备应当与所在地生态环境主管部门的监控设备联网。

第五十七条 县级以上地方人民政府环境卫生主管部门负责组织开展厨余垃圾资源化、无害化处理工作。

产生、收集厨余垃圾的单位和其他生产经营者，应当将厨余垃圾交由具备相应资质条件的单位进行无害化处理。

禁止畜禽养殖场、养殖小区利用未经无害化处理的厨余垃圾饲喂畜禽。

第五十八条 县级以上地方人民政府应当按照产生者付费原则，建立生活垃圾处理收费制度。

县级以上地方人民政府制定生活垃圾处理收费标准，应当根据本地实际，结合生活垃圾分类情况，体现分类计价、计量收费等差别化管理，并充分征求公众意见。生活垃圾处理收费标准应当向社会公布。

生活垃圾处理费应当专项用于生活垃圾的收集、运输和处理等，不得挪作他用。

第五十九条 省、自治区、直辖市和设区的市、自治州可以结合实际，制定本地方生活垃圾具体管理办法。

第五章 建筑垃圾、农业固体废物等

第七十条 旅游、住宿等行业应当按照国家有关规定推行不主动提供一次性用品。

机关、企业事业单位等的办公场所应当使用有利于保护环境的产品、设备和设施，减少使用一次性办公用品。

第七章　保 障 措 施

第九十二条　国务院有关部门、县级以上地方人民政府及其有关部门在编制国土空间规划和相关专项规划时，应当统筹生活垃圾、建筑垃圾、危险废物等固体废物转运、集中处置等设施建设需求，保障转运、集中处置等设施用地。

第九十五条　各级人民政府应当加强固体废物污染环境的防治，按照事权划分的原则安排必要的资金用于下列事项：

（一）固体废物污染环境防治的科学研究、技术开发；

（二）生活垃圾分类；

（三）固体废物集中处置设施建设；

（四）重大传染病疫情等突发事件产生的医疗废物等危险废物应急处置；

（五）涉及固体废物污染环境防治的其他事项。

使用资金应当加强绩效管理和审计监督，确保资金使用效益。

第一百条　国家鼓励单位和个人购买、使用综合利用产品和可重复使用产品。

县级以上人民政府及其有关部门在政府采购过程中，应当优先采购综合利用产品和可重复使用产品。

第八章　法 律 责 任

第一百零二条　违反本法规定，有下列行为之一，由生态环境主管部门责令改正，处以罚款，没收违法所得；情节严重的，报经有批准权的人民政府批准，可以责令停业或者关闭：

（一）产生、收集、贮存、运输、利用、处置固体废物的单位未依法及时公开固体废物污染环境防治信息的；

（二）生活垃圾处理单位未按照国家有关规定安装使用监测设备、实时监测污染物的排放情况并公开污染排放数据的；

（三）将列入限期淘汰名录被淘汰的设备转让给他人使用的；

（四）在生态保护红线区域、永久基本农田集中区域和其他需要特别保护的区域内，建设工业固体废物、危险废物集中贮存、利用、处置的设施、场所和生活垃圾填埋场的；

（五）转移固体废物出省、自治区、直辖市行政区域贮存、处置未经批准的；

（六）转移固体废物出省、自治区、直辖市行政区域利用未报备案的；

（七）擅自倾倒、堆放、丢弃、遗撒工业固体废物，或者未采取相应防范措施，造成工业固体废物扬散、流失、渗漏或者其他环境污染的；

（八）产生工业固体废物的单位未建立固体废物管理台账并如实记录的；

（九）产生工业固体废物的单位违反本法规定委托他人运输、利用、处置工业固体废物的；

（十）贮存工业固体废物未采取符合国家环境保护标准的防护措施的；

（十一）单位和其他生产经营者违反固体废物管理其他要求，污染环境、破坏生态的。

有前款第一项、第八项行为之一，处五万元以上二十万元以下的罚款；有前款第二项、第三项、第四项、第五项、第六项、第九项、第十项、第十一项行为之一，处十万元以上一百万元以下的罚款;有前款第七项行为,处所需处置费用一倍以上三倍以下的罚款,所需处置费用不足十万元的,按十万元计算。对前款第十一项行为的处罚,有关法律、行政法规另有规定的,适用其规定。

第一百一十一条 违反本法规定,有下列行为之一,由县级以上地方人民政府环境卫生主管部门责令改正,处以罚款,没收违法所得:

(一)随意倾倒、抛撒、堆放或者焚烧生活垃圾的;

(二)擅自关闭、闲置或者拆除生活垃圾处理设施、场所的;

(三)工程施工单位未编制建筑垃圾处理方案报备案,或者未及时清运施工过程中产生的固体废物的;

(四)工程施工单位擅自倾倒、抛撒或者堆放工程施工过程中产生的建筑垃圾,或者未按照规定对施工过程中产生的固体废物进行利用或者处置的;

(五)产生、收集厨余垃圾的单位和其他生产经营者未将厨余垃圾交由具备相应资质条件的单位进行无害化处理的;

(六)畜禽养殖场、养殖小区利用未经无害化处理的厨余垃圾饲喂畜禽的;

(七)在运输过程中沿途丢弃、遗撒生活垃圾的。

单位有前款第一项、第七项行为之一,处五万元以上五十万元以下的罚款;单位有前款第二项、第三项、第四项、第五项、第六项行为之一,处十万元以上一百万元以下的罚款;个人有前款第一项、第五项、第七项行为之一,处一百元以上五百元以下的罚款。

违反本法规定,未在指定的地点分类投放生活垃圾的,由县级以上地方人民政府环境卫生主管部门责令改正；情节严重的，对单位处五万元以上五十万元以下的罚款，对个人依法处以罚款。

第九章　附　　则

第一百二十四条　本法下列用语的含义：

（一）固体废物，是指在生产、生活和其他活动中产生的丧失原有利用价值或者虽未丧失利用价值但被抛弃或者放弃的固态、半固态和置于容器中的气态的物品、物质以及法律、行政法规规定纳入固体废物管理的物品、物质。经无害化加工处理，并且符合强制性国家产品质量标准，不会危害公众健康和生态安全，或者根据固体废物鉴别标准和鉴别程序认定为不属于固体废物的除外。

（二）工业固体废物，是指在工业生产活动中产生的固体废物。

（三）生活垃圾，是指在日常生活中或者为日常生活提供服务的活动中产生的固体废物，以及法律、行政法规规定视为生活垃圾的固体废物。

（四）建筑垃圾，是指建设单位、施工单位新建、改建、扩建和拆除各类建筑物、构筑物、管网等，以及居民装饰装修房屋过程中产生的弃土、弃料和其他固体废物。

（五）农业固体废物，是指在农业生产活动中产生的固体废物。

（六）危险废物，是指列入国家危险废物名录或者根据国家规定的危险废物鉴别标准和鉴别方法认定的具有危险特性的固体废物。

（七）贮存，是指将固体废物临时置于特定设施或者场所中的活动。

（八）利用，是指从固体废物中提取物质作为原材料或者燃料的活动。

（九）处置，是指将固体废物焚烧和用其他改变固体废物的物理、化学、生物特性的方法，达到减少已产生的固体废物数量、缩小固体废物体积、减少或者消除其危险成分的活动，或者将固体废物最终置于符合环境保护规定要求的填埋场的活动。

第一百二十五条 液态废物的污染防治，适用本法；但是，排入水体的废水的污染防治适用有关法律，不适用本法。

第一百二十六条 本法自2020年9月1日起施行。

（二）行政法规

城市市容和环境卫生管理条例(节选)

（1992 年 5 月 20 日国务院第 104 次常务会议通过，1992 年 6 月 28 日中华人民共和国国务院令第 101 号发布，自 1992 年 8 月 1 日起施行。根据 2010 年 12 月 29 日国务院第 138 次常务会议通过的《国务院关于废止和修改部分行政法规的决定》第一次修正，根据 2017 年 3 月 1 日《国务院关于废止和修改部分行政法规的决定》第二次修正）

第一章　总　　则

第一条　为了加强城市市容和环境卫生管理，创造清洁、优美的城市工作、生活环境，促进城市社会主义物质文明和精神文明建设，制定本条例。

第五条　城市人民政府应当把城市市容和环境卫生事业纳入国民经济和社会发展计划，并组织实施。

城市人民政府应当结合本地的实际情况，积极推行环境卫生用工制度的改革，并采取措施，逐步提高环境卫生工作人员的工资福利待遇。

第七条　国家鼓励城市市容和环境卫生的科学技术研究，推广先进技术，提高城市市容和环境卫生水平。

第八条　对在城市市容和环境卫生工作中成绩显著的单位和个人，由人民政府给予奖励。

第三章　城市环境卫生管理

第十八条　城市中的环境卫生设施，应当符合国家规定的城市环境卫生标准。

第十九条　城市人民政府在进行城市新区开发或者旧区改造时，应当依照国家有关规定，建设生活废弃物的清扫、收集、运输和处理等环境卫生设施，所需经费应当纳入建设工程概算。

第二十条　城市人民政府市容环境卫生行政主管部门，应当根据城市居住人口密度和流动人口数量以及公共场所等特定地区的需要，制定公共厕所建设规划，并按照规定的标准，建设、改造或者支持有关单位建设、改造公共厕所。

城市人民政府市容环境卫生行政主管部门，应当配备专业人员或者委托有关单位和个人负责公共厕所的保洁和管理；有关单位和个人也可以承包公共厕所的保洁和管理。公共厕所的管理者可以适当收费，具体办法由省、自治区、直辖市人民政府制定。

对不符合规定标准的公共厕所，城市人民政府应当责令有关单位限期改造。

公共厕所的粪便应当排入贮（化）粪池或者城市污水系统。

第二十一条　多层和高层建筑应当设置封闭式垃圾通道或者垃圾贮存设施，并修建清运车辆通道。

城市街道两侧、居住区或者人流密集地区，应当设置封闭式垃圾容器、果皮箱等设施。

第二十二条　一切单位和个人都不得擅自拆除环境卫生

设施；因建设需要必须拆除的，建设单位必须事先提出拆迁方案，报城市人民政府市容环境卫生行政主管部门批准。

第二十三条 按国家行政建制设立的市的主要街道、广场和公共水域的环境卫生，由环境卫生专业单位负责。

居住区、街巷等地方，由街道办事处负责组织专人清扫保洁。

第二十四条 飞机场、火车站、公共汽车始末站、港口、影剧院、博物馆、展览馆、纪念馆、体育馆（场）和公园等公共场所，由本单位负责清扫保洁。

第二十五条 机关、团体、部队、企事业单位，应当按照城市人民政府市容环境卫生行政主管部门划分的卫生责任区负责清扫保洁。

第二十六条 城市集贸市场，由主管部门负责组织专人清扫保洁。

各种摊点，由从业者负责清扫保洁。

第二十七条 城市港口客货码头作业范围内的水面，由港口客货码头经营单位责成作业者清理保洁。

在市区水域行驶或者停泊的各类船舶上的垃圾、粪便，由船上负责人依照规定处理。

第二十八条 城市人民政府市容环境卫生行政主管部门对城市生活废弃物的收集、运输和处理实施监督管理。

一切单位和个人，都应当依照城市人民政府市容环境卫生行政主管部门规定的时间、地点、方式，倾倒垃圾、粪便。

对垃圾、粪便应当及时清运，并逐步做到垃圾、粪便的无害化处理和综合利用。

对城市生活废弃物应当逐步做到分类收集、运输和处理。

第二十九条 环境卫生管理应当逐步实行社会化服务。有条件的城市,可以成立环境卫生服务公司。

凡委托环境卫生专业单位清扫、收集、运输和处理废弃物的,应当交纳服务费。具体办法由省、自治区、直辖市人民政府制定。

第三十条 城市人民政府应当有计划地发展城市煤气、天然气、液化气,改变燃料结构;鼓励和支持有关部门组织净菜进城和回收利用废旧物资,减少城市垃圾。

第三十一条 医院、疗养院、屠宰场、生物制品厂产生的废弃物,必须依照有关规定处理。

第三十二条 公民应当爱护公共卫生环境,不随地吐痰、便溺,不乱扔果皮、纸屑和烟头等废弃物。

第三十三条 按国家行政建制设立的市的市区内,禁止饲养鸡、鸭、鹅、兔、羊、猪等家畜家禽;因教学、科研以及其他特殊需要饲养的除外。

第四章 罚 则

第三十四条 有下列行为之一者,城市人民政府市容环境卫生行政主管部门或者其委托的单位除责令其纠正违法行为、采取补救措施外,可以并处警告、罚款:

(一) 随地吐痰、便溺,乱扔果皮、纸屑和烟头等废弃物的;

(二) 在城市建筑物、设施以及树木上涂写、刻画或者未经批准张挂、张贴宣传品等的;

(三) 在城市人民政府规定的街道的临街建筑物的阳台和窗外,堆放、吊挂有碍市容的物品的;

(四) 不按规定的时间、地点、方式,倾倒垃圾、粪便的;

（五）不履行卫生责任区清扫保洁义务或者不按规定清运、处理垃圾和粪便的；

（六）运输液体、散装货物不作密封、包扎、覆盖，造成泄漏、遗撒的；

（七）临街工地不设置护栏或者不作遮挡、停工场地不及时整理并作必要覆盖或者竣工后不及时清理和平整场地，影响市容和环境卫生的。

第四十五条 本条例自 1992 年 8 月 1 日起施行。

（三）国务院文件

国务院办公厅关于转发
国家发展改革委、住房城乡建设部
生活垃圾分类制度实施方案的通知

国办发〔2017〕26 号

各省、自治区、直辖市人民政府，国务院各部委、各直属机构：

国家发展改革委、住房城乡建设部《生活垃圾分类制度实施方案》已经国务院同意，现转发给你们，请认真贯彻执行。

国务院办公厅

2017 年 3 月 18 日

生活垃圾分类制度实施方案

国家发展改革委　住房城乡建设部

随着经济社会发展和物质消费水平大幅提高，我国生活垃圾产生量迅速增长，环境隐患日益突出，已经成为新型城镇化发展的制约因素。遵循减量化、资源化、无害化的原则，实施生活垃圾分类，可以有效改善城乡环境，促进资源回收利用，加快“两型社会”建设，提高新型城镇化质量和生态文明建

设水平。为切实推动生活垃圾分类，根据党中央、国务院有关工作部署，特制定以下方案。

一、总体要求

（一）指导思想

全面贯彻党的十八大和十八届三中、四中、五中、六中全会精神，深入贯彻习近平总书记系列重要讲话精神和治国理政新理念新思想新战略，统筹推进“五位一体”总体布局和协调推进“四个全面”战略布局，牢固树立和贯彻落实创新、协调、绿色、开放、共享的发展理念，加快建立分类投放、分类收集、分类运输、分类处理的垃圾处理系统，形成以法治为基础、政府推动、全民参与、城乡统筹、因地制宜的垃圾分类制度，努力提高垃圾分类制度覆盖范围，将生活垃圾分类作为推进绿色发展的重要举措，不断完善城市管理和服务，创造优良的人居环境。

（二）基本原则

政府推动，全民参与。落实城市人民政府主体责任，强化公共机构和企业示范带头作用，引导居民逐步养成主动分类的习惯，形成全社会共同参与垃圾分类的良好氛围。

因地制宜，循序渐进。综合考虑各地气候特征、发展水平、生活习惯、垃圾成分等方面实际情况，合理确定实施路径，有序推进生活垃圾分类。

完善机制，创新发展。充分发挥市场作用，形成有效的激励约束机制。完善相关法律法规标准，加强技术创新，利用信息化手段提高垃圾分类效率。

协同推进，有效衔接。加强垃圾分类收集、运输、资源化利用和终端处置等环节的衔接,形成统一完整、能力适应、协同高效的全过程运行系统。

(三) 主要目标

到2020年底,基本建立垃圾分类相关法律法规和标准体系,形成可复制、可推广的生活垃圾分类模式,在实施生活垃圾强制分类的城市,生活垃圾回收利用率达到35%以上。

二、部分范围内先行实施生活垃圾强制分类

(一) 实施区域。2020年底前,在以下重点城市的城区范围内先行实施生活垃圾强制分类。

1. 直辖市、省会城市和计划单列市。

2. 住房城乡建设部等部门确定的第一批生活垃圾分类示范城市,包括:河北省邯郸市、江苏省苏州市、安徽省铜陵市、江西省宜春市、山东省泰安市、湖北省宜昌市、四川省广元市、四川省德阳市、西藏自治区日喀则市、陕西省咸阳市。

3. 鼓励各省(区)结合实际,选择本地区具备条件的城市实施生活垃圾强制分类,国家生态文明试验区、各地新城新区应率先实施生活垃圾强制分类。

(二) 主体范围。上述区域内的以下主体,负责对其产生的生活垃圾进行分类。

1. 公共机构。包括党政机关,学校、科研、文化、出版、广播电视等事业单位,协会、学会、联合会等社团组织,车站、机场、码头、体育场馆、演出场馆等公共场所管理单位。

2. 相关企业。包括宾馆、饭店、购物中心、超市、专业市场、农贸市场、农产品批发市场、商铺、商用写字楼等。

(三) 强制分类要求。实施生活垃圾强制分类的城市要结

合本地实际,于2017年底前制定出台办法,细化垃圾分类类别、品种、投放、收运、处置等方面要求;其中,必须将有害垃圾作为强制分类的类别之一,同时参照生活垃圾分类及其评价标准,再选择确定易腐垃圾、可回收物等强制分类的类别。未纳入分类的垃圾按现行办法处理。

1. 有害垃圾

(1) 主要品种。包括:废电池(镉镍电池、氧化汞电池、铅蓄电池等),废荧光灯管(日光灯管、节能灯等),废温度计,废血压计,废药品及其包装物,废油漆、溶剂及其包装物,废杀虫剂、消毒剂及其包装物,废胶片及废相纸等。

(2) 投放暂存。按照便利、快捷、安全原则,设立专门场所或容器,对不同品种的有害垃圾进行分类投放、收集、暂存,并在醒目位置设置有害垃圾标志。对列入《国家危险废物名录》(环境保护部令第39号)的品种,应按要求设置临时贮存场所。

(3) 收运处置。根据有害垃圾的品种和产生数量,合理确定或约定收运频率。危险废物运输、处置应符合国家有关规定。鼓励骨干环保企业全过程统筹实施垃圾分类、收集、运输和处置;尚无终端处置设施的城市,应尽快建设完善。

2. 易腐垃圾

(1) 主要品种。包括:相关单位食堂、宾馆、饭店等产生的餐厨垃圾,农贸市场、农产品批发市场产生的蔬菜瓜果垃圾、腐肉、肉碎骨、蛋壳、畜禽产品内脏等。

(2) 投放暂存。设置专门容器单独投放,除农贸市场、农产品批发市场可设置敞开式容器外,其他场所原则上应采用密闭容器存放。餐厨垃圾可由专人清理,避免混入废餐具、塑料、饮料瓶罐、废纸等不利于后续处理的杂质,并做到"日产日清”。按规定建立台账制度(农贸市场、农产品批发市场除外),记录易腐垃圾的种类、数量、去向等。

(3) 收运处置。易腐垃圾应采用密闭专用车辆运送至专业单位处理,运输过程中应加强对泄露、遗撒和臭气的控制。相关部门要加强对餐厨垃圾运输、处理的监控。

3. 可回收物

(1) 主要品种。包括:废纸,废塑料,废金属,废包装物,废旧纺织物,废弃电器电子产品,废玻璃,废纸塑铝复合包装等。

(2) 投放暂存。根据可回收物的产生数量,设置容器或临时存储空间,实现单独分类、定点投放,必要时可设专人分拣打包。

(3) 收运处置。可回收物产生主体可自行运送,也可联系再生资源回收利用企业上门收集,进行资源化处理。

三、引导居民自觉开展生活垃圾分类

城市人民政府可结合实际制定居民生活垃圾分类指南,引导居民自觉、科学地开展生活垃圾分类。前述对有关单位和企业实施生活垃圾强制分类的城市,应选择不同类型的社区开展居民生活垃圾强制分类示范试点,并根据试点情况完善地方性法规,逐步扩大生活垃圾强制分类的实施范围。本方案发布前已制定地方性法规、对居民生活垃圾分类提出强制要求的,从其规定。

(一) 单独投放有害垃圾。居民社区应通过设立宣传栏、垃圾分类督导员等方式,引导居民单独投放有害垃圾。针对家庭源有害垃圾数量少、投放频次低等特点,可在社区设立固定回收点或设置专门容器分类收集、独立储存有害垃圾,由居民自行定时投放,社区居委会、物业公司等负责管理,并委托专业单位定时集中收运。

(二)**分类投放其他生活垃圾**。根据本地实际情况,采取灵活多样、简便易行的分类方法。引导居民将"湿垃圾"(滤出水分后的厨余垃圾)与"干垃圾"分类收集、分类投放。有条件的地方可在居民社区设置专门设施对"湿垃圾"就地处理,或由环卫部门、专业企业采用专用车辆运至餐厨垃圾处理场所,做到"日产日清"。鼓励居民和社区对"干垃圾"深入分类,将可回收物交由再生资源回收利用企业收运和处置。有条件的地区可探索采取定时定点分类收运方式,引导居民将分类后的垃圾直接投入收运车辆,逐步减少固定垃圾桶。

四、加强生活垃圾分类配套体系建设

(一)**建立与分类品种相配套的收运体系**。完善垃圾分类相关标志,配备标志清晰的分类收集容器。改造城区内的垃圾房、转运站、压缩站等,适应和满足生活垃圾分类要求。更新老旧垃圾运输车辆,配备满足垃圾分类清运需求、密封性好、标志明显、节能环保的专用收运车辆。鼓励采用"车载桶装"等收运方式,避免垃圾分类投放后重新混合收运。建立符合环保要求、与分类需求相匹配的有害垃圾收运系统。

(二)**建立与再生资源利用相协调的回收体系**。健全再生资源回收利用网络,合理布局布点,提高建设标准,清理取缔违法占道、私搭乱建、不符合环境卫生要求的违规站点。推进垃圾收运系统与再生资源回收利用系统的衔接,建设兼具垃圾分类与再生资源回收功能的交投点和中转站。鼓励在公共机构、社区、企业等场所设置专门的分类回收设施。建立再生资源回收利用信息化平台,提供回收种类、交易价格、回收方式等信息。

(三) 完善与垃圾分类相衔接的终端处理设施。加快危险废物处理设施建设,建立健全非工业源有害垃圾收运处理系统,确保分类后的有害垃圾得到安全处置。鼓励利用易腐垃圾生产工业油脂、生物柴油、饲料添加剂、土壤调理剂、沼气等,或与秸秆、粪便、污泥等联合处置。已开展餐厨垃圾处理试点的城市,要在稳定运营的基础上推动区域全覆盖。尚未建成餐厨(厨余)垃圾处理设施的城市,可暂不要求居民对厨余"湿垃圾"单独分类。严厉打击和防范"地沟油"生产流通。严禁将城镇生活垃圾直接用作肥料。加快培育大型龙头企业,推动再生资源规范化、专业化、清洁化处理和高值化利用。鼓励回收利用企业将再生资源送钢铁、有色、造纸、塑料加工等企业实现安全、环保利用。

(四) 探索建立垃圾协同处置利用基地。统筹规划建设生活垃圾终端处理利用设施,积极探索建立集垃圾焚烧、餐厨垃圾资源化利用、再生资源回收利用、垃圾填埋、有害垃圾处置于一体的生活垃圾协同处置利用基地,安全化、清洁化、集约化、高效化配置相关设施,促进基地内各类基础设施共建共享,实现垃圾分类处理、资源利用、废物处置的无缝高效衔接,提高土地资源节约集约利用水平,缓解生态环境压力,降低"邻避"效应和社会稳定风险。

五、强化组织领导和工作保障

(一) 加强组织领导。省级人民政府、国务院有关部门要加强对生活垃圾分类工作的指导,在生态文明先行示范区、卫生城市、环境保护模范城市、园林城市和全域旅游示范区等创建活动中，逐步将垃圾分类实施情况列为考核指标；因地制宜探索农村生活垃圾分类模式。实施生活垃圾强制分类的城市人民政府要切实承担主体责任，建立协调机制，研究解决重大问题，分工负责推进相关工作；要加强对生活垃圾强制分类实施情况的监督检查和工作考核，向社会公布考核结果，对不按要求进行分类的依法予以处罚。

（二）健全法律法规。加快完善生活垃圾分类方面的法律制度，推动相关城市出台地方性法规、规章，明确生活垃圾强制分类要求，依法推进生活垃圾强制分类。发布生活垃圾分类指导目录。完善生活垃圾分类及站点建设相关标准。

（三）完善支持政策。按照污染者付费原则，完善垃圾处理收费制度。发挥中央基建投资引导带动作用，采取投资补助、贷款贴息等方式，支持相关城市建设生活垃圾分类收运处理设施。严格落实国家对资源综合利用的税收优惠政策。地方财政应对垃圾分类收运处理系统的建设运行予以支持。

（四）创新体制机制。鼓励社会资本参与生活垃圾分类收集、运输和处理。积极探索特许经营、承包经营、租赁经营等方式，通过公开招标引入专业化服务公司。加快城市智慧环卫系统研发和建设，通过“互联网＋”等模式促进垃圾分类回收系统线上平台与线下物流实体相结合。逐步将生活垃圾强制分类主体纳入环境信用体系。推动建设一批以企业为主导的生活垃圾资源化产业技术创新战略联盟及技术研发基地，提升分类回收和处理水平。通过建立居民“绿色账户”、“环保档案”等方式，对正确分类投放垃圾的居民给予可兑换积分奖励。探索“社工＋志愿者”等模式，推动企业和社会组织开展垃圾分类服务。

（五）动员社会参与。树立垃圾分类、人人有责的环保理念，积极开展多种形式的宣传教育，普及垃圾分类知识，引导公众从身边做起、从点滴做起。强化国民教育，着力提高全体学生的垃圾分类和资源环境意识。加快生活垃圾分类示范教育基地建设，开展垃圾分类收集专业知识和技能培训。建立垃圾分类督导员及志愿者队伍，引导公众分类投放。充分发挥新闻媒体的作用，报道垃圾分类工作实施情况和典型经验，形成良好社会舆论氛围。

（四）国家部委文件

城市生活垃圾管理办法

（2007年4月28日建设部令第157号公布　根据2015年5月4日中华人民共和国住房和城乡建设部令第24号《住房和城乡建设部关于修改〈房地产开发企业资质管理规定〉等部门规章的决定》修正）

第一章　总　　则

第一条　为了加强城市生活垃圾管理，改善城市市容和环境卫生，根据《中华人民共和国固体废物污染环境防治法》、《城市市容和环境卫生管理条例》等法律、行政法规，制定本办法。

第二条　本办法适用于中华人民共和国境内城市生活垃圾的清扫、收集、运输、处置及相关管理活动。

第三条　城市生活垃圾的治理，实行减量化、资源化、无害化和谁产生、谁依法负责的原则。

国家采取有利于城市生活垃圾综合利用的经济、技术政策和措施，提高城市生活垃圾治理的科学技术水平，鼓励对城市生活垃圾实行充分回收和合理利用。

第四条　产生城市生活垃圾的单位和个人，应当按照城市人民政府确定的生活垃圾处理费收费标准和有关规定缴纳城市生活垃圾处理费。

城市生活垃圾处理费应当专项用于城市生活垃圾收集、运输和处置，严禁挪作他用。

第五条 国务院建设主管部门负责全国城市生活垃圾管理工作。

省、自治区人民政府建设主管部门负责本行政区域内城市生活垃圾管理工作。

直辖市、市、县人民政府建设（环境卫生）主管部门负责本行政区域内城市生活垃圾的管理工作。

第六条 任何单位和个人都应当遵守城市生活垃圾管理的有关规定，并有权对违反本办法的单位和个人进行检举和控告。

第二章　治理规划与设施建设

第七条 直辖市、市、县人民政府建设（环境卫生）主管部门应当会同城市规划等有关部门，依据城市总体规划和本地区国民经济和社会发展计划等，制定城市生活垃圾治理规划，统筹安排城市生活垃圾收集、处置设施的布局、用地和规模。

制定城市生活垃圾治理规划，应当广泛征求公众意见。

第八条 城市生活垃圾收集、处置设施用地应当纳入城市黄线保护范围，任何单位和个人不得擅自占用或者改变其用途。

第九条 城市生活垃圾收集、处置设施建设，应当符合城市生活垃圾治理规划和国家有关技术标准。

第十条 从事新区开发、旧区改建和住宅小区开发建设的单位，以及机场、码头、车站、公园、商店等公共设施、场所的经营管理单位，应当按照城市生活垃圾治理规划和环境卫生设施的设置标准,配套建设城市生活垃圾收集设施。

第十一条 城市生活垃圾收集、处置设施工程建设的勘察、设计、施工和监理,应当严格执行国家有关法律、法规和技术标准。

第十二条 城市生活垃圾收集、处置设施工程竣工后,建设单位应当依法组织竣工验收,并在竣工验收后三个月内,依法向当地人民政府建设主管部门和环境卫生主管部门报送建设工程项目档案。未经验收或者验收不合格的,不得交付使用。

第十三条 任何单位和个人不得擅自关闭、闲置或者拆除城市生活垃圾处置设施、场所;确有必要关闭、闲置或者拆除的,必须经所在地县级以上地方人民政府建设(环境卫生)主管部门和环境保护主管部门核准,并采取措施,防止污染环境。

第十四条 申请关闭、闲置或者拆除城市生活垃圾处置设施、场所的,应当提交以下材料:

(一) 书面申请;

(二) 权属关系证明材料;

(三) 丧失使用功能或其使用功能被其他设施替代的证明;

(四) 防止环境污染的方案;

(五) 拟关闭、闲置或者拆除设施的现状图及拆除方案;

(六) 拟新建设施设计图;

(七) 因实施城市规划需要闲置、关闭或者拆除的,还应当提供规划、建设主管部门的批准文件。

第三章　清扫、收集、运输

第十五条　城市生活垃圾应当逐步实行分类投放、收集和运输。具体办法，由直辖市、市、县人民政府建设（环境卫生）主管部门根据国家标准和本地区实际制定。

第十六条　单位和个人应当按照规定的地点、时间等要求，将生活垃圾投放到指定的垃圾容器或者收集场所。废旧家具等大件垃圾应当按规定时间投放在指定的收集场所。

城市生活垃圾实行分类收集的地区，单位和个人应当按照规定的分类要求，将生活垃圾装入相应的垃圾袋内，投入指定的垃圾容器或者收集场所。

宾馆、饭店、餐馆以及机关、院校等单位应当按照规定单独收集、存放本单位产生的餐厨垃圾，并交符合本办法要求的城市生活垃圾收集、运输企业运至规定的城市生活垃圾处理场所。

禁止随意倾倒、抛洒或者堆放城市生活垃圾。

第十七条　从事城市生活垃圾经营性清扫、收集、运输的企业，应当取得城市生活垃圾经营性清扫、收集、运输服务许可证。

未取得城市生活垃圾经营性清扫、收集、运输服务许可证的企业，不得从事城市生活垃圾经营性清扫、收集、运输活动。

第十八条　直辖市、市、县建设（环境卫生）主管部门应当通过招投标等公平竞争方式作出城市生活垃圾经营性清扫、收集、运输许可的决定，向中标人颁发城市生活垃圾经营性清扫、收集、运输服务许可证。

直辖市、市、县建设（环境卫生）主管部门应当与中标人签订城市生活垃圾清扫、收集、运输经营协议。

城市生活垃圾清扫、收集、运输经营协议应当明确约定经营期限、服务标准等内容，作为城市生活垃圾清扫、收集、运输服务许可证的附件。

第十九条 从事城市生活垃圾经营性清扫、收集、运输服务的企业，应当具备以下条件：

（一）机械清扫能力达到总清扫能力的20%以上，机械清扫车辆包括洒水车和清扫保洁车辆。机械清扫车辆应当具有自动洒水、防尘、防遗撒、安全警示功能，安装车辆行驶及清扫过程记录仪；

（二）垃圾收集应当采用全密闭运输工具，并应当具有分类收集功能；

（三）垃圾运输应当采用全密闭自动卸载车辆或船只，具有防臭味扩散、防遗撒、防渗沥液滴漏功能，安装行驶及装卸记录仪；

（四）具有健全的技术、质量、安全和监测管理制度并得到有效执行；

（五）具有合法的道路运输经营许可证、车辆行驶证；

（六）具有固定的办公及机械、设备、车辆、船只停放场所。

第二十条 从事城市生活垃圾经营性清扫、收集、运输的企业应当履行以下义务：

（一）按照环境卫生作业标准和作业规范，在规定的时间内及时清扫、收运城市生活垃圾；

（二）将收集的城市生活垃圾运到直辖市、市、县人民政府建设（环境卫生）主管部门认可的处置场所；

（三）清扫、收运城市生活垃圾后，对生活垃圾收集设施及

时保洁、复位,清理作业场地,保持生活垃圾收集设施和周边环境的干净整洁;

(四) 用于收集、运输城市生活垃圾的车辆、船舶应当做到密闭、完好和整洁。

第二十一条 从事城市生活垃圾经营性清扫、收集、运输的企业,禁止实施下列行为:

(一) 任意倾倒、抛洒或者堆放城市生活垃圾;

(二) 擅自停业、歇业;

(三) 在运输过程中沿途丢弃、遗撒生活垃圾。

第二十二条 工业固体废弃物、危险废物应当按照国家有关规定单独收集、运输,严禁混入城市生活垃圾。

第四章 处 置

第二十三条 城市生活垃圾应当在城市生活垃圾转运站、处理厂(场)处置。

任何单位和个人不得任意处置城市生活垃圾。

第二十四条 城市生活垃圾处置所采用的技术、设备、材料,应当符合国家有关城市生活垃圾处理技术标准的要求,防止对环境造成污染。

第二十五条 从事城市生活垃圾经营性处置的企业,应当向所在地直辖市、市、县人民政府建设(环境卫生)主管部门取得城市生活垃圾经营性处置服务许可证。

未取得城市生活垃圾经营性处置服务许可证,不得从事城市生活垃圾经营性处置活动。

第二十六条 直辖市、市、县建设(环境卫生)主管部门应当通过招投标等公平竞争方式作出城市生活垃圾经营性处置许可的决定,向中标人颁发城市生活垃圾经营性处置服务许可证。

直辖市、市、县建设(环境卫生)主管部门应当与中标人签订城市生活垃圾处置经营协议,明确约定经营期限、服务标准等内容,并作为城市生活垃圾经营性处置服务许可证的附件。

第二十七条 从事城市生活垃圾经营性处置服务的企业,应当具备以下条件:

(一) 卫生填埋场、堆肥厂和焚烧厂的选址符合城乡规划,并取得规划许可文件;

(二) 采用的技术、工艺符合国家有关标准;

(三) 有至少5名具有初级以上专业技术职称的人员,其中包括环境工程、机械、环境监测等专业的技术人员。技术负责人具有5年以上垃圾处理工作经历,并具有中级以上专业技术职称;

(四) 具有完善的工艺运行、设备管理、环境监测与保护、财务管理、生产安全、计量统计等方面的管理制度并得到有效执行;

(五) 生活垃圾处理设施配备沼气检测仪器,配备环境监测设施如渗沥液监测井、尾气取样孔,安装在线监测系统等监测设备并与建设(环境卫生)主管部门联网;

(六) 具有完善的生活垃圾渗沥液、沼气的利用和处理技术方案,卫生填埋场对不同垃圾进行分区填埋方案、生活垃圾处理的渗沥液、沼气、焚烧烟气、残渣等处理残余物达标处理排放方案;

(七) 有控制污染和突发事件的预案。

第二十八条 从事城市生活垃圾经营性处置的企业应当

履行以下义务：

（一）严格按照国家有关规定和技术标准，处置城市生活垃圾；

（二）按照规定处理处置过程中产生的污水、废气、废渣、粉尘等，防止二次污染；

（三）按照所在地建设（环境卫生）主管部门规定的时间和要求接收生活垃圾；

（四）按照要求配备城市生活垃圾处置设备、设施，保证设施、设备运行良好；

（五）保证城市生活垃圾处置站、场（厂）环境整洁；

（六）按照要求配备合格的管理人员及操作人员；

（七）对每日收运、进出场站、处置的生活垃圾进行计量，按照要求将统计数据和报表报送所在地建设（环境卫生）主管部门；

（八）按照要求定期进行水、气、土壤等环境影响监测，对生活垃圾处理设施的性能和环保指标进行检测、评价，向所在地建设（环境卫生）主管部门报告检测、评价结果。

第五章　监 督 管 理

第二十九条　国务院建设主管部门和省、自治区人民政府建设主管部门应当建立健全监督管理制度，对本办法的执行情况进行监督检查。

直辖市、市、县人民政府建设（环境卫生）主管部门应当对本行政区域内城市生活垃圾经营性清扫、收集、运输、处置企业执行本办法的情况进行监督检查；根据需要，可以向城市生活垃圾经营性处置企业派驻监督员。

第三十条　直辖市、市、县人民政府建设(环境卫生)主管部门实施监督检查时,有权采取下列措施:

(一) 查阅复制有关文件和资料;

(二) 要求被检查的单位和个人就有关问题做出说明;

(三) 进入现场开展检查;

(四) 责令有关单位和个人改正违法行为。

有关单位和个人应当支持配合监督检查并提供工作方便,不得妨碍与阻挠监督检查人员依法执行职务。

第三十一条　直辖市、市、县人民政府建设(环境卫生)主管部门应当委托具有计量认证资格的机构,定期对城市生活垃圾处理场站的垃圾处置数量、质量和环境影响进行监测。

第三十二条　城市生活垃圾经营性清扫、收集、运输、处置服务许可有效期届满需要继续从事城市生活垃圾经营性清扫、收集、运输、处置活动的,应当在有效期届满30日前向原发证机关申请办理延续手续。准予延续的,直辖市、市、县建设(环境卫生)主管部门应当与城市生活垃圾经营性清扫、收集、运输、处置企业重新订立经营协议。

第三十三条　有下列情形之一的,可以依法撤销许可证书:

(一) 建设(环境卫生)主管部门工作人员滥用职权、玩忽职守作出准予城市生活垃圾清扫、收集、运输或者处置许可决定的;

(二) 超越法定职权作出准予城市生活垃圾清扫、收集、运输或者处置许可决定的;

(三) 违反法定程序作出准予城市生活垃圾清扫、收集、运输或者处置许可决定的;

（四）对不符合许可条件的申请人作出准予许可的；

（五）依法可以撤销许可的其他情形。

申请人以欺骗、贿赂等不正当手段取得许可的，应当予以撤销。

第三十四条 有下列情形之一的，从事城市生活垃圾经营性清扫、收集、运输或者处置的企业应当向原许可机关提出注销许可证的申请，交回许可证书；原许可机关应当办理注销手续，公告其许可证书作废：

（一）许可事项有效期届满，未依法申请延期的；

（二）企业依法终止的；

（三）许可证依法被撤回、撤销或者吊销的；

（四）法律、法规规定的其他应当注销的情形。

第三十五条 从事城市生活垃圾经营性清扫、收集、运输、处置的企业需停业、歇业的，应当提前半年向所在地直辖市、市、县人民政府建设（环境卫生）主管部门报告，经同意后方可停业或者歇业。

直辖市、市、县人民政府建设（环境卫生）主管部门应当在城市生活垃圾经营性清扫、收集、运输、处置企业停业或者歇业前，落实保障及时清扫、收集、运输、处置城市生活垃圾的措施。

第三十六条 直辖市、市、县人民政府建设（环境卫生）主管部门应当会同有关部门制定城市生活垃圾清扫、收集、运输和处置应急预案，建立城市生活垃圾应急处理系统，确保紧急或者特殊情况下城市生活垃圾的正常清扫、收集、运输和处置。

从事城市生活垃圾经营性清扫、收集、运输和处置的企业,应当制定突发事件生活垃圾污染防范的应急方案,并报所在地直辖市、市、县人民政府建设(环境卫生)主管部门备案。

第三十七条 从事城市生活垃圾经营性清扫、收集、运输或者处置的企业应当按照国家劳动保护的要求和规定,改善职工的工作条件,采取有效措施,逐步提高职工的工资和福利待遇,做好职工的卫生保健和技术培训工作。

第六章 法律责任

第三十八条 单位和个人未按规定缴纳城市生活垃圾处理费的,由直辖市、市、县人民政府建设(环境卫生)主管部门责令限期改正,逾期不改正的,对单位可处以应交城市生活垃圾处理费三倍以下且不超过3万元的罚款,对个人可处以应交城市生活垃圾处理费三倍以下且不超过1000元的罚款。

第三十九条 违反本办法第十条规定,未按照城市生活垃圾治理规划和环境卫生设施标准配套建设城市生活垃圾收集设施的,由直辖市、市、县人民政府建设(环境卫生)主管部门责令限期改正,并可处以1万元以下的罚款。

第四十条 违反本办法第十二条规定,城市生活垃圾处置设施未经验收或者验收不合格投入使用的,由直辖市、市、县人民政府建设主管部门责令改正,处工程合同价款2%以上4%以下的罚款;造成损失的,应当承担赔偿责任。

第四十一条 违反本办法第十三条规定,未经批准擅自关闭、闲置或者拆除城市生活垃圾处置设施、场所的,由直辖市、市、县人民政府建设(环境卫生)主管部门责令停止违法行为,限期改正,处以1万元以上10万元以下的罚款。

第四十二条 违反本办法第十六条规定,随意倾倒、抛洒、堆放城市生活垃圾的，由直辖市、市、县人民政府建设(环境卫生)主管部门责令停止违法行为，限期改正，对单位处以5000元以上5万元以下的罚款。个人有以上行为的，处以200元以下的罚款。

第四十三条 违反本办法第十七条、第二十五条规定，未经批准从事城市生活垃圾经营性清扫、收集、运输或者处置活动的，由直辖市、市、县人民政府建设(环境卫生)主管部门责令停止违法行为，并处以3万元的罚款。

第四十四条 违反本办法规定，从事城市生活垃圾经营性清扫、收集、运输的企业在运输过程中沿途丢弃、遗撒生活垃圾的，由直辖市、市、县人民政府建设(环境卫生)卫生主管部门责令停止违法行为，限期改正，处以5000元以上5万元以下的罚款。

第四十五条 从事生活垃圾经营性清扫、收集、运输的企业不履行本办法第二十条规定义务的，由直辖市、市、县人民政府建设(环境卫生)主管部门责令限期改正，并可处以5000元以上3万元以下的罚款:城市生活垃圾经营性处置企业不履行本办法第二十八条规定义务的，由直辖市、市、县人民政府建设(环境卫生)主管部门责令限期改正，并可处以3万元以上10万元以下的罚款。造成损失的，依法承担赔偿责任。

第四十六条 违反本办法规定，从事城市生活垃圾经营性清扫、收集、运输的企业，未经批准擅自停业、歇业的，由直辖市、市、县人民政府建设(环境卫生)主管部门责令限期改正，并可处以1万元以上3万元以下罚款;从事城市生活垃圾经营性处置的企业，未经批准擅自停业、歇业的，由直辖市、市、县人民政府建设(环境卫生)主管部门责令限期改正，并可处以5万元以上10万元以下罚款。造成损失的,依法承担赔偿责任。

第四十七条 违反本办法规定的职权和程序,核发城市生活垃圾清扫、收集、运输、处理许可证的,由上级主管机关责令改正,并对其主管人员及其他直接责任人员给予行政处分;构成犯罪的,应当追究刑事责任。

国家机关工作人员在城市生活垃圾监督管理工作中,玩忽职守、滥用职权、徇私舞弊的,依法给予行政处分;构成犯罪的,依法追究刑事责任。

第七章 附 则

第四十八条 城市建筑垃圾的管理适用《城市建筑垃圾管理规定》(建设部令第139号)。

第四十九条 本办法的规定适用于从事城市生活垃圾非经营性清扫、收集、运输、处置的单位;但是,有关行政许可的规定以及第四十五条、第四十六条的规定除外。

第五十条 城市生活垃圾清扫、收集、运输服务许可证和城市生活垃圾处置服务许可证由国务院建设主管部门统一规定格式,省、自治区人民政府建设主管部门和直辖市人民政府建设(环境卫生)主管部门组织印制。

第五十一条 本办法自2007年7月1日起施行。1993年8月10日建设部颁布的《城市生活垃圾管理办法》(建设部令第27号)同时废止。

国家发展改革委、司法部印发《关于加快建立绿色生产和消费法规政策体系的意见》的通知

发改环资〔2020〕379 号

各省、自治区、直辖市人民政府，新疆生产建设兵团，中央和国家机关有关部门：

《关于加快建立绿色生产和消费法规政策体系的意见》已经中央全面深化改革委员会审议通过，现印发给你们，请结合实际认真贯彻落实。

国家发展改革委
司法部
2020 年 3 月 11 日

关于加快建立绿色生产和消费法规政策体系的意见

推行绿色生产和消费是建设生态文明、实现高质量发展的重要内容，党中央、国务院对此高度重视。改革开放特别是党的十八大以来，我国在绿色生产、消费领域出台了一系列法

规和政策措施，大力推动绿色、循环、低碳发展，加快形成节约资源、保护环境的生产生活方式，取得了积极成效。但也要看到，绿色生产和消费领域法规政策仍不健全，还存在激励约束不足、操作性不强等问题。为加快建立绿色生产和消费法规政策体系，提出以下意见。

一、总体要求

（一）**指导思想**。以习近平新时代中国特色社会主义思想为指导，全面贯彻党的十九大和十九届二中、三中、四中全会精神，深入践行习近平生态文明思想，坚持以人民为中心，落实新发展理念，按照问题导向、突出重点、系统协同、适用可行、循序渐进的原则，加快建立绿色生产和消费相关的法规、标准、政策体系，促进源头减量、清洁生产、资源循环、末端治理，扩大绿色产品消费，在全社会推动形成绿色生产和消费方式。

（二）**主要目标**。到 2025 年，绿色生产和消费相关的法规、标准、政策进一步健全，激励约束到位的制度框架基本建立，绿色生产和消费方式在重点领域、重点行业、重点环节全面推行，我国绿色发展水平实现总体提升。

二、主要任务

（三）**推行绿色设计**。健全推行绿色设计的政策机制。建立再生资源分级质控和标识制度，推广资源再生产品和原料。完善优先控制化学品名录，引导企业在生产过程中使用无毒无害、低毒低害和环境友好型原料。强化标准制定统筹规划，加强绿色标准体系建设，扩大标准覆盖范围，加快重点领域相关标准制修订工作，根据实际提高标准和设计规范。（国家发

展改革委、工业和信息化部、生态环境部、市场监管总局等按职责分工负责)

(四)强化工业清洁生产。严格实施清洁生产审核办法、清洁生产审核评估与验收指南,进一步规范清洁生产审核行为,保障清洁生产审核质量。出台在重点行业深入推进强制性清洁生产审核的政策措施。完善重点行业清洁生产评价指标体系,实行动态调整机制。完善基于能耗、污染物排放水平的差别化电价政策,支持重点行业企业实施清洁生产技术改造。制定支持重点行业清洁生产装备研发、制造的鼓励政策。(国家发展改革委、生态环境部、工业和信息化部等按职责分工负责)

(五)发展工业循环经济。健全相关支持政策,推动现有产业园区循环化改造和新建园区循环化建设。完善共伴生矿、尾矿、工业"三废"、余热余压综合利用的支持政策。以电器电子产品、汽车产品、动力蓄电池、铅酸蓄电池、饮料纸基复合包装物为重点,加快落实生产者责任延伸制度,适时将实施范围拓展至轮胎等品种,强化生产者废弃产品回收处理责任。支持建立发动机、变速箱等汽车旧件回收、再制造加工体系,完善机动车报废更新政策。建立完善绿色勘查、绿色矿山标准和政策支持体系。建立健全高耗水行业节水增效政策机制。(国家发展改革委、工业和信息化部、自然资源部、生态环境部、水利部、商务部、市场监管总局等按职责分工负责)

(六)加强工业污染治理。全面推行污染物排放许可制度,强化工业企业污染防治法定责任。加快制定污染防治可行技术指南,按照稳定连贯、可控可达的原则制修订污染物排放标准,严格环境保护执法监督,实现工业污染源全面达标排放,鼓励达标企业实施深度治理。完善危险废物集中处置设施、场所作为环境保护公共设施的配套政策。建立健全责任清晰、程序合理、科学规范的生态环境突发事件预警和应急机制,建立生态环境突发事件后评估机制。健全工业污染环境损害司法鉴定工作制度,建立完善行政管理机关、行政执法机关与监察机关、司法机关的衔接配合机制,促进工业污染治理领域处罚信息和监测信息共享,充分发挥检察机关公益职能作用,形成工业污染治理多元化格局。(最高人民法院、最高人民检察院、公安部、司法部、生态环境部、工业和信息化部、国家发展改革委、财政部等按职责分工负责)

(七)促进能源清洁发展。建立完善与可再生能源规模化发展相适应的法规、政策,按照简化、普惠、稳定、渐变的原则,在规划统筹、并网消纳、价格机制等方面作出相应规定和政策调整,建立健全可再生能源电力消纳保障机制。加大对分布式能源、智能电网、储能技术、多能互补的政策支持力度,研究制定氢能、海洋能等新能源发展的标准规范和支持政策。建立健全煤炭清洁开发利用政策机制,从全生命周期、全产业链条加快推进煤炭清洁开发利用。建立对能源开发生产、贸易运输、设备制造、转化利用等环节能耗、排放、成本全生命周期评价机制。(能源局、国家发展改革委、科技部、工业和信息化部、司法部、财政部、自然资源部、生态环境部、交通运输部、市场监管总局等按职责分工负责)

(八)推进农业绿色发展。以绿色生态为导向,创新农业绿色发展体制机制,开展农业绿色发展支撑体系建设,创新技术体系、健全标准体系、延伸产业体系、强化经营体系、完善政策体系,为农业绿色发展提供保障。大力推进科学施肥,建立有机肥替代化肥推广政策机制。实施化学农药减量替代计划,建立生物防治替代化学防治推广政策机制,支持研发推广农作物病虫害绿色防控技术产品。制定农用薄膜管理办法,建立全程监管体系,支持推广使用生物可降解农膜。加快制定农药包装废弃物回收处理管理办法。完善农作物秸秆综合利用制度,以县为单位整体推进秸秆全量化综合利用。以肥料化和能源化为主要利用方向,落实畜禽粪污资源化利用制度。完善落实水产养殖业绿色发展政策,依法加强养殖水域滩涂统一规划。建立饲料添加剂和兽药使用规范,健全病死畜禽无害化处理机制。稳步推进耕地轮作休耕制度试点。健全农业循环经济推广制度,建立农业绿色生产技术推广机制。落实农业绿色发展税收支持政策。建立健全农业绿色发展相关标准,加快清理、废止与农业绿色发展不适应的标准和行业规范。(农业农村部、国家发展改革委、工业和信息化部、财政部、自然资源部、生态环境部、水利部、税务总局、市场监管总局等按职责分工负责)

(九)促进服务业绿色发展。在市政公用工程设施和城乡公共生活服务设施的规划、建设、运营、管理有关标准和规范制修订中,全面贯彻绿色发展理念,提升绿色化水平。完善绿色物流建设支持政策。加快建立健全快递、电子商务、外卖等领域绿色包装的法律、标准、政策体系,减少过度包装和一次性用品使用,鼓励使用可降解、可循环利用的包装材料、物流器具。健全再生资源分类回收利用等环节管理和技术规范。(住房城乡建设部、自然资源部、国家发展改革委、工业和信息化部、司法部、生态环境部、交通运输部、商务部、市场监管总局、铁路局、民航局、邮政局等按职责分工负责)

(十)扩大绿色产品消费。完善绿色产品认证与标识制度。建立健全固体废物综合利用产品质量标准体系。落实好支持节能、节水、环保、资源综合利用产业的税收优惠政策。积极推行绿色产品政府采购制度,结合实施产品品目清单管理,加大绿色产品相关标准在政府采购中的运用。国有企业率先执行企业绿色采购指南,建立健全绿色采购管理制度。建立完善节能家电、高效照明产品、节水器具、绿色建材等绿色产品和新能源汽车推广机制,有条件的地方对消费者购置节能型家电产品、节能新能源汽车、节水器具等给予适当支持。鼓励公交、环卫、出租、通勤、城市邮政快递作业、城市物流等领域新增和更新车辆采用新能源和清洁能源汽车。(国家发展改革委、工业和信息化部、财政部、生态环境部、住房城乡建设部、交通运输部、商务部、国资委、税务总局、市场监管总局、铁路局、民航局、邮政局等按职责分工负责)

(十一)推行绿色生活方式。完善居民用电、用水、用气阶梯价格政策。落实污水处理收费制度,将污水处理费标准调整至补偿污水处理和污泥处置设施运营成本并合理盈利水平。加快推行城乡居民生活垃圾分类和资源化利用制度。制定进一步加强塑料污染治理的政策措施。研究制定餐厨废弃物管理与资源化利用法规。推广绿色农房建设方法和技术,逐步建立健全使用绿色建材、建设绿色农房的农村住房建设机制。(国家发展改革委、生态环境部、住房城乡建设部、财政部等按职责分工负责)

三、组织实施

根据党中央、国务院决策部署和改革需要,统筹推动绿色生产和消费领域法律法规的立改废释工作。各有关部门要按照职责分工，加快推进相关法律法规、标准、政策的制修订工作。各地区要根据本意见的要求，结合实际出台促进本地区绿色生产和消费的法规、标准、政策，鼓励先行先试，做好经验总结和推广。各级财政、税收、金融等部门要持续完善绿色生产和消费领域的支持政策。各级宣传部门要组织媒体通过多种渠道和方式，大力宣传推广绿色生产和消费理念，加大相关法律法规、政策措施宣传力度，凝聚社会共识，营造良好氛围。

附件：重点任务清单

附件

重点任务清单

重点任务		负责部门
一、推行绿色设计	1. 建立再生资源分级质控和标识制度，推广资源再生产品和原料（2020年完成）	国家发展改革委、市场监管总局
	2. 完善优先控制化学品名录（2020年完成）	生态环境部
	3. 加强绿色标准体系建设，加快重点领域相关标准制修订工作（持续推进）	国家发展改革委、市场监管总局
二、强化工业清洁生产	4. 出台在重点行业深入推进强制性清洁生产审核的政策措施（2020年完成）	生态环境部、国家发展改革委
	5. 建立完善绿色勘查、绿色矿山标准和政策支持体系（2021年完成）	自然资源部、市场监管总局

续表

重点任务		负责部门
三、发展工业循环经济	6. 建立健全高耗水行业节水增效政策机制(2022年完成)	工业和信息化部、国家发展改革委、水利部
四、加强工业污染治理	7. 加快制定污染防治可行技术指南(2020年完成)	生态环境部
	8. 按照稳定连贯、可控可达的原则制修订污染物排放标准(持续推进)	生态环境部
	9. 完善危险废物集中处置设施、场所作为环境保护公共设施的配套政策(持续推进)	生态环境部
	10. 健全工业污染环境损害司法鉴定工作制度(2020年完成)	司法部、最高人民检察院、公安部、生态环境部
五、促进能源清洁发展	11. 研究制定氢能、海洋能等新能源发展的标准规范和支持政策(2021年完成)	能源局、国家发展改革委、科技部、工业和信息化部、自然资源部、市场监管总局
	12. 建立健全煤炭清洁开发利用政策机制(持续推进)	能源局、国家发展改革委
六、推进农业绿色发展	13. 建立有机肥替代化肥推广政策机制(2020年完成)	农业农村部
	14. 实施化学农药减量替代计划,建立生物防治替代化学防治推广政策机制(2020年完成)	农业农村部
	15. 制定农用薄膜管理办法(2020年完成)	农业农村部、工业和信息化部、生态环境部、市场监管总局

续表

重点任务		负责部门
六、推进农业绿色发展	16. 加快制定农药包装废弃物回收处理管理办法(2020年完成)	农业农村部、生态环境部
六、推进农业绿色发展	17. 落实畜禽粪污资源化利用制度(2020年完成)	农业农村部、国家发展改革委
六、推进农业绿色发展	18. 完善落实水产养殖业绿色发展政策(持续推进)	农业农村部、生态环境部、自然资源部、国家发展改革委、财政部
六、推进农业绿色发展	19. 建立农业绿色生产技术推广机制(持续推进)	农业农村部
六、推进农业绿色发展	20. 建立健全农业绿色发展相关标准(2022年完成)	农业农村部、市场监管总局
七、促进服务业绿色发展	21. 加快建立健全快递、电子商务、外卖等领域绿色包装的法律、标准、政策体系(持续推进)	国家发展改革委、工业和信息化部、司法部、生态环境部、住房城乡建设部、交通运输部、商务部、市场监管总局、邮政局
七、促进服务业绿色发展	22. 健全再生资源分类回收利用等环节管理和技术规范(2020年完成)	商务部、工业和信息化部、市场监管总局
八、扩大绿色产品消费	23. 积极推行绿色产品政府采购制度(持续推进)	财政部、国家发展改革委、工业和信息化部、生态环境部、市场监管总局
八、扩大绿色产品消费	24. 国有企业率先执行企业绿色采购指南(2020年完成)	国资委

续表

	重 点 任 务	负责部门
九、推行绿色生活方式	25. 完善实施居民用电、用水、用气阶梯价格政策(持续推进)	国家发展改革委
	26. 制定进一步加强塑料污染治理的政策措施(2020年完成)	国家发展改革委、生态环境部
	27. 研究制定餐厨废弃物管理与资源化利用法规(2022年完成)	国家发展改革委

附录三　上海市政府规章和文件

（一）市政府规章

上海市餐厨垃圾处理管理办法

（2005年1月13日上海市人民政府令第45号发布，根据2010年12月20日上海市人民政府令第52号公布的《上海市人民政府关于修改〈上海市农机事故处理暂行规定〉等148件市政府规章的决定》修正，根据2012年12月26日上海市人民政府令第98号公布的《上海市人民政府关于修改〈上海市餐厨垃圾处理管理办法〉的决定》修正并重新公布）

第一条（目的和依据）

为了加强本市餐厨垃圾处理的管理，维护城市市容环境整洁，保障市民身体健康，根据有关法律、法规和《上海市市容环境卫生管理条例》，制定本办法。

第二条（有关用语的含义）

本办法所称餐厨垃圾，是指除居民日常生活以外的食品加工、饮食服务、单位供餐等活动中产生的食物残余和食品加工废料。

第三条（适用范围）

本办法适用于本市行政区域内餐厨垃圾的收集、运输、处置及其相关的管理活动。

餐厨废弃油脂处理的管理,不适用本办法。

第四条(管理部门)

上海市绿化和市容管理局(以下简称“市绿化市容局”)负责本市餐厨垃圾处理的管理;区(县)绿化市容部门负责本辖区范围内餐厨垃圾处理的日常管理。

本市环保、工商、公安、农业、商务、食品药品监督、卫生、质量技监等有关管理部门按照各自职责,协同实施本办法。

第五条(减量化和资源化)

本市倡导通过净菜上市、改进加工工艺等方式,减少餐厨垃圾的产生量。

本市鼓励对餐厨垃圾进行资源化利用。

第六条(义务主体)

食品加工单位、饮食经营单位、单位食堂等餐厨垃圾产生单位(含个体工商户,下同),应当承担餐厨垃圾收集、运输和处置的义务。

第七条(产生申报)

餐厨垃圾产生单位应当每年度向所在地区(县)绿化市容部门申报本单位餐厨垃圾的种类和产生量。

第八条(收集要求)

餐厨垃圾产生单位应当按照《上海市城镇环境卫生设施设置规定》,设置符合标准的餐厨垃圾收集容器。

餐厨垃圾产生单位应当将餐厨垃圾与非餐厨垃圾分开收集。

餐厨垃圾产生单位应当保持餐厨垃圾收集容器的完好和正常使用。

本市鼓励餐厨垃圾产生单位安装餐厨垃圾处理装置。

第九条(自行收运和处置)

餐厨垃圾产生单位自行收运餐厨垃圾的,应当符合市绿化市容局规定的条件,并在首次收运前向区(县)绿化市容部门备案。

餐厨垃圾产生单位自行利用微生物处理设备处置餐厨垃圾的,其微生物处理设备应当按照《上海市市容环境卫生管理条例》的规定向市绿化市容局或者区(县)绿化市容部门办理有关手续。

除按照本条第一款、第二款规定自行收运、处置的情形外,餐厨垃圾应当由本办法第十条、第十三条规定的收运、处置单位进行收运、处置。

第十条(收运单位)

经市绿化市容局或者区(县)绿化市容部门招标确定的生活垃圾收运单位为同一区域餐厨垃圾的收运单位,负责区域内餐厨垃圾的收运。

第十一条(收运要求)

从事餐厨垃圾收运的单位收运餐厨垃圾时,其收运的餐厨垃圾种类和数量应当由餐厨垃圾产生单位予以确认。

从事餐厨垃圾收运的单位将餐厨垃圾送交处置单位时,应当由处置单位对送交的餐厨垃圾种类和数量予以确认。

餐厨垃圾应当实行密闭化运输,在运输过程中不得滴漏、撒落。

餐厨垃圾运输设备和工具应当保持整洁和完好状态。

第十二条(收运台帐)

从事餐厨垃圾收运的单位应当建立收运记录台帐,每季度向区(县)绿化市容部门申报上季度收运的餐厨垃圾来源、种类、数量和处置单位等情况。

第十三条(处置单位)

餐厨垃圾处置单位由区(县)绿化市容部门通过招标的方式确定。

市绿化市容局和区(县)绿化市容部门应当向社会公布招标确定的餐厨垃圾处置单位的名称、处置种类、经营场所等事项。

第十四条(处置要求)

从事餐厨垃圾处置的单位应当按照城市生活垃圾处置标准,实施无害化处置,并维护处置场所周围的市容环境卫生。

从事餐厨垃圾处置的单位应当按照国家和本市环境保护的有关规定,在处置过程中采取有效的污染防治措施;使用微生物菌剂处置餐厨垃圾的,应当按照《上海市微生物菌剂使用环境安全管理办法》的规定,使用取得环境安全许可证的微生物菌剂,并采取相应的安全控制措施。

第十五条(处置台帐)

从事餐厨垃圾处置的单位应当建立处置记录台帐,每季度向区(县)绿化市容部门申报上季度处置的餐厨垃圾来源、种类、数量等情况。

第十六条(申报信息汇总)

区(县)绿化市容部门应当及时将有关单位申报的餐厨垃圾产生、收运、处置等情况汇总后,报送市绿化市容局。

第十七条(处理费用)

除自行利用微生物处理设备处置餐厨垃圾的情形外,餐厨垃圾产生单位应当按照收运单位收运的餐厨垃圾的种类、数量等，向所在地区（县）绿化市容部门指定的机构缴纳餐厨垃圾处理费。具体的缴费标准和办法，由市价格主管部门会同市绿化市容局另行制定。

市绿化市容局或者区（县）绿化市容部门应当按照收运种类、数量，向餐厨垃圾收运单位支付收运费用；按照招标处置的有关协议，向餐厨垃圾处置单位支付处置费用。

第十八条（禁止行为）

在餐厨垃圾收集、运输、处置过程中，禁止下列行为：

（一）擅自从事餐厨垃圾收运、处置；

（二）将餐厨垃圾作为畜禽饲料；

（三）将餐厨垃圾提供给本办法第十条、第十三条规定以外的单位、个人收运或者处置；

（四）将餐厨垃圾混入其他生活垃圾收运；

（五）将餐厨垃圾裸露存放。

第十九条（监督检查）

市绿化市容局和区（县）绿化市容部门应当加强对餐厨垃圾收集、运输、处置活动的监督检查；对违法收运、处置餐厨垃圾等行为，可以会同工商、环保、农业等相关管理部门联合查处。

被检查的单位或者个人应当如实反映情况，提供与检查内容有关的资料，不得弄虚作假或者隐瞒事实，不得拒绝或者阻挠管理人员的检查。

第二十条（投诉和举报）

市绿化市容局和区（县）绿化市容部门应当建立投诉举报制度，接受公众对餐厨垃圾收集、运输、处置活动的投诉和举报。受理投诉或者举报后，市绿化市容局或者区（县）绿化市容部门应当及时到现场调查、处理,并在15日内将处理结果告知投诉人或者举报人。

第二十一条(监管档案和奖惩措施)

市绿化市容局和区(县)绿化市容部门应当加强对餐厨垃圾产生单位、收运单位和处置单位的监督检查,并建立相应的监管档案。

餐厨垃圾产生量连续3年低于同行业平均产生量的单位,由市绿化市容局公布其名单,并可以给予一定的奖励。具体的奖励办法,由市绿化市容局另行制定。

本市对违反餐厨垃圾收运、处置规定的行为,除依法给予行政处罚外,实行累计记分制度。对累计记分达到规定分值的餐厨垃圾收运、处置单位,市绿化市容局或者区(县)绿化市容部门可以解除与其签订的招标收运、处置协议;被解除协议的单位3年内不得参加本市垃圾收运、处置的招标。具体的记分办法,由市绿化市容局另行制定。

第二十二条(行政处罚)

对经营性活动中违反本办法的行为,除法律、法规另有规定外,由绿化市容部门或者城管执法部门按照下列规定予以处罚:

(一) 违反本办法第七条规定,未办理申报手续的,责令限期改正;逾期不改正的,处以100元以上1000元以下的罚款。

(二) 违反本办法第八条第一款、第三款规定,未设置餐厨垃圾收集容器或者未保持收集容器完好、正常使用的,责令限期改正;逾期不改正的,处以300元以上2000元以下的罚款。

(三) 违反本办法第十二条、第十五条规定,未建立收运、处置台帐或者未申报收运、处置情况的,责令限期改正;逾期不改正的,处以100元以上1000元以下的罚款。

(四)违反本办法第十七条第一款规定,未缴纳餐厨垃圾处理费的,责令限期补缴;逾期不补缴的,可以按照每吨(不满1吨的,以1吨计)500元处以罚款,但最高不超过3万元。

(五)违反本办法第十八条第(一)项、第(二)项、第(三)项规定,擅自从事餐厨垃圾收运、处置,将餐厨垃圾作为畜禽饲料或者提供给本办法第十条、第十三条规定以外的单位、个人收运或者处置的,责令限期改正,可处以3000元以上3万元以下的罚款。

在非经营性活动中有前款所列情形之一的,除法律、法规另有规定外,由绿化市容部门或者城管执法部门责令限期改正;逾期不改正的,处以100元以上1000元以下的罚款。

第二十三条(违反环境保护规定的处理)

餐厨垃圾处置过程中不符合环境保护要求的,由环境保护部门按照国家和本市的有关规定处理。

第二十四条(复议和诉讼)

当事人对有关管理部门的具体行政行为不服的,可以依照《中华人民共和国行政复议法》或者《中华人民共和国行政诉讼法》的规定,申请行政复议或者提起行政诉讼。

当事人对具体行政行为逾期不申请复议,不提起诉讼,又不履行的,作出具体行政行为的部门可以依法申请法院强制执行。

第二十五条(施行日期和废止事项)

本办法自2005年4月1日起施行。1999年12月29日上海市人民政府令第80号发布的《上海市废弃食用油脂污染防治管理办法》同时废止。

上海市餐厨废弃油脂处理管理办法

（2012 年 12 月 26 日市政府令第 97 号公布）

第一条（目的和依据）

为了加强本市餐厨废弃油脂处理的管理，保障食品安全，促进资源循环利用，根据《中华人民共和国食品安全法》、《城市市容和环境卫生管理条例》、《上海市实施〈中华人民共和国食品安全法〉办法》等有关法律、法规，结合本市实际，制定本办法。

第二条（适用范围）

本办法适用于本市行政区域内餐厨废弃油脂的产生、收运、处置及其相关监督管理活动。

第三条（定义）

本办法所称的餐厨废弃油脂，是指除居民日常生活以外的在餐饮服务（含单位供餐，以下统称“餐饮服务”）、食品生产加工以及食品现制现售等活动中产生的废弃食用动植物油脂和含食用动植物油脂的废水。

第四条（管理部门）

市绿化市容行政管理部门负责本市餐厨废弃油脂收运、处置的监督管理工作。区（县）绿化市容行政管理部门按照规定职责，负责所辖区域内餐厨废弃油脂收运、处置的监督管理工作。

本市食品药品监督、质量技术监督、工商以及出入境检验检疫等行政管理部门按照职责分工，负责对产生餐厨废弃油脂单位的监督管理。

本市发展改革、商务、环保、水务和公安等行政管理部门按照各自职责，协同实施本办法。

市食品安全综合协调机构负责本市餐厨废弃油脂处理管理的跨部门综合协调工作。

第五条(单位主体责任)

本市从事餐饮服务、食品生产加工以及食品现制现售等活动，产生餐厨废弃油脂的经营单位(含个体工商户，以下统称“产生单位”)以及从事餐厨废弃油脂收运和处置活动的单位是餐厨废弃油脂处理的责任主体，应当严格执行国家和本市有关法律、法规、规章和食品安全标准，建立健全相关管理制度，发现问题立即处理并向相关行政管理部门报告。

第六条(源头减量、资源化利用和一体化经营)

本市鼓励通过改进加工工艺、引导公众科学饮食消费等方式，减少餐厨废弃油脂的产生数量。

本市对餐厨废弃油脂实行符合产业发展导向的资源化利用。

本市推进实行餐厨废弃油脂收运、处置的一体化经营模式。

第七条(收运单位的确定)

区(县)绿化市容行政管理部门应当根据所辖区域内餐厨废弃油脂的产生数量，通过招标投标方式，确定从事本辖区餐厨废弃油脂收运活动的单位，并向社会公布。

按照前款规定确定的单位无法满足所辖区域内餐厨废弃油脂收运需求的，区(县)绿化市容行政管理部门应当按照前款规定的程序予以增加。

产生单位可以设立符合本办法第八条第二款规定条件的收运本单位产生的餐厨废弃油脂的企业,并取得市绿化市容行政管理部门的同意。

从事本辖区餐厨废弃油脂收运活动的单位和收运本单位产生的餐厨废弃油脂的企业(以下统称“收运单位”)应当遵守本办法规定的相关收运要求。

禁止任何单位和个人擅自从事餐厨废弃油脂的收运活动。

第八条(收运单位招标方案和招标要求)

区(县)绿化市容行政管理部门应当组织编制收运单位招标方案,明确收运单位的数量和条件、服务范围、服务期限等事项,并报市绿化市容行政管理部门审核后实施。

收运单位应当符合下列要求:

(一) 具备企业法人资格,注册资金不得少于人民币500万元。

(二) 有与餐厨废弃油脂收运量相适应并取得道路运输车辆营运证的自有厢式货运车辆和收集容器;车辆和收集容器安装电子监控设备。

(三) 有与餐厨废弃油脂收运量相适应的贮存、初加工场所以及车辆停放场地;贮存、初加工场所的选址和污染防治设施符合国家和本市环境保护管理的有关规定,并安装电子监控设备。

(四) 有符合市绿化市容行政管理部门规定的信息管理系统。

(五) 有健全的企业管理制度。

区(县)绿化市容行政管理部门招标时,可以设定严于前款要求的招标条件。

区(县)绿化市容行政管理部门应当与中标的收运单位签订餐厨废弃油脂收运服务协议(以下简称"收运服务协议")。收运服务协议应当明确收运单位的服务范围、服务期限、服务规范、收运的餐厨废弃油脂去向、退出机制、违约责任等内容。

第九条(处置单位的确定)

市绿化市容行政管理部门应当根据全市餐厨废弃油脂的处置数量,通过招标投标方式,确定从事本市餐厨废弃油脂处置活动的单位(以下简称"处置单位"),并向社会公布。

按照前款规定确定的处置单位无法满足全市餐厨废弃油脂处置需求的,市绿化市容行政管理部门应当按照前款规定的程序增加处置单位。

禁止任何单位和个人擅自从事餐厨废弃油脂的处置活动。

第十条(处置单位招标要求)

处置单位应当符合下列要求:

(一) 具备企业法人资格,注册资金不得少于人民币1000万元。

(二) 有满足处置需求的处置设施、计量与原料检测设备;经处置后的产品符合本市产业发展导向要求,采用的处置技术、工艺符合国家有关标准。

(三) 处置场所的选址和污染防治设施符合国家和本市环境保护管理的有关规定,并安装电子监控设备。

(四) 有5名以上具有专业技术职称的人员。

(五) 有符合市绿化市容行政管理部门规定的信息管理

系统。

（六）有健全的企业管理制度。

市绿化市容行政管理部门招标时，可以设定严于前款要求的招标条件。

市绿化市容行政管理部门应当与中标的处置单位签订餐厨废弃油脂处置服务协议（以下简称“处置服务协议”）。处置服务协议应当明确处置单位的服务范围、服务期限、服务规范、餐厨废弃油脂经处置后的产品及其去向、退出机制、违约责任等内容。

第十一条（定向收运）

产生单位应当将产生的餐厨废弃油脂交由本办法第七条确定的收运单位收运，并与收运单位签订收运合同。收运合同应当明确收运的时间、频次、数量和餐厨废弃油脂收购价格等内容。

餐厨废弃油脂收购价格应当按照本市餐饮烹饪行业协会、食品协会和市容环境卫生行业协会制定的餐厨废弃油脂收购指导价确定。市绿化市容行政管理部门应当按照有利于餐厨废弃油脂收运的原则，对餐厨废弃油脂收购指导价的制定予以指导。

产生单位不得将餐厨废弃油脂提供给本条第一款规定的收运单位以外的其他单位和个人，或者放任其他单位和个人收运本单位产生的餐厨废弃油脂。

第十二条（定向处置）

收运单位应当将餐厨废弃油脂送交本办法第九条第一款确定的处置单位处置，并与处置单位签订处置合同。处置合同应当明确送交的餐厨废弃油脂含水率指标、餐厨废弃油脂处置收购价格等内容；其中，餐厨废弃油脂处置收购价格应当按照本市市容环境卫生行业协会制定的餐厨废弃油脂处置收购指导价确定。

第十三条(合同备案)

收运单位应当自收运合同签订之日起3日内，将收运合同报收运服务所在地区(县)绿化市容行政管理部门备案。

处置单位应当自处置合同签订之日起3日内，将处置合同报市绿化市容行政管理部门备案。

第十四条(产生单位的申报)

产生单位应当在每年1月向所在地区(县)绿化市容行政管理部门申报本年度餐厨废弃油脂的种类和产生量。

第十五条(产生单位的设施设置要求)

产生单位应当设置专门的餐厨废弃油脂收集容器。其中，餐饮服务单位还应当按照本市有关推进计划安装符合要求的油水分离器。

油水分离器的技术规范，应当符合国家《餐饮废水隔油器》(CJ/T295-2008)的要求。

新设立的餐饮服务单位未按照要求安装油水分离器的，食品药品监督部门不予核发餐饮服务许可证，出入境检验检疫部门不予核发口岸卫生许可证，环保部门不予批准环境影响评价文件。

第十六条(产生单位的收集使用要求)

产生单位应当保持餐厨废弃油脂收集容器和油水分离器的完好和正常使用。

产生单位应当将餐厨废弃油脂单独收集，不得将餐厨废弃油脂混入餐厨垃圾等其他生活垃圾或者裸露存放。

第十七条(收运联单)

产生单位向收运单位交送餐厨废弃油脂时,应当对交送的餐厨废弃油脂的种类和数量予以确认,并与收运单位在市绿化市容行政管理部门规定格式的餐厨废弃油脂收运服务联单(以下简称“收运联单”)上签字、盖章。

收运联单的保存期限不得少于两年。

第十八条(收运要求)

收运单位应当按照收运服务协议、收运合同的要求,定期从产生单位收运餐厨废弃油脂。

收运单位应当按照市绿化市容行政管理部门的要求,在收运餐厨废弃油脂的车辆外部显示本单位名称、标识等信息。

收运单位收运餐厨废弃油脂时,收运车辆和收集容器的电子监控设备应当保持开启状态,并与区(县)绿化市容行政管理部门的信息管理系统实时联网。

收运单位应当对餐厨废弃油脂实行密闭化运输,不得滴漏、洒落。

第十九条(收运人员要求)

收运人员从事餐厨废弃油脂收运作业时,应当按照市市容环境卫生行业协会的要求,穿着统一的作业服装,并佩戴身份标识牌。

收运人员应当参加市市容环境卫生行业协会组织的培训并经考核合格。

第二十条(贮存、初加工场所要求)

收运餐厨废弃油脂的车辆进入贮存、初加工场所时,收运单位应当将收运联单记载的餐厨废弃油脂种类和数量与车辆实际收运的餐厨废弃油脂种类和数量进行核对。

贮存、初加工场所安装的电子监控设备应当全天保持开启状态,并与区(县)绿化市容行政管理部门的信息管理系统实时联网。

贮存、初加工场所排放的废水、废气、废渣,应当符合国家和本市环境保护管理的有关要求。

第二十一条(处置联单)

收运单位向处置单位送交餐厨废弃油脂时,应当对送交的餐厨废弃油脂的种类和数量予以确认,并与处置单位在市绿化市容行政管理部门规定格式的餐厨废弃油脂处置服务联单上签字、盖章。

餐厨废弃油脂处置服务联单的保存期限不得少于两年。

第二十二条(处置要求)

处置单位应当按照处置服务协议的要求,对餐厨废弃油脂进行处置。餐厨废弃油脂经处置后的产品应当符合相应的产品质量标准。

处置场所安装的电子监控设备应当全天保持开启状态,并与市绿化市容行政管理部门的信息管理系统实时联网。

处置单位应当保持餐厨废弃油脂处置设施、设备的完好,定期对相关设施、设备的性能和环保指标进行检测、评价。

处置场所排放的废水、废气、废渣,应当符合国家和本市环境保护管理的有关要求。

第二十三条(处置的禁止性要求)

处置单位不得将未经处置的餐厨废弃油脂或者处置后不符合相应产品质量标准的产品予以转售或者用于其他用途。

未经市绿化市容行政管理部门同意,处置单位不得擅自停业、歇业。

第二十四条(台帐和信息管理要求)

产生单位、收运单位和处置单位应当建立餐厨废弃油脂的记录台帐,如实记录每日交送、收运或者处置的餐厨废弃油脂的种类、数量、时间、相关单位名称。

收运单位和处置单位应当将前款规定的记录台帐记录的内容以及按照本办法第二十二条第三款规定形成的检测、评价结果等信息,输入本单位的信息管理系统,并每月将信息管理系统记录的信息报送绿化市容行政管理部门。

收运单位和处置单位应当按照市绿化市容行政管理部门的要求,逐步将本单位的信息管理系统与绿化市容行政管理部门的信息管理系统联网。

产生单位、收运单位和处置单位应当按照市绿化市容行政管理部门的要求,逐步使用电子联单。

第二十五条(行业自律)

本市餐饮烹饪行业协会、食品协会、市容环境卫生行业协会应当制定行业自律制度,督促产生单位、收运单位和处置单位加强餐厨废弃油脂产生、收运和处置活动的管理;对违反行业自律制度的会员单位,可以采取相应的自律惩戒措施。

第二十六条(评议制度)

市和区(县)绿化市容行政管理部门应当会同食品安全综合协调机构、食品药品监督、质量技术监督、工商、环保、水务、公安、城管执法以及出入境检验检疫等相关行政管理部门,每年对收运单位、处置单位从事餐厨废弃油脂收运、处置活动的情况进行评议,并向社会公布评议结果。

收运单位、处置单位经评议不合格的,绿化市容行政管理部门可以依据收运服务协议、处置服务协议,暂停或者终止其从事餐厨废弃油脂收运、处置活动。

第二十七条(相关许可监管)

本市食品药品监督、出入境检验检疫行政管理部门应当按照本办法的规定,将餐饮服务单位的油水分离器的安装和使用以及餐厨废弃油脂产生申报、收运合同、收运联单和记录台帐等管理制度的建立和执行情况作为餐饮服务许可证、口岸卫生许可证核发、延续的审核内容之一。

本市质量技术监督部门应当将食品生产加工单位的餐厨废弃油脂产生申报、收运合同、收运联单和记录台帐等管理制度的建立和执行情况作为食品生产许可证核发、换发的审核内容之一。

在商场、超市等食品经营单位的经营场所内从事食品现制现售活动的,本市工商行政管理部门应当将餐厨废弃油脂产生申报、收运合同、收运联单和记录台帐等管理制度的建立和执行情况作为食品流通许可证核发、延续的审核内容之一。

第二十八条(信息共享)

市绿化市容行政管理部门应当与市食品安全综合协调机构和市食品药品监督、质量技术监督、工商、环保、水务、公安、城管执法以及出入境检验检疫等相关行政管理部门加强沟通,建立餐厨废弃油脂监管的信息共享制度。

第二十九条(应急处置)

市和区(县)绿化市容行政管理部门应当编制餐厨废弃油脂处理应急预案,做好餐厨废弃油脂收运、处置活动的应急处置工作。

第三十条(投诉处理)

任何单位和个人发现有违反本办法情形的,可以向本市相关行政管理部门投诉或者举报。

有关行政管理部门接到投诉和举报后，对属于本部门职责的，应当在规定期限内进行处理，并将处理结果予以反馈；对不属于本部门职责的，应当移交有权处理的部门处理。

第三十一条(对擅自收运、处置的处理)

违反本办法第七条第五款、第九条第三款规定，擅自从事餐厨废弃油脂收运或者处置活动的，城管执法部门应当责令违法行为人立即停止违法行为，处5万元以上10万元以下的罚款；违法行为人应当在城管执法部门的监督下，将擅自收运或者处置的餐厨废弃油脂交由符合本办法规定的收运单位或者处置单位处理，所需费用由违法行为人承担。

任何单位或者个人擅自从事餐厨废弃油脂收运或者处置活动，扰乱市场秩序，情节严重的，依法追究刑事责任。

第三十二条(对产生单位的处罚)

违反本办法第十一条第三款规定，产生单位将餐厨废弃油脂提供给其他单位和个人或者放任其他单位和个人收运的，城管执法部门应当责令限期改正，处2万元以上5万元以下的罚款。

第三十三条(对收运单位的处罚)

违反本办法规定，收运单位有下列行为之一的，由城管执法部门责令限期改正，并按照下列规定予以处罚：

(一) 违反本办法第十二条规定，未将餐厨废弃油脂送交本办法确定的处置单位处置的，处2万元以上5万元以下的罚款；

(二) 违反本办法第十三条第一款规定，未按照要求办理收运合同备案的，处1000元以上3000元以下的罚款；

（三）违反本办法第十八条第三款、第二十条第二款规定，未按照要求将电子监控设备保持开启状态或者实时联网的，处3000元以上1万元以下的罚款；

（四）违反本办法第二十条第一款规定，未按照要求进行核对的，处2000元以上5000元以下的罚款。

第三十四条（对处置单位的处罚）

违反本办法规定，处置单位有下列行为之一的，由城管执法部门责令限期改正，并按照下列规定予以处罚：

（一）违反本办法第十三条第二款规定，未按照要求办理处置合同备案的，处1000元以上3000元以下的罚款；

（二）违反本办法第二十二条第二款规定，未按照要求将电子监控设备保持开启状态或者实时联网的，处3000元以上1万元以下的罚款；

（三）违反本办法第二十三条第二款规定，未经同意擅自停业、歇业的，处5万元以上10万元以下的罚款。

处置单位因擅自停业、歇业，严重影响社会公共利益和安全的，市绿化市容行政管理部门可以解除处置服务协议。

第三十五条（对违反台帐和信息管理要求的处罚）

违反本办法规定，有下列行为之一的，由城管执法部门责令限期改正，处2000元以上5000元以下的罚款：

（一）违反本办法第二十四条第一款规定，产生单位、收运单位或者处置单位未按照要求建立餐厨废弃油脂记录台帐的；

（二）违反本办法第二十四条第二款规定，收运单位或者处置单位未按照要求报送信息管理系统记录的信息的。

第三十六条（案件移送）

本市食品药品监督、质量技术监督、工商以及出入境检验检疫等行政管理部门发现产生单位有违反本办法的行为且不属于本部门职责的，应当收集有关证据材料，并及时将案件材料移送城管执法部门。

第三十七条（行政责任）

违反本办法规定，市和区（县）绿化市容行政管理部门、城管执法部门以及其他相关行政管理部门及其工作人员有下列行为之一的，由所在单位或者上级主管部门依法对直接负责的主管人员和其他直接责任人员给予记过或者记大过处分；情节严重的，给予降级或者撤职处分：

（一）违法确定收运单位或者处置单位；

（二）未将本办法规定的要求纳入相关行政许可审核；

（三）未依法处理发现或者投诉、举报的非法收运、处置餐厨废弃油脂的行为；

（四）其他滥用职权、玩忽职守、徇私舞弊的行为。

第三十八条（利用动物、动物产品和食品加工废料生产食用油的处理）

对病死以及腐败变质的家畜家禽等动物以及动物产品，应当按照《中华人民共和国动物防疫法》、《上海市动物防疫条例》等法律、法规进行无害化处理，不得作为原料生产食用油。

食品加工废料应当按照《上海市餐厨垃圾处理管理办法》等法规、规章的规定进行处理，不得作为原料生产食用油。

本市农业、食品药品监督、质量技术监督、工商、绿化市容等行政管理部门应当依法加强对病死以及腐败变质的家畜家禽等动物以及动物产品、食品加工废料处理活动的监督管理。

第三十九条（施行日期）

本办法自2013年3月1日起施行。

上海市再生资源回收管理办法

（2012 年 9 月 17 日上海市人民政府令第 87 号公布）

第一章　总　　则

第一条（目的和依据）

为了加强再生资源的回收管理，节约资源，保护环境，维护公共秩序，根据《中华人民共和国清洁生产促进法》、《中华人民共和国固体废物污染环境防治法》等法律法规的规定，结合本市实际，制定本办法。

第二条（适用范围）

本办法所称再生资源，是指在社会生产和生活消费过程中产生的，已经失去原有全部或部分使用价值，经过回收、储存、加工处理，能够使其重新获得使用价值的各种废弃物。

对报废汽车、废旧电器及电子产品、危险废物和医疗废物等物品的回收，法律、法规、规章另有规定的，从其规定。

第三条（管理部门职责）

市商务部门是本市再生资源回收的行业主管部门。区县商务部门负责本行政区域内再生资源回收的管理工作。

市和区县发展改革、经济信息化、规划国土、绿化市容、建设交通、房屋管理、国有资产、财政、公安、工商、环保、教育、统计等部门按照各自职责，做好再生资源回收的相关管理工作。

第四条(区县政府职责)

区县政府应当加强对本行政区域内再生资源回收工作的领导,建立和完善推进再生资源回收的责任制度和考核制度,督促、协调区县商务等有关部门履行促进再生资源回收和加强再生资源回收管理的职责。

街道办事处、乡镇政府应当配合有关部门做好再生资源回收管理工作。

第五条(行业协会)

上海市再生资源回收利用行业协会(以下简称“市再生资源协会”)应当加强行业自律,监督会员的经营活动,配合商务部门研究制定行业发展规划、产业政策和经营规范,并依法开展咨询服务、业务培训、行业信息发布等工作。

市再生资源协会应当接受商务部门的业务指导,并协助有关部门对再生资源回收行业实施管理。

第二章　回收体系建设

第六条(行业发展规划和回收指导目录)

市商务部门应当根据本市国民经济和社会发展规划、循环经济发展规划以及再生资源回收行业发展状况,组织编制再生资源回收行业发展规划。

市商务部门应当会同市发展改革、绿化市容、环保、建设交通、经济信息化等部门编制并发布再生资源回收指导目录,明确再生资源的回收种类、回收规范、利用指引等事宜,并根据需要,对再生资源回收指导目录予以更新。

第七条(网点布局规划及设施建设)

市和区县商务部门应当根据“统筹规划、合理布局”的原则和本行政区域经济发展水平、人口密度、环境、资源等具体情况，组织编制再生资源回收网点布局规划，并按照规定程序报批后，将其纳入相应的城乡规划。

再生资源回收网点布局规划及相关设施建设活动，可以与市容环卫设施的规划建设相衔接；有条件的区域应当实现兼容共享。

本条所称的再生资源回收网点，包括再生资源在回收、中转、集散、加工处理等过程中停留的各类场所。

第八条(示范回收点)

市和区县商务部门应当根据再生资源回收网点规划，支持再生资源回收经营者在商场超市、商务楼宇、住宅小区等场所设置统一标识的示范回收点，用于推广便捷的交投方式、应用先进的回收技术以及落实鼓励回收的政策措施。

市和区县商务部门应当明确示范回收点的各项管理要求，引导相关商业企业与再生资源回收经营者合作推出奖励积分、以旧换新等促进绿色消费和再生资源回收的活动。

参与示范回收点工作的商业企业、楼宇所有人和物业服务企业应当为示范回收点的日常运营提供必要的协助和配合。

第九条(产业园区回收平台)

本市鼓励产业园区管理机构与相关再生资源回收经营者合作设立电子商务平台，为产业园区内再生资源回收交易活动提供询价、竞价、拍卖等服务，保障再生资源交易活动的有序进行。

本条所称的产业园区，是指依法设立并由市或者区县政府派出或者指定机构管理的工业园区、高新技术产业开发区、保税区和出口加工区。

第十条(部分产品和包装物的强制回收)

生产被国家列入强制回收目录的产品和包装物的企业应当在产品报废和包装物使用后,对该产品和包装物进行回收。

生产企业可以委托销售企业、再生资源回收经营者或者其他组织进行回收。受托方应当依照有关法律、法规的规定和合同的约定,负责回收。

第十一条(易污染环境废旧商品的回收)

市商务部门应当会同市发展改革、环保等部门采取措施,鼓励和扶持回收易污染环境废旧商品。

市和区县商务部门应当组织再生资源回收经营者和具备相应处置能力的企业建立废弃节能灯、电池、墨盒等易污染环境废旧商品的回收网络,开展易污染环境废旧商品的回收工作。

市和区县商务、环保、绿化市容等部门应当对易污染环境废旧商品的回收、运输等工作加强指导。

易污染环境废旧商品的回收种类和回收规范等事宜,纳入再生资源回收指导目录。

第十二条(社区流动回收人员管理)

居(村)民委员会应当在街道办事处、乡镇政府的指导下,会同物业服务企业收集了解在社区从事再生资源回收活动人员的身份信息和居住信息。

街道办事处、乡镇政府应当结合维护本辖区社会秩序的日常工作,督促在社区从事再生资源回收活动的人员遵守治安管理规定、保持环境卫生,并引导物业服务企业为社区再生资源回收活动提供必要的便利条件。

第三章　回收经营规范

第十三条(回收经营者设立登记)

从事再生资源回收经营活动的,应当依法办理工商登记(以下简称"再生资源回收经营者")。其中,从事生产性废旧金属回收经营活动的,应当依法办理企业工商登记。

第十四条(回收经营者备案)

再生资源回收经营者应当在取得营业执照之日起15日内,向市商务部门备案。市商务部门应当根据再生资源回收网点布局规划,在备案证明中注明是否符合生产性废旧金属回收网点布局要求。

符合生产性废旧金属回收网点布局要求的再生资源回收企业(以下简称"生产性废旧金属回收企业"),应当在取得市商务部门备案证明之日起15日内,向市公安部门备案。

经备案后,再生资源回收经营者的相关信息发生变更的,应当自变更之日起30日内,申请办理变更备案。

第十五条(对产废主体的交投要求)

企事业单位产生的再生资源,除出于循环利用目的投入再生产的之外,应当出售或者交付给再生资源回收经营者。其中,生产性废旧金属应当出售给经备案的生产性废旧金属回收企业,并开具货物清单。

市政公用设施建设、维护、管理单位需要处理报废的市政公用废旧金属物资的,应当出售给市商务部门公布名录范围内的生产性废旧金属回收企业,并开具货物清单。纳入名录的生产性废旧金属回收企业,由市商务部门会同市公安部门、市再生资源协会通过定期招投标等公平竞争方式选定,并予公布。

第十六条(回收经营者的日常行为规范)

再生资源回收经营者在收集、储存、处理、运输再生资源的过程中,应当遵守下列规定:

(一) 加强火源、电源安全管理;

(二) 采取覆盖、围挡、保洁等相应措施,防止飞散、溅落、溢漏、恶臭扩散、爆炸等污染环境情况的发生;

(三) 保持周边环境卫生整洁并定期消毒,严格控制噪声、粉尘、污水、异味等污染,防止影响周边居民工作和生活环境;

(四) 其他有关环境保护、市容环卫、安全生产、职业危害防治、消防、治安等管理规定和回收经营规范。

再生资源回收经营者的经营规范,由市商务部门会同相关部门、市再生资源协会制定。

第十七条(生产性废旧金属和市政公用废旧金属收购运输)

生产性废旧金属回收企业应当与废旧金属出售单位签订收购合同,查验出售单位出具的货物清单,并建立台帐。台帐应当如实记录出售单位的名称、经办人身份信息以及物品的名称、数量、规格、新旧程度等,并至少保存 2 年。

市政公用设施建设、维护、管理单位和生产性废旧金属回收企业自行或者委托他人运输市政公用废旧金属物资的,应当事先开具证明,载明所运输市政公用废旧金属物资的种类、数量、运输目的地,并加盖公章。运输过程中应当携带该证明备查。

公安部门应当依法查验市政公用废旧金属物资的运输车辆、船舶。其他部门发现市政公用废旧金属物资运输者不能提供证明文件的，应当及时通知公安部门到现场进行处理。

第十八条（再生资源的处置）

再生资源回收经营者对于回收的物品中可以再利用或者资源化的，应当交付具备利用条件的生产经营者进行再利用或者资源化；不能再利用或者资源化的，应当交由具备相应处置能力的企业进行无害化处理。

废弃物的处理应当遵守国家和本市有关规定，保障安全生产，严禁非法处置，防止污染环境，禁止采用国家明令淘汰的技术和工艺。

第十九条（建筑工地产废回收监管）

企事业单位进行建设工程招标、建（构）筑物拆除招标或发包时，应当在招标文件和合同中，明确要求施工单位向经备案的生产性废旧金属回收企业出售生产性废旧金属，并按照资源综合利用的要求，妥善处理其他可回收利用的建筑废弃物。

区县建设交通部门应当对施工单位出售生产性废旧金属和处理其他建筑废弃物的情况加强监督管理，并将有关情况纳入本市平安工地考核范围。

第二十条（禁止回收的物品）

再生资源回收经营者不得回收下列物品：

（一）公安部门通报寻查的赃物或者有赃物嫌疑的物品；

（二）不能证明合法来源的市政公用废旧金属物资；

（三）剧毒、放射性物品及其容器；

（四）法律、法规、规章禁止回收的其他物品。

再生资源回收经营者在经营活动中发现公安部门通报寻查的赃物或者有赃物嫌疑的物品，应当立即向公安部门报告。

公安部门应当依法予以处理。

第二十一条(举报奖励)

举报再生资源回收经营者收购禁止回收物品、擅自从事市政公用废旧金属物资回收等违法行为,并经公安部门查实的,由公安部门按照有关规定对举报人给予奖励。

第四章 保障措施

第二十二条(联席会议制度)

市政府建立再生资源回收工作联席会议制度,定期明确本市再生资源回收的目标、任务和重点领域,研究部署、统筹协调再生资源回收的重大事项。

第二十三条(制定政策措施)

市和区县政府及其有关部门应当按照各自职责,制定和实施促进再生资源回收的政策措施,鼓励单位和个人积攒交投再生资源,鼓励再生资源回收经营者利用电子商务等形式提供方便快捷的回收服务,鼓励高等院校、科研单位和相关企业开展再生资源回收处理的科学研究、技术开发与推广。

第二十四条(公共信息服务平台)

本市设立再生资源回收公共信息服务平台,用于实现下列功能:

(一) 公布本市经备案的再生资源回收经营者名录和回收网点信息;

(二) 汇总再生资源回收行业的监督管理信息,实现管理部门之间的信息共享,并依法向社会公布相关信息;

(三) 发布再生资源回收的价格信息、行业发展信息和相关支持鼓励政策;

(四) 接受公众对再生资源回收经营违法行为的投诉、举报；

(五) 征集公众对促进再生资源回收的意见和建议。

再生资源回收公共信息服务平台由市商务部门组织建设,并委托市再生资源协会承担日常运行维护工作。

第二十五条(安排资金支持)

本市在循环经济发展和资源综合利用专项资金中安排相关经费,支持和鼓励再生资源回收。

市有关部门应当按照规定,对为再生资源回收作出突出贡献的单位和个人给予表彰或者奖励。

第二十六条(回收信息报送和行业统计)

经备案的再生资源回收经营者应当定期向商务部门报告回收的再生资源种类、数量等信息。具体办法由市商务部门会同市统计、公安等部门另行制定。

市和区县商务部门应当对再生资源回收行业进行统计、监测和相关统计信息的分析。再生资源回收数据信息对外发布之前,应当报同级人民政府统计机构备案。

第二十七条(宣传教育)

市商务部门应当会同市发展改革、教育、环保、绿化市容、房屋管理等部门和消费者权益保护组织加强再生资源回收的宣传教育,支持社区、中小学校开展相关知识普及和社会实践活动。

第五章　法 律 责 任

第二十八条(无照经营和超越经营范围的法律责任)

未依法取得营业执照擅自从事再生资源回收经营活动

的，由工商、城管执法部门按照职责分工，依据《无照经营查处取缔办法》等有关规定予以处理。

知道或者应当知道属于未依法取得营业执照从事再生资源回收经营活动而为其提供生产经营场所、运输、保管、仓储等条件的，由工商部门依据《无照经营查处取缔办法》等有关规定予以处理。

超出核准登记的经营范围从事再生资源回收经营活动的，由工商部门依据有关规定予以处理。

第二十九条（违反备案规定的法律责任）

违反本办法第十四条的规定，再生资源回收经营者未办理备案或者变更备案手续的，由市商务部门、公安部门责令限期改正；逾期不改正的，处以2000元以上5000元以下的罚款。

第三十条（违反生产性废旧金属回收规定的法律责任）

违反本办法第十七条第一款的规定，生产性废旧金属回收企业未建立台帐并保存的，由公安部门责令限期改正，并处以1000元以上5000元以下的罚款。

第三十一条（违反市政公用废旧金属物资回收规定的法律责任）

擅自从事市政公用废旧金属物资回收经营的，由公安部门依据国家有关治安管理的法律、法规予以处罚。

违反本办法第十七条第二款的规定，运输市政公用废旧金属物资，不能提供证明文件的，由公安部门处以1000元以上5000元以下的罚款。

市政公用设施建设、维护、管理单位违法处置市政公用废旧金属物资的，由其上级主管部门对单位负责人和直接责任人员进行处理；构成犯罪的，依法追究刑事责任。

第三十二条（违反禁止回收物品的法律责任）

违反本办法第二十条第一款的规定，再生资源回收经营者收购禁止回收物品的，由公安部门依据国家有关治安管理的法律、法规予以处罚。

第三十三条（违反信息报送规定的法律责任）

违反本办法第二十六条第一款的规定，再生资源回收经营者未向商务部门报告有关回收信息的，由商务部门责令限期改正；逾期不改正的，处以1000元以上5000元以下的罚款。

第六章　附　　则

第三十四条（有关用语的含义）

（一）生产性废旧金属，是指用于建筑、铁路、通讯、电力、水利、油田、市政设施及其他生产领域，已失去原有全部或部分使用价值的金属材料和金属制品。

（二）市政公用废旧金属物资，是指因自然损坏或者人为损坏而产生的，含有金属物质的市政公用设施、设备、仪器、雕塑及其他物资。具体范围由市建设交通部门会同市商务、公安等部门和市再生资源协会制定目录，并向社会公布。

第三十五条（施行日期）

本办法自2012年12月1日起施行。2005年10月17日上海市人民政府令第52号发布的《上海市废旧金属收购管理规定》同时废止。

（二）市政府重要文件

上海市人民政府办公厅转发市发展改革委等四部门关于建立健全本市生活垃圾可回收物回收体系实施意见的通知

各区人民政府，市政府有关委、办、局：

市发展改革委、市绿化市容局、市商务委、市财政局《关于建立健全本市生活垃圾可回收物回收体系的实施意见》已经市政府同意，现转发给你们，请认真按照执行。

上海市人民政府办公厅

2018年3月21日

关于建立健全本市生活垃圾可回收物回收体系的实施意见

为配合本市生活垃圾全程分类体系建设，建立健全生活垃圾可回收物回收体系，推进再生资源回收与生活垃圾分类收运体系“两网融合”，推动本市生活垃圾可回收物回收增量与垃圾末端处置减量，从而实现资源循环再生利用，现提出建立健全本市生活垃圾可回收物回收体系的实施意见如下。

一、基本原则

进一步深化“两网融合”，按照“以区为主、市场化运作、政府补贴”的原则，建立各区生活垃圾可回收物回收“点站场”体系，鼓励市场化运作模式参与分类回收，财政予以适当补贴，建立健全本市生活垃圾可回收物回收体系。

二、主要目标

到 2020 年，全市建成“点站场”体系完整、运行顺畅的生活垃圾可回收物回收体系。

三、主要任务

（一）加快建立“点站场”体系

到 2020 年，各区因地制宜地通过新建或改扩建等方式，在居民区建立生活垃圾可回收物回收服务点，方便居民和单位的交投出售；按照“全覆盖回收服务点”的原则，建设具备分拣、转运功能的可回收物集散场；根据实际情况，以街（镇）为单元，依托现有中转设施或通过空间规划拓展，建设具备中转、分拣、交投功能的生活垃圾可回收物转运站作为体系补充。

（二）重构可回收物回收市场运行体系

各区绿化市容管理部门会同商务主管部门通过比选、招标等多种方式，确定至少 1 家企业承担本区域内生活垃圾可回收物的回收，协调做好与生活垃圾源头分类的衔接，督促企业做好各环节的数据统计和分品类计量工作，并建立可核实、可追溯数据系统。

（三）各区制定低附加值可回收物补贴办法

各区政府为生活垃圾可回收物补贴的实施主体，对区域内确定的企业在本区内回收利用的生活垃圾可回收物按照回收总量给予补贴，用于市场价格补贴以及对分类、回收、转运、处置等环节投入的支持。补贴标准原则上参照生活垃圾处置费标准，具体标准由各区自行制定，补贴资金由区级财政安排。各区在 2018 年 6 月底前出台低附加值可回收物补贴实施细则，进一步明确和细化区相关部门监管职责以及对计量数据、补贴资金、台账制度、考核机制等要求。

四、政策保障

（一）研究市级支持政策

支持各区“点站场”体系建设，对符合条件的转运站和集散场建设，纳入本市循环经济政策予以支持；对各区回收服务点建设，研究制定按照以奖代补方式，予以一次性补贴的政策。

（二）加强监管和考核

1. 各区对生活垃圾可回收物转运站和集散场建设和管理承担主体责任。各街道(镇)对辖区内所建生活垃圾可回收物回收服务点承担协调、建设或改扩建、管理的主体责任。

2. 各区每年回收的低附加值可回收物，自 2018 年起至 2020 年，应逐年不低于各区产生生活垃圾总量的 3%、4%、5%。2020 年后，市相关部门根据历年考核情况下达后续考核指标。市绿化市容局会同市商务委将定期对各区低附加值生活垃圾可回收物补贴实施情况和目标完成情况开展检查与考核，检查与考核结果纳入各区政府领导班子年度绩效考评范围。

3. 市再生资源回收利用行业协会要定期发布生活垃圾可回收物回收市场价格和资源综合利用企业信息，各回收企业要将回收的低附加值生活垃圾可回收物交由正规的资源综合利用企业处置，确保回收资源再利用。鼓励回收企业在第三方交易平台进行公开交易。

附表：低附加值生活垃圾可回收物指导目录

序号	品类
1	废玻璃：玻璃瓶、碎玻璃等
2	废塑料：塑料包装盒、塑料袋、玩具、泡沫塑料等
3	废纸：废纸塑铝复合包装物（利乐包）、食品包装盒、购物袋、皮鞋盒等
4	废纺衣物：衣物、裤子、床上用品、鞋等
5	废木：家具、地板、沙发等含木质的物品或木料

注：1. 本目录由本市商务主管部门定期发布；
2. 各区可结合实际情况增加可回收物品类。

上海市发展和改革委员会
上海市绿化和市容管理局
上海市商务委员会
上海市财政局
2018 年 3 月 7 日

上海市人民政府办公厅关于印发贯彻《上海市生活垃圾管理条例》推进全程分类体系建设实施意见的通知

沪府办发〔2019〕3 号

各区人民政府,市政府各委、办、局:

《关于贯彻〈上海市生活垃圾管理条例〉推进全程分类体系建设的实施意见》已经市政府同意,现印发给你们,请认真按照执行。

上海市人民政府办公厅

2019 年 2 月 18 日

关于贯彻《上海市生活垃圾管理条例》推进全程分类体系建设的实施意见

为全面贯彻《上海市生活垃圾管理条例》(以下简称《条例》),抓紧抓实办好垃圾分类工作,加快建成以法治为基础的上海垃圾分类管理体系,全面展现“生活垃圾分类就是新时尚”,现提出贯彻《条例》推进全程分类体系建设的实施意见如下。

一、明确总体要求

（一）指导思想。以党的十九大精神为指引，全面贯彻习近平总书记视察上海重要讲话精神和普遍推行垃圾分类制度的重要指示，以生活垃圾“减量化、资源化、无害化”为目标，对标国际“最高标准、最好水平”，遵循“全生命周期管理、全过程综合治理、全社会普遍参与”理念，形成以法治为基础，政府推动、全民参与、市场运作、城乡统筹、系统推进、循序渐进的上海市生活垃圾管理体系，全面提高实效，加快建成生态之城。

（二）工作目标。2019 年全市生活垃圾分类工作明确三大目标。一是生活垃圾分类全面覆盖格局基本成型。全市实现居住区、单位、公共场所生活垃圾分类全覆盖，70%以上居住区实现垃圾分类实效达标。二是生活垃圾全程分类体系基本建成。建成“两网融合”服务点 8000 个、中转站 170 座。全市干垃圾日均控制量不高于 21000 吨，湿垃圾分类量日均高于 5520 吨，可回收物回收量日均高于 3300 吨。三是《条例》贯彻实施社会氛围基本形成。举办垃圾分类及《条例》普法为主题的“十、百、千、万”系列活动，即：成立 10 支志愿者队伍，举办 100 场宣传活动，覆盖约 5800 个居(村)委，发放 800 余万份宣传海报及资料，人人知晓、普遍参与垃圾分类的社会氛围基本形成。

二、全面完善《条例》贯彻落实的制度环境

（一）加强组织领导。进一步提高站位，增强做好生活垃圾管理工作的责任感、紧迫感。以《条例》颁布为契机，召开全市生活垃圾分类工作动员大会，将生活垃圾管理作为生态文

明建设和城市精细化管理的重要内容，纳入专项督查和绩效评价指标体系。按照“市级统筹、区级组织、街镇落实”的思路，建立健全“两级政府、三级管理、四级落实”的生活垃圾分类责任体系，落实属地政府和社区管理职责。完善各级生活垃圾分类工作联席会议制度，加大日常综合协调和监督指导力度，围绕《条例》贯彻落实，细化各部门、区政府的责任分工，量化工作目标和任务指标，具体责任到人。

（二）推进基层建设。将垃圾分类工作纳入基层尤其是居民区党组织管理工作职责，发挥基层党组织核心作用，形成社区党组织、居委、物业、业委的“四位一体”合力抓实四级生活垃圾分类工作联席会议制度，特别是落实街镇联办及居(村)委每1—2周的垃圾分类工作分析评价制度，发挥居民自治功能，充分调动居民的积极性和主动性。对接网格化管理机制，加大对居住区生活垃圾分类工作监督检查频率，定期分析发现的问题，并建立情况通报机制。坚持“典型引路”，加快复制推广。认真梳理成功典型案例，如长宁区上航新村“党建引领+社会共治模式”、静安区海关二村“物业主导模式”等基层创造的有效经验，纳入全市居民区生活垃圾分类推进导则，在全市大力推广。

（三）完善制度配套。市生活垃圾分类减量推进工作联席会议牵头制订《条例》配套制度清单，指导、督促市相关部门在2019年6月1日前制(修)订一批配套文件，与《条例》同步施行。一是主管部门负责类。包括生活垃圾处理设施专项规划、可回收物回收体系建设实施方案、单位生活垃圾处理费征收管理办法、生活垃圾总量控制制度、“不分类、不收运”操作规程、生活垃圾社会监督员制度以及大件垃圾处理管理办法等；二是需要协同推进类。包括党政机关等公共机构、宾馆、餐饮服务单位不得主动提供的一次性用品目录，快递业绿色包装标准，菜场湿垃圾就地处理设施配置标准，湿垃圾资源化利用标准等。

三、全面推进生活垃圾分类全程体系建设

（一）推进全面覆盖。深入开展生活垃圾分类达标、示范街镇创建活动，落实属地责任，将垃圾分类工作落实到人，严格居住区、单位、公共场所达标标准和比例，将全市70%以上的源头实效比例要求分解到“进居住区、进单位”等具体项目，促进街镇属地政府共同推进。全面落实居住区分类垃圾箱房和分类投放点改造1.7万余个，推进居住区、公共场所生活垃圾投放容器、标识的规范化及短途驳运机具的规范化。因地制宜推进垃圾分类定时定点等促进源头分类实效模式，发挥好绿色账户积分志愿者、垃圾箱房管理员等在源头分类指导、管理作用，用好在职党员双报到制度，提高在职党员对社区垃圾分类的示范、志愿者等作用。积极对接上海市文明城区、文明社区、文明镇、文明小区、文明村、文明单位、文明校园创建工作，相应提高垃圾分类工作在城区、街镇、小区、村、单位、校园等创建指标体系中的比重。

（二）加快体系建设。一是继续推动“两网融合”体系建设。坚持“线下线上相结合”原则，拓展绿色账户可回收物管理功能，将各区可回收物信息接入绿色账户平台。同时，鼓励社会第三方再生资源企业将信息接入绿色账户平台，逐步实现全市可回收物信息统计科学化。建成“两网融合”服务点8000个、中转站170座，继续推进浦东新区、青浦区、金山区、

闵行区和城投集团托底保障的集散场建设,实现居住区可回收物的便捷交投和资源的集散利用。二是提升分类收运能力。完成规范的湿垃圾车辆配置900余辆,有害垃圾专用收运车17辆,干垃圾车辆标识全面规范。加强湿垃圾车辆技术研发、选型和管理,确保分类收运整洁规范,杜绝二次污染。三是提高分类中转能力。加强中转环节分类标识的规范性检查,优化全程分类体系对市民的科普教育作用。

(三)提高处理能力。一是坚持高标准,加快项目落地。对照最严环保标准、最高设计要求,采取专题协调、重点推进等工作方式,发挥市生活垃圾设施建设指挥平台协调机制,压实各区主体责任,全面提升工作实效。2019年,紧扣9个已开工项目施工周期,加快推进三个尚未开工湿垃圾项目(金山、宝山、普陀)今年上半年开工;加快推进4个干垃圾项目(奉贤二期、金山二期、浦东二期、宝山焚烧),力争今年一季度开工建设;到年底,干垃圾焚烧处置能力达到1.93万吨/日,湿垃圾资源利用能力达到5050吨/日。二是落实末端设施严格监管。对照当前国际、国内和本市现行最严标准,适时组织培训和现场教学,发挥第三方专业监管和专业监测机构的发现作用,严格处理运营中的不规范行为。严格落实生活垃圾处理设施公众开放和公众参与制度,通过政府监管、社会参与、群众监督的公共治理体系,提高设施运营水平、提升群众接受度,逐步化解邻避效应的矛盾。

四、全面营造垃圾分类全民参与的社会氛围

(一)推动源头减量。一是推动旅馆、餐饮行业限制或减少使用一次性用品,倡导绿色消费,推广使用可循环利用物

品，并组织开展联合检查执法；二是加强对在本市经营的快递业指导，提高快递包装物回收利用率；三是加大净菜上市在标准化菜场和生鲜超市、大型超市等场所的推进力度；四是排摸本市农贸市场、标准化菜场现状，落实新建和已建农贸市场、标准化菜场的湿垃圾就地处理设施配套工作。

（二）强化执法监督。一是严格行业监督。依托垃圾分类全程信息化系统，规范收集运输行为，杜绝混装混运现象。加强对中转环节的湿垃圾品质、运输环节混装监管。落实“不分类、不处置”制度，强化处置设施垃圾分类质量控制管理，每月至少开展一次湿垃圾资源化利用厂、可回收物集散场的质量检查。二是鼓励社会监督。充分发挥社会监督员的作用，组织社区居民、新闻媒体对物业分类驳运、环卫分类收运开展检查。公示混装混运的监督电话，开通微信举报渠道。逐步落实倒逼机制，在崇明区居住区和本市单位生活垃圾“不分类、不收运”实践的基础上，逐步落实收集、运输单位对居住区交付生活垃圾品质管理责任，从分类湿垃圾品质管理倒逼机制逐步延伸到其他分类垃圾品种，倒逼居住区做好源头分类管理工作。三是开展系列执法行动。针对旅馆经营单位、餐饮服务提供者、公共机构一次性物品提供和使用，细化违法行为处罚程序，统一处罚裁量基准，统筹部署垃圾分类、餐厨垃圾等专项执法行动，严格落实执法责任，重点针对收集容器配置、单位生活垃圾分类、垃圾分类收运管理规定的执行情况进行执法检查，提高监管执法实效。

（三）营造良好氛围。一是组织开展《条例》培训。采取分类分级培训，培养一支《条例》宣讲队，组织 2 次全市性的培训，采取集中培训与送教上门相结合的方式，开展区、街镇以及行业单位培训,发放2万份普法宣传资料,800余万份分类宣传海报及资料。二是实施《条例》宣传"五个一"工程。树立一批垃圾分类先进典型,推出一套垃圾分类宣传片,开展一系列"垃圾去哪儿"主题教育活动,建设一批垃圾分类科普基地,创建一批垃圾分类示范街镇。三是开展垃圾分类社会动员。组织开展垃圾立法宣传"进社区、进村宅、进学校、进医院、进机关、进企业、进公园"系列活动,重点做好2019年春季全市中小学生"开学第一课"活动,通过"小手拉大手"、精神文明创建、卫生创建、志愿者服务等渠道,普及垃圾分类法制知识,结合好家风好家训工作,实现垃圾分类进家庭培训,指导全市媒体,利用有效阵地,做好垃圾分类公益性宣传。四是发挥城管社区工作室的作用。主动牵头基层党组织、居委、业委、物业、志愿者形成"五位一体"联动机制,积极落实居住区、企事业单位的分类投放管理责任人职责,努力推动社会各界和市民群众形成人人知晓、人人参与生活垃圾分类的良好社会氛围。

五、全面优化全程分类体系运作政策保障

(一)完善配套政策。发挥好湿垃圾资源化设施建设资金补贴政策激励作用,按照项目开工时间段,分档定额补贴;对于按时开工的项目,给予补贴资金的50%,对于建设进展滞后,且2020年未能投入运营的,取消剩余补贴资金。2019年,继续研究落实生活垃圾焚烧设施的建设投资补贴政策,充分发挥政策激励和奖惩的效果。制定与《条例》相配套的循环经济发展扶持政策。

(二)畅通产品出路。在试行《绿化用有机基质的生活垃

圾原料控制要求(试行)》《生活垃圾好氧处置产品质量要求(试行)》的基础上,落实大幅减少农田化肥用量的要求,做好湿垃圾资源化利用产品作为有机肥的可行性研究。同时,加快研究制定湿垃圾资源化产品用于本市绿地林地土壤改良的补贴政策,打通湿垃圾资源化利用产品出路。

(三)创新经济激励。运用经济杠杆,加强引逼。结合各区垃圾分类实效,在基本不增加各区经济负担的前提下,研究制定“湿垃圾不收费,干垃圾合计成本收费”,即达到符合质量标准且进入市属设施的湿垃圾不收费、湿垃圾质量数量未达标且干垃圾超量区域加倍收费的垃圾费结算制度,倒逼各区强化源头分类实效。推进各区参照市生活垃圾处理按质收费制度,落实区处理设施对街镇的品质控制和奖惩措施,促进自行处理的各区用好经济考核杠杆,落实垃圾分类实效控制管理。

附件:(下载链接)

1. 2019 年市生活垃圾分类减量推进工作联席会议成员单位工作任务清单

2. 2019 年各区生活垃圾全程体系建设任务指标分解表

附件 1

2019 年市生活垃圾分类减量推进工作联席会议成员单位工作任务清单

序号	任务名称	任务内容	牵头部门	配合部门	时间节点
1	加强组织领导	召开全市生活垃圾分类工作动员大会。	市绿化市容局	市分类减量联席会议各成员单位	2019 年 3 月
2		将生活垃圾管理作为生态文明建设和城市精细化管理的重要内容，纳入市对区专项督查和绩效评价指标体系。	市委组织部、市公务员局	市绿化市容局	2019 年
3		建立健全“两级政府、三级管理、四级落实”的生活垃圾分类责任体系，落实属地政府、区域管理职责。	各区政府、各属地街镇	市绿化市容局、各区分减联办	2019 年 6 月
4		完善各级生活垃圾分类工作联席会议制度，加大日常综合协调和监督指导力度，细化各部门、区政府的责任分工，量化工作目标和任务指标，责任到人。	市绿化市容局、各区政府、各属地街镇	市分类减量联席会议各成员单位	2019 年 3 月
5	推进基层建设	将垃圾分类工作纳入基层组织居民区党组织管理的工作职责，发挥基层党组织核心作用，形成社区党组织、居委、物业、业委的“四位一体”合力抓实四级生活垃圾分类工作联席会议制度。	各属地街镇	市民政局	2019 年 6 月

续表

序号	任务名称	任务内容	牵头部门	配合部门	时间节点
6		落实街镇联办及居(村)委每1—2周的垃圾分类工作分析评价制度,发挥居民自治功能,充分调动居民的积极性和主动性。	各属地街镇	市民政局	2019年6月
7	推进基层建设	对接网格化管理机制,加大对居住区生活垃圾分类工作监督检查频率,定期分析发现问题,建立情况通报机制。	市网格办、各区网格办	市分减联办、区分减联办	2019年
8		梳理成功典型案例及基层创造有效经验,纳入全市居民区生活垃圾分类推进导则,在全市大力推广。	市绿化市容局	市分类减量联席会议各成员单位	2019年5月
9	完善法规配套	制定生活垃圾处理设施专项规划、可回收物回收体系建设实施方案、单位生活垃圾处理费征收管理办法、生活垃圾总量控制制度、“不分类、不收运”操作规程、生活垃圾社会监督员制度以及大件垃圾处理管理办法。	市绿化市容局	市分类减量联席会议各成员单位	2019年5月
10		制定党政机关等公共机构不得主动提供的一次性用品目录。	市机管局	市绿化市容局	2019年5月

续表

序号	任务名称	任务内容	牵头部门	配合部门	时间节点
11	完善法规配套	制定宾馆不得主动提供的一次性用品目录。	市文化旅游局	市绿化市容局	2019年5月
12		制定餐饮服务不得主动提供的一次性用品目录。	市市场监管局	市绿化市容局	2019年5月
13		制定快递业落实绿色包装标准。	市邮政管理局	市市场监管局	2019年5月
14		制定菜场湿垃圾就地处理设施配置标准。	市绿化市容局、市商务委	市市场监管局	2019年5月
15		制定湿垃圾资源化利用标准。	市农业农村委、市绿化市容局	市市场监管局	2019年5月
16	推进全面覆盖	深入开展生活垃圾分类达标、示范街镇创建活动，落实属地责任，将垃圾分类工作落实到人。	市绿化市容局	各区政府、各属地街镇	2019年
17		严格居住区、单位、公共场所达标标准和比例，将全市70%以上的源头实效比例分解至居住区、进单位，促进街镇属地政府共同推进。	市绿化市容局	区分减联办、各区绿化市容局	2019年6月

续表

序号	任务名称	任务内容	牵头部门	配合部门	时间节点
18	推进全面覆盖	落实居住区分类垃圾箱房和分类投放点改造，推进居住区、公共场所生活垃圾投放容器、标识的规范化，短途驳运机具的规范化。	市绿化市容局、市房屋管理局	各区政府、各属地街镇	2019年
19		用好在职党员双报到制度，发挥在职党员对社区垃圾分类的示范、志愿者等作用。	各基层居民区党组织	各属地街镇	2019年
20		对接上海市文明城区、文明社区、文明镇、文明小区、文明村、文明单位、文明校园创建工作，相应提高垃圾分类工作在城区、街镇、小区、村、单位、校园等创建指标体系中的比重。	市委宣传部（市文明办）	市绿化市容局、市机管局	2019年
21	加快体系建设	拓展绿色账户可回收物管理功能逐步实现全市可回收物信息统计科学化。	城投集团	市分减联办	2019年9月
22		建成“两网融合”服务点8000个、中转站170座，继续推进浦东新区、青浦区、金山区、闵行区和市城投集团托底保障的集散场建设。	各区政府、城投集团	市分减联办	2019年

续表

序号	任务名称	任务内容	牵头部门	配合部门	时间节点
23	加快体系建设	完成规范的湿垃圾车辆配置900余辆，有害垃圾专用收运车17辆，干垃圾车辆全面标识规范。	市绿化市容局	各区政府	2019年
24		加强湿垃圾车辆技术研发、选型和管理，确保分类收运整洁规范和防止二次污染。	市绿化市容局、各区政府	市科委	2019年
25		提高分类中转能力，加强中转环节分类标识的规范性检查，优化全程分类体系对市民的科普教育作用。	市绿化市容局、城投集团、各区政府	市科委	2019年
26	提高处理能力	发挥市生活垃圾设施建设指挥平台协调机制，压实各区主体责任，全面提升工作实效。2019年，严扣9个已开工项目施工周期，加快推进三个尚未开工湿垃圾项目明年上半年开工；加快推进4个干垃圾项目，力争明年一季度开工建设。	市绿化市容局、市规划资源局、市重大办、各区政府	市分类减量联席会议各成员单位	2019年
27		对照当前国际、国内和本市现行最严标准，适时组织培训和现场教学，发挥第三方专业监管和专业监测机构的发现作用，严格处理运营中的不规范行为。严格落实生活垃圾处理设施公众开放和公众参与制度。	市绿化市容局、市生态环境局	各区政府	2019年

续表

序号	任务名称	任务内容	牵头部门	配合部门	时间节点
28	推动源头减量	推动旅馆、餐饮行业限制或减少使用一次性用品，倡导绿色消费，推广使用可循环利用物品，并组织开展联合检查执法。	市文化旅游局、市市场监管局、市文化执法总队	市城管执法局、市商务委	2019 年
29		加大对在本市经营的快递业指导，提高快递包装物回收利用率。	市邮政管理局、市市场监管局	市绿化市容局	2019 年
30		加大净菜上市在标准化菜场和生鲜超市、大型超市等场所的推进力度。	市商务委	市农业农村委	2019 年
31		排摸本市农贸市场、标准化菜场现状，落实新建和已建农贸市场、标准化菜场的湿垃圾就地处理设施配套工作。	市商务委、市绿化市容局	市市场监管局	2019 年
32	强化执法监督	依托垃圾分类全程信息化系统，规范收集运输行为，杜绝混装混运现象。加大对中转环节的湿垃圾品质、运输环节混装监管。	市绿化市容局	城投集团	2019 年
33		落实“不分类、不处置”制度，强化处置设施垃圾分类质量控制管理，每月至少开展一次湿垃圾资源化利用厂、可回收物集散场的质量检查。	市绿化市容局	城投集团	2019 年

续表

序号	任务名称	任务内容	牵头部门	配合部门	时间节点
34	强化执法监督	充分发挥社会监督员的作用，组织社区居民、新闻媒体对物业分类驳运、环卫分类收运开展检查。公示混装混运的监督电话，开通微信举报渠道。	市绿化市容局	市政府新闻办、市委宣传部（市文明办）	2019 年
35		逐步落实倒逼机制，逐步落实收集、运输单位对居住区交付生活垃圾品质管理责任，从分类湿垃圾品质管理倒逼逐步延伸到其他分类垃圾品种，倒逼居住区做好源头分类管理工作。	市绿化市容局、各属地街镇	城投集团	2019 年
36		细化违法行为处罚程序，统一处罚裁量基准，提高监管执法实效。	市城管执法局、市文化执法总队、市市场监管局	市绿化市容局	2019 年 6 月
37		统筹部署垃圾分类、餐厨垃圾等专项执法行动，严格落实执法责任，重点针对收集容器配置、单位生活垃圾分类、垃圾分类收运管理规定的执行情况进行执法检查。	市城管执法局、市文化执法总队	市市场监管局、市文化旅游局	2019 年 6 月
38	营造良好氛围	采取分类分级培训，培养 1 支《条例》宣讲队，组织 2 次全市性的培训。	市绿化市容局	各区政府	2019 年 5 月

续表

序号	任务名称	任务内容	牵头部门	配合部门	时间节点
39	营造良好氛围	采取集中培训和送教上门相结合的方式，开展区、街镇以及行业单位《条例》培训，发放2万份普法宣传资料，800余万份分类宣传海报及资料。	各属地街镇	市绿化市容局	2019年
40		实施《条例》宣传"五个一"工程。	市绿化市容局	市科委	2019年
41		组织开展垃圾立法宣传"进社区、进村宅、进学校、进医院、进机关、进企业、进公园"系列活动，重点做好2019年春季全市中小学生"开学第一课"活动，普及垃圾分类及立法知识。	市教委、市卫生健康委、团市委、市机管局、市绿化市容局	各区政府、各属地街镇	2019年
42		结合好家风好家训工作，实现垃圾分类进家庭培训。	市妇联、市委宣传部(市文明办)	市绿化市容局	2019年
43		指导媒体，用好阵地，做好垃圾分类公益宣传工作。	市委宣传部	市绿化市容局	2019年
44		发挥城管社区工作室的作用，主动牵头基层党组织、居委、业委、物业、志愿者形成"五位一体"联动机制，积极落实居住区、企事业单位的分类投放管理责任人职责。	市城管执法局、各属地街镇	市分类减量联席会议各成员单位	2019年

续表

序号	任务名称	任务内容	牵头部门	配合部门	时间节点
45	完善配套政策	发挥好湿垃圾资源化设施建设资金补贴政策激励作用，按照项目开工时间段，分档定额补贴。	市发展改革委、市财政局、市绿化市容局	各区政府	2019 年
46		2019 年继续研究落实生活垃圾焚烧设施的建设投资补贴政策，充分发挥政策激励和奖惩的效果。制定与《条例》相配套的循环经济发展扶持政策。	市发展改革委、市财政局、市绿化市容局	各区政府	2019 年
47	畅通产品出路	做好湿垃圾资源化利用产品作为有机肥的可行性研究，同时加快研究制定湿垃圾资源化产品用于本市绿地林地土壤改良的补贴政策，打通湿垃圾资源化利用产品出路。	市绿化市容局、市农业农村委、市发展改革委	市财政局	2019 年
48	创新经济激励	研究制定“湿垃圾不收费，干垃圾合计成本收费”的垃圾费结算制度，倒逼各区强化源头分类实效。	市绿化市容局	各区政府	2019 年 3 月
49		落实区处理设施对街镇的品质控制和奖惩措施，促进自行处理的各区用好经济考核杠杆，落实垃圾分类实效控制管理。	各区政府	市绿化市容局	2019 年

附件 2

2019 年各区生活垃圾全程体系建设任务指标分解表

区域	末端垃圾分类量实效指标				源头达标实效指标			收运体系建设指标		
	干垃圾控制量（吨/日）	可回收物量（吨/日）	湿垃圾（合计 5524 吨/日）		垃圾分类（绿色账户）覆盖累计数（万户）	定时定点及垃圾房改建累计数（个）	达标小区创建累计数（个）	湿垃圾车累计数（辆）	“两网融合”服务点累计数（个）	“两网融合”中转站累计数（个）
			居住区（含菜场）（吨/日）	餐厨垃圾（吨/日）						
黄浦	886	130	112	50	22	1088	378	20	219	10
静安	1153	177	194	77	37.5	980	551	30	355	14
徐汇	1069	165	172	81	36.3	1154	729	33	360	13
长宁	800	119	103	50	27.1	840	508	20	229	10
普陀	1060	173	242	90	42.9	515	492	60	427	10
杨浦	1102	174	203	95	43.8	842	649	42	435	12
虹口	634	103	134	59	26.9	942	481	40	269	8
闵行	2211	344	389	167	84.6	1583	737	90	840	13
宝山	1610	251	276	131	67.4	1918	518	80	670	12

续表

区域	末端垃圾分类量实效指标				源头达标实效指标			收运体系建设指标		
	干垃圾控制量(吨/日)	可回收物量(吨/日)	湿垃圾(合计5524吨/日)		垃圾分类(绿色账户)覆盖累计数(万户)	定时定点及垃圾房改建累计数(个)	达标小区创建累计数(个)	湿垃圾车累计数(辆)	"两网融合"服务点累计数(个)	"两网融合"中转站累计数(个)
			居住区(含菜场)(吨/日)	餐厨垃圾(吨/日)						
浦东	4829	767	973	356	182.5	2313	1895	140	1813	36
松江	1424	228	294	113	44	563	380	59	584	17
嘉定	1796	268	259	99	52.3	1561	394	80	520	10
奉贤	790	131	190	72	33.9	627	219	80	384	9
青浦	797	129	164	77	30	739	238	70	400	11
金山	398	72	130	50	26.6	543	154	30	264	10
崇明	426	68	77	45	19	1140	91	50	231	18
全市	20985	3299	3912	1612	776.8	17348	8414	924	8000	213

注:1. 2019年度湿垃圾考核以总量计,即居住区厨余垃圾(含菜场)+餐厨垃圾总量作为各区年度考核指标量;

2. 2019年度以垃圾分类覆盖累计数作为年度考核指标量,绿色账户不作为硬性考核指标;

3. 2019年度可回收物量可包含生活源市场化回收量。

上海市人民政府关于批转市绿化市容局等五部门制订的《上海市单位生活垃圾处理费征收管理办法》的通知

沪府规〔2019〕28号

各区人民政府，市政府各委、办、局：

市政府同意市绿化市容局、市发展改革委、市住房城乡建设管理委、市财政局、市市场监管局制订的《上海市单位生活垃圾处理费征收管理办法》，现转发给你们，请认真按照执行。

上海市人民政府

2019年7月6日

上海市单位生活垃圾处理费征收管理办法

第一条（目的依据）

为有效改善城乡环境，加快“两型社会”建设，提高新型城镇化质量和生态文明建设水平，根据《城市市容和环境卫生管理条例》《城市生活垃圾管理办法》《国务院办公厅关于转发国家发展改革委住房城乡建设部生活垃圾分类制度实施方案的通知》(国办发〔2017〕26号)等,以及垃圾减量化、资源化、无害化的要求,制订本办法。

第二条(适用范围)

本办法适用于本市行政区域内单位生活垃圾处理费的征收及其相关监督管理活动。

第三条(征收对象)

凡在本市产生生活垃圾的国家机关、企事业单位、社会团体、个体经营者等,均应当缴纳单位生活垃圾处理费。

第四条(征收原则)

向单位征收生活垃圾处理费,遵循以下原则:

(一)有利于宣传倡导节能减排、环境保护理念;

(二)有利于实现生活垃圾全程分类,推进生活垃圾分类达标;

(三)有利于体现"谁产生、谁付费","多产生、多付费","少产生、少付费";

(四)有利于完善征收方式,规范征收行为,方便单位缴费,体现公正、公平、公开。

第五条(收费性质)

单位生活垃圾处理费为经营服务性收费,实行政府指导价管理。

第六条(管理部门)

市绿化市容管理部门主管本市单位生活垃圾处理费征收管理工作,负责本办法的组织实施。市价格主管部门负责具体制定、调整单位生活垃圾处理费收费标准。

区绿化市容管理部门在同级政府的领导下,负责本辖区内单位生活垃圾产生量核算、垃圾分类质量考核及生活垃圾处理费征收的组织和管理工作。

市住房城乡建设、财政、税务、市场监管等部门按照各自职责，协同实施本办法。

第七条(征收单位)

单位生活垃圾处理费，由所在地的区绿化市容管理部门指定的下属机构负责征收。

第八条(计量方法和标准)

单位生活垃圾处理费以按量收费为基础，实行基数管理。单位生活垃圾产生量按照干垃圾、湿垃圾、有害垃圾三类分类计量，可按照分类质量，实行差异化收费。收费标准按照推动垃圾分类减量的原则制定。单位生活垃圾处理费具体收费标准及有关事项，由市价格主管、市绿化市容管理等部门另行制定明确。

单位生活垃圾产生单位应当设置符合市容环境卫生要求和标准的生活垃圾收集容器，并保持容器整洁完好。

第九条(基数核定)

单位生活垃圾处理量基数一年核定一次。

区绿化市容部门根据各单位自行申报的不同类别生活垃圾产生量，结合上年度实际收运量，核定当年基数，以适当方式向社会公示，并书面告知相关单位。

对新设立单位的生活垃圾分类处理量基数，由区绿化市容管理部门参照同行业、同等规模单位的数据确定。

第十条(收费减免)

对养老院、残疾人企业、特殊教育学校等公益性较强的单位，其生活垃圾分类考核达标的，减免该单位生活垃圾处理费。

对其他产生生活垃圾的单位，分类考核达标的，可下调单位生活垃圾处理费收费标准；分类考核不达标的，可上浮单位生活垃圾处理费收费标准。下调和上浮收费标准，在单位生活垃圾处理费收费标准中明确并自下一个计费周期生效。

第十一条(征收规范)

区绿化市容管理部门指定的下属机构应当依法向主管税务机关办理税务登记。

区绿化市容管理部门指定的下属机构应当按照规定的收费项目和收费标准，收取单位生活垃圾处理费，做到应收尽收，不得重复收费，严禁乱收费。收费人员应当做到持证上岗，收费时开具符合规定的票据。

第十二条(收费用途)

单位生活垃圾处理费用于支付生活垃圾收集、运输和处理费用以及征收单位的基本征收管理等相关费用。任何部门和单位不得擅自减免、截留和挪用单位生活垃圾处理费。

第十三条(收费监管)

各区政府和各级绿化市容管理部门应当加强对单位生活垃圾处理费征收和使用情况的监督管理。各级财政、税务、市场监管等部门应当根据相应的职责，加强对单位生活垃圾处理费征收活动的监督检查。对应收不收、应收少收，占用、挪用生活垃圾处理费，违反票据管理规定，未按照规定明码标价，超出政府指导价、扩大范围、强制服务收费以及违规收取保证金、抵押金等违法违规行为，按照有关法律、法规依法查处。

第十四条(施行日期)

本办法自2019年7月1日起施行,有效期至2023年6月30日。

上海市绿化和市容管理局
上海市发展和改革委员会
上海市住房和城乡建设管理委员会
上海市财政局
上海市市场监督管理局
2019年6月19日

（三）政府部门重要文件

关于印发《上海市生活垃圾分类投放指引》的通知

沪分减联办〔2019〕3号

上海市生活垃圾分类减量推进工作联席会议成员单位、各区生活垃圾分类减量推进工作联席会议办公室：

为切实贯彻《上海市生活垃圾管理条例》相关规定及要求，规范生活垃圾分类投放，特制定《上海市生活垃圾分类投放指引》，现印发给你们，请遵照执行。

附件：上海市生活垃圾分类投放指引

上海市生活垃圾分类减量推进工作联席会议办公室
上海市绿化和市容管理局(代章)
2019年4月1日

附件

上海市生活垃圾分类投放指引

1　总则

1.1　目的意义

为规范生活垃圾产生者分类投放行为，根据《上海市生活垃圾管理条例》(以下简称《条例》)要求，制定本指引。

1.2　适用范围

适用于上海市范围内实施生活垃圾分类投放的住宅小区、农村居民点、党政机关、企事业单位、社会团体等单位的办公或生产经营场所，以及道路、广场、公园、公共绿地、机场、客运站、轨道交通站点、旅游、文化、体育、娱乐、商业等公共场所。

2　分类目录

2.1　制定原则

对《条例》中分类标准和内涵作细化说明，对产生频率较高或市民投放中易混淆的垃圾品种进行列举，便于市民分类投放。

各区可根据两网融合系统的运行情况，在保障回收渠道畅通的基础上，增加可回收物的品种，如利乐包、塑料袋等，制定具有本区特色的分类目录，并做好宣传告知工作。

2.2　基本分类类别及定义

本市生活垃圾按照可回收物、有害垃圾、湿垃圾、干垃圾标准分类。

2.2.1　可回收物

指废纸张、废塑料、废玻璃制品、废金属、废织物等适宜回收、可循环利用的生活废弃物。

2.2.2　有害垃圾

指废电池、废灯管、废药品、废油漆及其容器等对人体健康或者自然环境造成直接或者潜在危害的生活废弃物。

2.2.3　湿垃圾

即易腐垃圾，指食材废料、剩菜剩饭、过期食品、瓜皮果核、花卉绿植、中药药渣等易腐的生物质生活废弃物。

2.2.4　干垃圾

即其它垃圾，指除可回收物、有害垃圾、湿垃圾以外的其它生活废弃物。

生活垃圾的具体分类标准可根据经济社会发展水平、生活垃圾特性和处置利用需要予以调整。

2.3　**各类别说明**

下列目录根据市民调查结果，对常见的垃圾品种，按照材质细分、主要回收品种以及国家标准中有关内容进行细化说明。国家标准中有关内容一般常见于包装外观、产品说明书等，如需要可进行对照分类。

表1　生活垃圾分类目录

类　　别	材质说明及主要品种		国家标准中有关内容
可回收物（本类别物品应保证清洁度）	废纸张	旧报书本、箱板纸（旧纸板箱）、废纸塑铝复合包装、其它废纸张	 适用于纸盒、纸箱和纸浆模塑等制品。在标志下方可标注“纸”。

续表

类　　别	材质说明及主要品种		国家标准中有关内容
可回收物(本类别物品应保证清洁度)	废塑料	PET瓶、塑料包装物、其它废塑料	 一般塑料包装回收标志按GB/T16288—2008附录A标示代号和缩略语。常用塑料代号和缩略语为:聚对苯二甲酸乙二醇酯01 PET,高密度聚乙烯02 PE-HD,聚氯乙烯03 PVC,低密度聚乙烯04 PE-LD,聚丙烯05 PP,聚苯乙烯06 PS。
	废玻璃制品	平板玻璃、瓶料玻璃、其它废玻璃制品	
	废金属	黑色金属(废钢、废铁)、有色金属(废铜、废铝、废锡、废不锈钢)、其它金属(包括稀贵金属)	 分别为铁和铝的标志,在标志下方可分别标注“铁”和“铝”。
	废织物	旧衣服、旧棉被、其它废织物	
有害垃圾	废镍镉电池和废氧化汞电池		危险废物类别及代码HW49、900-044-49
	废荧光灯管		危险废物类别及代码HW29、900-023-29
	废药品及其包装物		危险废物类别及代码HW03、900-002-03
	废油漆和溶剂及其包装物		危险废物类别及代码HW49、900-041-49

续表

类　　别	材质说明及主要品种	国家标准中有关内容
有害垃圾	废矿物油及其包装物	危险废物类别及代码 HW08、900-249-08
	废含汞温度计、废含汞血压计	危险废物类别及代码 HW29、900-024-29
	废杀虫剂、消毒剂及其包装物	危险废物类别及代码 HW49、900-041-49
	废胶片及废相纸	危险废物类别及代码 HW16、900-019-16
湿垃圾（本类别中列举物品均包含食用前、后物态）	食材废料	
	剩菜剩饭	
	过期食品	
	瓜皮果核	
	花卉绿植	
	中药药渣	
干垃圾	除上述三类外的垃圾，类别分辨不清的垃圾。	

2.4　常见物品分类

下表根据市民调查结果，对常见的垃圾品种进行分类。

表 2　常见物品分类列举

类　　别	实　物　列　举
可回收物	废纸张：纸板箱、报纸、废弃书本、快递纸袋、打印纸、信封、广告单、纸塑铝复合包装(利乐包)……

续表

类　　别	实　物　列　举
可回收物	废塑料:食品与日用品塑料瓶罐及瓶盖(饮料瓶、奶瓶、洗发水瓶、乳液罐)、食用油桶、塑料碗(盆)、塑料盒子(食品保鲜盒、收纳盒)、塑料玩具(塑料积木、塑料模型)、塑料衣架、施工安全帽、PE 塑料、pvc、亚克力板、塑料卡片、密胺餐具、kt 板、泡沫(泡沫塑料、水果网套)…… 废玻璃制品:食品及日用品玻璃瓶罐(调料瓶、酒瓶、化妆品瓶)、玻璃杯、窗玻璃、玻璃制品(放大镜、玻璃摆件)、碎玻璃…… 废金属:金属瓶罐(易拉罐、食品罐/桶)、金属厨具(菜刀、锅)、金属工具(刀片、指甲剪、螺丝刀)、金属制品(铁钉、铁皮、铝箔)…… 废织物:旧衣服、床单、枕头、棉被、皮鞋、毛绒玩具(布偶)、棉袄、包、皮带、丝绸制品…… 其它:电路板(主板、内存条)、充电宝、电线、插头、木制品(积木、砧板)……
有害垃圾	废镍镉电池和废氧化汞电池:充电电池、镉镍电池、铅酸电池、蓄电池、纽扣电池 废荧光灯管:荧光(日光)灯管、卤素灯 废药品及其包装物:过期药物、药物胶囊、药片、药品内包装 废油漆和溶剂及其包装物:废油漆桶、染发剂壳、过期的指甲油、洗甲水 废矿物油及其包装物 废含汞温度计、废含汞血压计:水银血压计、水银体温计、水银温度计 废杀虫剂及其包装:老鼠药(毒鼠强)、杀虫喷雾罐 废胶片及废相纸:X 光片等感光胶片、相片底片
湿垃圾	食材废料:谷物及其加工食品(米、米饭、面、面包、豆类)、肉蛋及其加工食品(鸡、鸭、猪、牛、羊肉、蛋、动物内脏、腊肉、午餐肉、蛋壳)、水产及其加工食品(鱼、鱼鳞、虾、虾壳、鱿鱼)、蔬菜(绿叶菜、根茎蔬菜、菌菇)、调料、酱料……

续表

类　别	实 物 列 举
湿垃圾	剩菜剩饭:火锅汤底(沥干后的固体废弃物)、鱼骨、碎骨、茶叶渣、咖啡渣…… 过期食品:糕饼、糖果、风干食品(肉干、红枣、中药材)、粉末类食品(冲泡饮料、面粉)、宠物饲料…… 瓜皮果核:水果果肉(椰子肉)、水果果皮(西瓜皮、桔子皮、苹果皮)、水果茎枝(葡萄枝)、果实(西瓜籽)…… 花卉植物:家养绿植、花卉、花瓣、枝叶…… 中药药渣 ……
干垃圾	餐巾纸、卫生间用纸、尿不湿、猫砂、狗尿垫、污损纸张、烟蒂、干燥剂 污损塑料、尼龙制品、编织袋、防碎气泡膜 大骨头、硬贝壳、硬果壳(椰子壳、榴莲壳、核桃壳、玉米衣、甘蔗皮)、硬果实(榴莲核、菠萝蜜核) 毛发、灰土、炉渣、橡皮泥、太空沙、带胶制品(胶水、胶带)、花盆、毛巾 一次性餐具、镜子、陶瓷制品、竹制品(竹篮、竹筷、牙签) 成分复杂的制品(伞、笔、眼镜、打火机) ……

3　分类收集容器配置要求

3.1　设置原则

按照便利市民投放、便于实现生活垃圾分类实效的原则,根据统一分类标准,考虑不同场所各类生活垃圾的产生量及产生频率的差异,进行合理配置。

3.2　分类收集容器类别要求及设置原则

3.2.1　党政机关、企事业单位、社会团体等单位的办公或

生产经营场所

3.2.1.1　生活垃圾收集运输交付点配置可回收物、有害垃圾、湿垃圾(有食堂或就餐的单位)和干垃圾分类收集容器。收集容器规格及标志标识应符合环卫收运要求及《生活垃圾分类标志标识管理规范》。

3.2.1.2　食堂或就餐区域设置湿垃圾和干垃圾收集容器，一般设置于产生湿垃圾的餐厅、集中就餐区等位置。可根据垃圾产生情况增设可回收物收集容器。

3.2.1.3　委托分类投放管理责任人收集生活垃圾的单位，可结合管理责任人在交付点等场所设置的分类收集容器，在本单位办公或经营场所内根据实际情况合理设置可回收物、干垃圾、有害垃圾等收集容器；自行交付生活垃圾的单位(如沿街店铺等)，办公或生产经营场所内可设置个性化可回收物、有害垃圾、湿垃圾、干垃圾收集容器，容器标志标识应符合《生活垃圾分类标志标识管理规范》。

3.2.1.4　应因地制宜设置装修垃圾、大件垃圾临时堆放点，便于生活垃圾分流分类管理。

3.2.1.5　单位生活区的生活垃圾容器配置要求参照住宅小区相关要求。

3.2.2　住宅小区和农村居民点

3.2.2.1　生活垃圾收集运输交付点设置可回收物(或两网融合回收服务点)、有害垃圾、湿垃圾、干垃圾收集容器。

3.2.2.2　在其他公共区域设置收集容器的，湿垃圾、干垃圾两类收集容器应当成组设置。

3.2.2.3　至少有一个投放点设置可回收物、有害垃圾收集容器，应当选择住宅小区和农村居民点内较方便位置设置，如:居民出入道路两侧、公共休闲区等。如小区内已建设两网融合回收服务点,可替代可回收物收集容器。

3.2.2.4 住宅小区和农村居民点应当逐步撤减垃圾投放点,推进定时定点分类投放制度。

3.2.2.5 应设置装修垃圾、大件垃圾临时堆放点,便于生活垃圾分流分类管理。

3.2.3 公共场所

3.2.3.1 应当设置可回收物、干垃圾两类收集容器。

3.2.3.2 机场、客运站以及旅游、文化、体育、娱乐、商业等公共场所配备餐饮区、小卖部或客流集中休息区的,应当在这些区域增设湿垃圾收集容器。

3.3 **其它要求**

3.3.1 细化分类

有细化分类要求的区域可根据实际情况,增设分类收集容器,如:细化可回收物分类投放品种的,增设废纸张、废塑料、废玻璃制品、废金属、废织物等分类收集容器;细化有害垃圾分类投放品种的,增设废电池、废灯管、废药品等分类收集容器。

鼓励机场、客运站、轨道交通站点,以及旅游、文化、体育、娱乐等公共场所细化设置可回收物分类收集容器。

3.3.2 收集容器规格

3.3.2.1 常见的生活垃圾分类收集容器有60升、120升、240升等规格,各类场所可根据生活垃圾产生情况和投放习惯配置。生活垃圾集中存放区域的收集容器规格,应与收集运输要求匹配。

3.3.2.2 道路、广场等公共场所生活垃圾收集容器规格参照《上海市道路、公共广场等废物箱配置导则》设置。

4　分类标志标识

4.1　分类标志色

生活垃圾分类容器整体或局部应体现对应标志色，具体颜色如下：

(一) 可回收物：蓝色，色标为 CMYK 173b6b ；

(二) 有害垃圾：红色，色标为 CMYK e94531；

(三) 湿垃圾：棕色，色标为 CMYK 6a483f；

(四) 干垃圾：黑色，色标为 CMYK 2c2b28。

4.2　分类标识样式

4.2.1　基本标识

可回收物	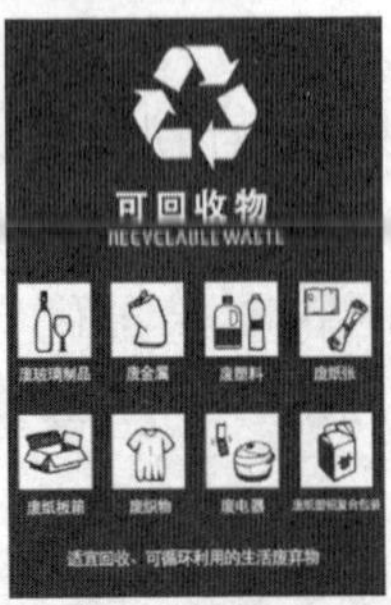	湿垃圾	
有害垃圾		干垃圾	

续表

可回收物[a]		干垃圾[a]	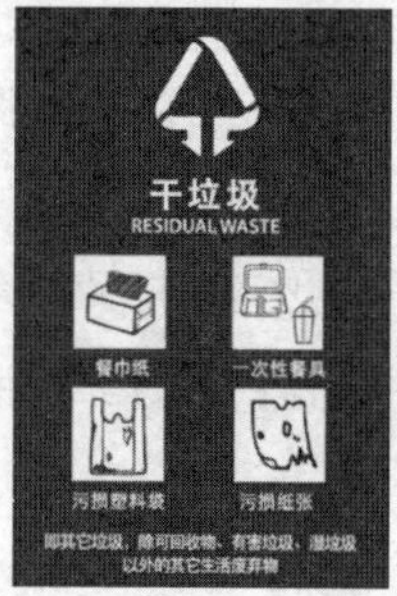
a　仅适用于公共场所垃圾分类收集容器			

4.2.2　细化标识

可回收物（废玻璃制品）		有害垃圾（含汞废弃物）	
可回收物（废织物）		有害垃圾（废药品）	

5 分类投放要求

5.1 可回收物投放要求

分类投放可回收物时,应尽量保持清洁干燥,避免污染。其中:废纸应保持平整;立体包装物应清空内容物,清洁后压扁投放;废玻璃制品应轻投轻放,有尖锐边角的应包裹后投放。

5.2 有害垃圾投放要求

分类投放有害垃圾时,应注意轻放。其中:废灯管等易破损的有害垃圾应连带包装或包裹后投放;废弃药品宜连带包装一并投放;杀虫剂等压力罐装容器,应排空内容物后投放;在公共场所产生有害垃圾且未发现对应收集容器时,应携带至有害垃圾投放点妥善投放。

5.3 湿垃圾投放要求

湿垃圾应从产生时就与其他品种垃圾分开收集,投放前尽量沥干水分,其中:有包装物的湿垃圾应将包装物去除后分类投放,包装物应投放到对应的可回收物或干垃圾收集容器;盛放湿垃圾的容器,如塑料袋等,在投放时应予去除。

5.4 干垃圾投放要求

干垃圾应投入干垃圾收集容器,并保持周边环境整洁。

6 其它相关注意事项

6.1 大件垃圾投放要求

家具、沙发、床垫等大件垃圾,投放至居住区、单位的装修垃圾、大件垃圾箱房或临时堆点,由物业联系专业收运企业收运。

6.2 电子废弃物投放要求

电子废弃物主要包括电视机、电冰箱、洗衣机、空调器、微电脑、手机、磁卡等小型电器电子产品以及其它家用电器，可交投至上海市商务委备案登记的电子废弃物回收企业设置的回收箱或回收点，也可交投至各区绿化市容管理部门设置的两网融合回收服务点。

两网融合回收服务点公示牌样式：

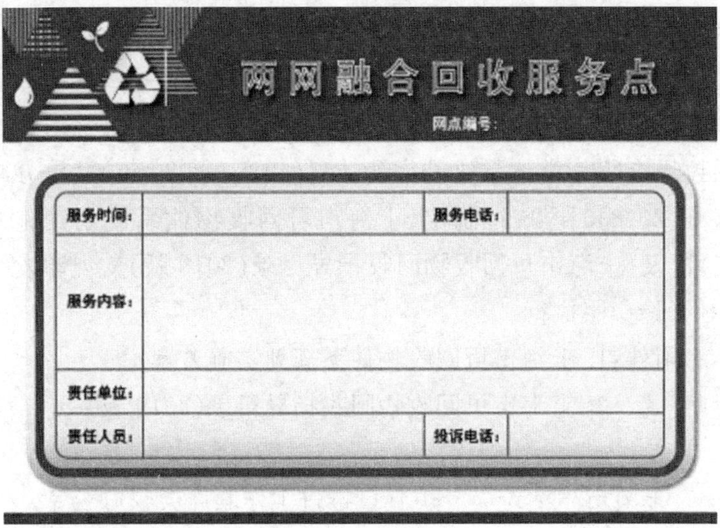

7 附录

本指引自发布之日起施行，并根据《条例》及本市的经济技术发展水平适时修订，原《上海市生活垃圾分类目录及投放要求》(沪绿容〔2014〕179 号)废止。

关于印发《上海市可回收物体系规划实施方案》的通知

沪分减联办〔2019〕6号

上海市生活垃圾分类减量推进工作联席会议各成员单位、各区生活垃圾分类减量推进工作联席会议办公室：

为贯彻《上海市生活垃圾管理条例》，促进可回收物回收利用，根据本市编制中的环境卫生设施专项规划和《上海市生活垃圾全程分类体系建设行动计划(2018—2020年)》(沪分减联办〔2018〕5号)，特制定《上海市可回收物体系规划实施方案》以及《上海市可回收物回收指导目录(2019版)》，现印发给你们，请参照执行。

附件：1. 上海市可回收物体系规划实施方案

2. 上海市可回收物回收指导目录(2019版)

上海市生活垃圾分类减量推进工作联席会议办公室

(上海市绿化和市容管理局代章)

2019年4月18日

附件一

上海市可回收物体系规划实施方案

为贯彻《上海市生活垃圾管理条例》,根据本市编制中的环境卫生设施专项规划和《上海市生活垃圾全程分类体系建设行动计划(2018—2020年)》(沪分减联办〔2018〕5号),到2020年底,本市拟加快生活垃圾分类清运体系和生活源再生资源回收体系“两网融合”,有效推进可回收物的资源化回收。现就可回收物点、站、场体系规划建设、政策配套等工作,制定实施方案如下。

一、主要目标

按照生活垃圾分类工作发展规划,全力打造由“回收点、中转站、集散场”构成的“两网融合”体系。在居住区源头建设可回收物回收服务点、以街镇为单位建设中转站,建成市民可回收物交投便捷、企业可回收物转运物流畅通的有效系统,建成政策引导有力、市场参与有效的保障系统,最终建成8000个“两网融合”可回收物回收服务点、若干个布局合理的中转站、10个区域性和若干个托底保障的“两网融合”集散场,满足全市生活垃圾可回收物交投、转运、集散需求。

二、主要任务

(一)加快体系建设,实现可回收物交投与集散顺畅

1. 可回收物回收服务点。参照《再生资源回收站点建设管理规范(SB/T10719-2012)》,兼顾本市城市发展和经济特点,按照城区每1000户居民设置1个回收点,乡镇每1500户

居民设置1个回收点的原则,全市至少建成8000个可回收物回收服务点。根据社区公共设施条件,每个街道(乡/镇)建成1个同时具备可回收物交投、绿色账户服务、分类知识科普等功能的示范型可回收物回收服务点;其余回收点可结合垃圾房改造,建成可满足周边市民交投暂存需求的标准型可回收物回收服务点(一般8—10平方米);社区无空间条件或垃圾房无冗余空间的,也可采用自助回收箱建成自助型可回收物回收服务点,或采用设立定时定点流动回收车、向市民发放可回收物专用袋并提供定期或预约服务等形式建成流动型可回收物回收服务点。可回收物回收服务点建设工作应于2019年底全面完成。

2. 可回收物中转站。根据《上海市两网融合回收体系建设导则》,本市每个街道(乡/镇)应设立1座中转站,外环内区域考虑空间限制,可2个街道统筹共建。中转站应配置称量、检测、分拣、起重、运输等设备,并具备大型车辆装车、起重、转运等条件。全市共214个街道(乡/镇),力争建成170座中转站。中转站建设应于2019年全面完成。

3. 可回收物集散场。根据《上海市生活垃圾全程分类体系建设行动计划(2018—2020年)》,本市按照因地制宜、城郊统筹原则,各郊区至少建成1座可回收物("两网融合")集散场;中心城区采取委托市场化企业,与邻近郊区统筹共建,或委托上海城投(集团)总公司等形式实现功能托底保障。全市规划建设10个区域性和3个托底保障型集散场。2019年,逐步提升松江、长宁已建成的集散场,加快推进嘉定、宝山、奉贤、崇明集散场建设,市城投集团加快3个备选地块选址工作,加快国家循环经济产业园建设。

（二）加强政策配套，促进可回收物体系有效运作

1. 加快研究制定市级“以奖代补”政策。为鼓励各区切实推进可回收物点、站、场体系建设，保障市民便捷交投，市发改委、市财政局、市绿化市容局应加快研究制定相应的经济或财政补贴政策，促进各区、各街道聚焦政策和经济资源，推进可回收物回收服务点和中转站的建设；对于符合条件的集散场，应纳入循环经济政策予以支持，全面保障可回收物体系的健康运作。

2. 推进属地化低价值可回收物政策落地。加大《关于建立健全本市生活垃圾可回收物回收体系实施意见》（沪府办〔2018〕20 号）落实力度，推动各区政府落实可回收物补贴主体责任，制定属地化可回收物体系运作资金补贴政策，对低价值可回收物予以专项资金补贴。总结静安、长宁、徐汇、虹口、普陀、松江、嘉定、奉贤 8 区已制定的低价值可回收物补贴政策经验，促进黄浦、杨浦、宝山、金山、浦东、闵行、崇明、青浦等其余 8 区政策落地。

（三）完善制度引导，形成多元化可回收物市场体系

1. 积极培育托底性可回收物市场主体。根据“政府推动、市场运作、社会参与”的原则，由各区统筹考虑区域大小、可回收物量等因素，按照“鼓励适度竞争、利于企业发展”的方向，通过适度扶持、特许经营等方式，培育区内主体企业，实现低价值可回收物的托底性回收，有效遏制再生资源作为垃圾处置的趋势。

2. 鼓励多元化的市场参与模式。从当前可回收物的市场价值属性出发，鼓励各类再生资源企业从事生活源可回收物的回收，鼓励该类企业参与各区特许经营类低价值可回收物

招标。同时强化对区域内主体企业的管理,支持主体企业通过提高服务水平服务扩大回收量,防止各区特许经营主体企业与市场自由主体恶性竞争。

(四)强化科技支撑,坚持可回收物体系高水平对标

1. 加强与绿色账户平台融合。在现有绿色账户平台已实现上门回收、定点交投等企业管理功能的基础上,鼓励各区主体企业统一使用绿色账户平台,推动全市可回收物数据信息化收集,尽快实现可回收物回收量、“两网融合”点、站、场及企业信息的统一管理。

2. 鼓励“互联网+回收”新模式。鼓励各区主体企业采用互联网、大数据等现代信息技术,开展可回收物回收服务和统计工作,同时为上游回收企业与下游拆解企业提供信息资源,最终实现线上交投与线下回收的有机结合,提升企业信息化管理水平和全市可回收物系统的信息化服务水平。

(五)加强统筹管理,推进可回收物体系规范化运作

1. 加强市对区的统筹管理。根据职责分工,细化可回收物体系建设的年度任务和考核指标,确保可回收物体系建设按时间节点完成。落实对各区低价值可回收物补贴政策实施情况的监督,推动本市可回收物回收市场规范化、规模化发展,逐步优化相关政策。定期对各区相关责任主体的体系建设、运行情况开展检查和考核,检查和考核结果纳入各区政府领导班子年度绩效考评范围。

2. 加强对主体企业和服务人员管理。通过区域主体企业招标,由各区明确管理标准,并纳入相应的服务合同。对回收企业,市区两级要明确计量、信息、统计等服务标准和监管规

则，同时在招标过程中统筹考虑区域内可回收物回收和生活垃圾分类管理工作。各回收点及其服务人员要坚持回收过程中“统一标识、统一车辆、统一服装、统一衡器、统一服务”的“五统一”规范，坚持回收服务中“回收人员信息公开、回收价格公开、回收种类公开、投诉电话公开、便民热线公开”的“五公开”的制度。

附件二

上海市可回收物回收指导目录(2019版)

为贯彻落实《上海市生活垃圾管理条例》，促进可回收物回收利用，特制定本目录。

一、可回收物主要种类

可回收物是指废纸张、废塑料、废玻璃制品、废金属、废织物等适宜回收、可循环利用的生活废弃物。

（一）废纸张

旧报书本、箱板纸(旧纸板箱)、其它废纸张

（二）废塑料

PET瓶、塑料包装物、其它废塑料

（三）废玻璃制品

平板玻璃、瓶料玻璃、其它废玻璃制品

（四）废金属

黑色金属(废钢、废铁)、有色金属(废铜、废铝、废锡、废不锈钢)、其它金属(包括稀贵金属)

（五）废织物

旧衣服、旧棉被、其它废织物

（六）低价值可回收物

低价值可回收物是指生活中具有一定循环利用价值，在垃圾投放过程中容易混入其它类生活垃圾，单纯依靠市场调节难以有效回收处理，需要经过规模化回收和集中处理才能够重新获得循环使用价值的固体废弃物。

二、常见可回收物列举

分类投放可回收物时，应保持清洁干燥，避免污染（以下所列举的可回收物常见实物均指清洁干燥、未受污损的废弃物品）。其中：废纸应保持平整；立体包装物应清空内容物，清洁后压扁投放；废玻璃制品应轻投轻放，有尖锐边角的应包裹后投放。

（一）一般可回收物

品　类	常见实物
废纸张	纸板箱、报纸、废弃书本、快递纸袋、打印纸、信封、广告单……
废塑料	食用油桶、塑料碗（盆）、塑料盒子（食品保鲜盒、收纳盒）、塑料衣架、施工安全帽、PE 塑料、pvc、亚克力板、塑料卡片、密胺餐具、kt 板……
废玻璃制品	窗玻璃等平板玻璃……
废金属	金属瓶罐（易拉罐、食品罐/桶）、金属厨具（菜刀、锅）、金属工具（刀片、指甲剪、螺丝刀）、金属制品（铁钉、铁皮、铝箔）……

续表

品　类	常 见 实 物
废织物	棉被、包、皮带、丝绸制品……
复合材料类及其它	电路板(主板、内存条)、充电宝、电线、插头、手机、电话机、电饭煲、U盘、遥控器、照相机……

（二）低价值可回收物

品　类	常 见 实 物
废纸张	纸塑铝复合包装(利乐包)、食品外包装盒、购物袋、皮鞋盒等。
废塑料	塑料包装盒、泡沫塑料、塑料玩具(塑料积木、塑料模型)等。
废玻璃制品	碎玻璃、食品及日用品玻璃瓶罐(调料瓶、酒瓶、化妆品瓶)、玻璃杯、玻璃制品(放大镜、玻璃摆件)等。
废织物	衣物(外穿)、裤子(外穿)、床上用品(床单、枕头)、鞋、毛绒玩具(布偶)等。
废木类	小型木制品(积木、砧板)等。

注:各区可结合本区低价值可回收物补贴政策及实际情况增加可回收物品类。

三、不宜列入可回收物的垃圾品种

部分垃圾品种由于受到污损或使用场景特殊等原因,不宜列入本市可回收物中,详见下表。

品　类	常 见 实 物
纸　类	污损纸张、餐巾纸、卫生间用纸、湿巾、一次性纸杯、厨房纸等。

续表

品　类	常见实物
塑料类	污损的塑料袋、一次性手套、沾有油污的一次性塑料饭盒等。
玻璃类	玻璃钢制品等。
金属类	缝衣针(零星)、回形针(零星)等。
织物类	内衣、丝袜等。
复合材料类	镜子、笔、眼镜、打火机、橡皮泥等。
其　它	陶瓷制品(碎陶瓷碗、盆)、竹制品(竹篮、竹筷、牙签)、一次性筷子、隐形眼镜(美瞳)、棉签等。

关于印发《2019 年上海市生活垃圾全程分类社会宣传与动员工作的方案》的通知

沪分减联办〔2019〕8 号

上海市生活垃圾分类减量推进工作联席会议各成员单位、各区生活垃圾分类减量推进工作联席会议办公室：

为深入贯彻中央对上海生活垃圾分类工作的指示精神，落实市委、市政府对于推进本市生活垃圾分类减量的相关要求，配合《上海市生活垃圾管理条例》的实施，广泛开展多层面、多形式、多主体的社会宣传动员，推动全社会共同参与生活垃圾分类工作，现制定并印发《2019 年上海市生活垃圾全程分类社会宣传与动员工作的方案》。请对照方案内容，细化落实本市生活垃圾分类宣传动员工作。

附件：2019 年上海市生活垃圾全程分类社会宣传与动员工作的方案

上海市生活垃圾分类减量推进工作联席会议办公室

（上海市绿化和市容管理局代章）

2019 年 5 月 8 日

附件

2019年上海市生活垃圾全程分类社会宣传与动员工作的方案

一、指导思想

以党的十九大精神为指引，以庆祝新中国成立70周年为契机，全面贯彻习近平总书记视察上海重要讲话和普遍推行垃圾分类制度的重要指示，对标国际"最高标准、最好水平"，遵循"全生命周期管理、全过程综合治理、全社会普遍参与"理念，充分借助并创新社会宣传和动员手段，全面提升本市生活垃圾管理社会动员效能。

根据《上海市生活垃圾管理条例》(以下简称"《条例》")，以及《关于贯彻〈上海市生活垃圾管理条例〉推进全程分类体系建设的实施意见》(沪府办发〔2019〕3号，以下简称"《实施意见》")精神，广泛开展多层面、多形式、多主体的社会宣传动员，推动全社会共同参与生活垃圾管理工作，加快形成全社会"人人参与、守法尽责、践行时尚"的垃圾分类社会动员氛围。力争到2019年底，本市常住人口的生活垃圾分类知晓率、参与率基本实现全覆盖；流动人口基本知晓上海生活垃圾分类工作。

二、宣传重点

(一)《条例》宣贯和政策解读

聚焦《条例》出台和实施，重点做好生活垃圾管理目标理念、分类主体责任、分类应知应会知识的普及宣传，巩固基础舆论氛围。聚焦普法宣传，通过媒体解读、志愿引导、普法活动等手段，全面提升《条例》知晓率。聚焦执法监督宣传，重点针对“收集容器配置、单位生活垃圾分类、垃圾分类收运管理规定的执行”开展执法行动宣传，对“混装混运”等违反法律规定的行为进行典型曝光，增强警示教育作用。

（二）生活垃圾全程分类体系建设

突出上海生活垃圾分类投放、分类收集、分类运输、分类处置全程分类体系建设成果，尤其是各区推进过程中的先进做法和典型经验；突出可回收物体系建设，重点宣传“点、站、场”体系建设情况、居住区可回收物便捷交投和资源的集散利用、“互联网＋”模式打造等内容；突出生活垃圾分类标准的宣传，宣传“一鼓励、一严禁、两分类”操作要求，让分类简便易行；突出分类收集、运输和处置流程及设施的科普宣传，增强市民垃圾分类的信心，动员市民科学、理性地认知、参与上海生活垃圾分类工作。

（三）生活垃圾分类社会动员实效

充分发挥各级人大在生活垃圾分类执行中的监督职能，发挥人大代表的示范引领作用；充分展示生活垃圾分类减量联席会议成员单位在垃圾分类推进过程中的积极参与和联动协作；充分展示各区委、区政府在区域生活垃圾管理工作综合协调中的经验做法；充分展示街镇村居在垃圾分类工作落实中，通过党建引领、层层发动，鼓励人人参与垃圾分类的优秀经验做法；充分展示公益组织和社会团体在践行和引领垃圾分类“新时尚”的过程中，发挥的新作用；充分展示市民参与垃圾分类过程中涌现的典型人物和感人事迹，鼓励更多社会资源和市民群体关注、参与垃圾分类，在全社会形成垃圾分类的“时尚”风气。

三、工作安排

（一）新闻宣传与正面报道

紧扣2019年全市生活垃圾分类工作明确的三大目标，即“全覆盖格局基本形成、全程分类体系基本建成、全社会参与氛围基本形成”的各项时间节点，策划新闻发布及媒体报道，开展生活垃圾分类立法后的宣传、相关政策的解读和舆论引导。（责任单位：市政府新闻办、市委宣传部新闻处、市绿化市容局、市城管执法局）

1. 组织发布会和通气会

召开新闻发布会，配合《条例》出台，侧重就技术、管理层面市民关注的热点，邀请专业部门进行解读介绍，增强广大市民对生活垃圾管理全程分类体系设计的理解和支持。每双月召开一次媒体通气会，根据生活垃圾管理全程分类体系建设进展，邀请有关单位负责人出席，重点介绍生活垃圾分类配套设施配置、大件垃圾收运管理、生活垃圾分类“三年计划两年完成”建设成果、《条例》实施的各项准备情况，以及《条例》实施后的成效等内容。（时间安排：5月—12月，7月初拟结合《条例》实施召开市政府新闻发布会）

2. 组织报道市委市政府及市人大常委会重要会议精神

组织本市主要媒体，加强对市委、市政府领导和市人大常委会领导召开的生活垃圾分类相关调研会、推进会等重要会议精神和讲话要求的集中宣传报道，适时发布深度评论报道。组织中央和本市主要媒体对住建部垃圾分类现场会等重要会

议的精神、成果进行集中宣传。(时间安排:3 月—12 月)

3. 组织集体采访活动

发挥典型引领作用,在本市垃圾分类先进典型、垃圾分类达人等现有资源的基础上,适时组织中央和本市主要媒体记者集中采访,就本轮生活垃圾全程分类体系建设和推进中涌现出的优秀组织、示范模式、典型人物、先进技术等进行集中采访报道,以正面典型带动社会参与。(时间安排:5 月—6 月第一轮典型宣传,7 月—11 月《条例》实施后第二轮典型宣传)

4. 组织国内外生活垃圾分类先进经验借鉴报道

加强对国内外城市垃圾分类先进经验借鉴的宣传。依托主要媒体驻境外和驻外省市记者站,深度报道和介绍当地生活垃圾分类情况和成功经验,为本市垃圾分类实际提供参照系,助推上海垃圾分类的基层实践,引导上海市民更客观、理性地理解、接受并参与生活垃圾分类。(时间安排:5 月—6 月)

(二) 普法宣传与执法监督

推动全市垃圾分类宣传见实效,重点做好《条例》颁布后的宣贯工作,依法、科学、有序、全面地推进生活垃圾管理。(责任单位:市人大法制委、市人大城建环保委、市绿化市容局、市城管执法局)

1. 组织大型普法系列主题活动

借助市人大宣传平台,结合垃圾分类主题宣传活动,组织开展系列垃圾分类普法宣传活动。借助普法宣传海报、宣传片、咨询服务等多种形式,推进垃圾分类普法宣传进社区、进村宅、进学校、进医院、进机关、进企业、进公园。(时间安排:5 月—10 月)

2. 实施“五个一”普法宣传工程

树立一批垃圾分类先进典型，推出一套垃圾分类宣传片，开展一系列“垃圾去哪儿了”主题教育活动，建设完善一批垃圾分类科普基地，创建一批垃圾分类示范街镇，普法宣传覆盖所有达标小区。（时间安排：5 月—12 月）

3. 集中开展垃圾分类执法系列报道

在《条例》正式实施后，配合相关部门的具体执法工作，组织 1—2 次中央和本市主要媒体记者跟踪报道。重点针对分类收集容器配置、单位生活垃圾分类、垃圾分类收运管理等规定的执行情况，以及个别居民个人的典型违法查处案例进行监督报道，以反面案例警示市民自觉遵守《条例》规范。（时间安排：7 月—8 月）

（三）公益宣传与社会氛围

突出生活垃圾分类的公益属性，充分利用各种宣传阵地，加大垃圾分类公益广告力度，形成多角度、全方位、常态化的宣传格局，潜移默化地向市民传递垃圾分类正能量，形成“人人参与、人人尽责”的社会氛围。（责任单位：市文明办、市市场监督局、市文广旅游局、市绿化市容局）

1. 在公共区域投放公益广告

依托户外电子屏、移动电视、分众传媒等多种载体，在机场、轨交站台、公交站点、商业楼宇、公园广场等公共区域，投放生活垃圾分类公益广告，使市民“抬头可见、驻足可观”，营造浓厚的垃圾分类宣传氛围。（时间安排：5 月—12 月）

2. 在广播电视（电影）投放公益广告

通过广播、电视等媒体定期投放垃圾分类公益广告。一是在电视台相关频道，每天 18:00 等黄金档位播放 15 秒的生活垃圾分类公益广告。二是在上海人民广播电台每天早新闻、晚新闻期间,各播报 1 次 15 秒的垃圾分类公益短音频,传播垃圾分类公益理念。三是在全市电影院线投放生活垃圾分类公益广告,每场电影开播前播放 15 秒的公益广告。(时间安排:5 月—12 月)

3. 在社区宣传载体联动广播

深入推动垃圾分类渗透进社区,借助社区活动中心、居民小区等大型电子屏、电梯内电子屏、垃圾箱房等载体,联动广播生活垃圾分类宣传公益广告、垃圾分类小常识、《条例》主要内容等信息,使市民随处可见、入脑入心,自觉参与日常生活垃圾分类工作。(时间安排:5 月—12 月)

4. 注重科普宣传推广

组织垃圾全程分类体验活动,开放相关生活垃圾末端处置设施,打造精品科普旅游线路,向社会传递垃圾分类理念、普及垃圾分类方法。借助垃圾分类进社区、进村宅、进学校、进医院、进机关、进企业、进公园等活动,向市民做好垃圾分类科普宣传。(时间安排:5 月—12 月)

(四)社会动员与市民参与

发挥党建引领、群团组织推动作用,结合精神文明建设和志愿服务工作,按照生活垃圾分类立法和全程体系建设的进程,组织开展垃圾分类社会动员活动,提升垃圾分类宣传的互动性、系统性、连贯性,培养市民养成垃圾分类的习惯。(责任单位:市委宣传部、市委组织部、市文明办、团市委、市教委、市体育局、市绿化市容局、各区党委)

1. 积极做好垃圾分类主题宣传活动

结合"学雷锋"、"六·五环境日"、《条例》正式施行、国际志愿者日等时间节点,市区联动开展集中宣传。进一步发挥市区两级生活垃圾分类减量联席会议成员单位作用,多渠道、多方式组织相关行业、相关部门,开展主题宣传活动。围绕庆祝新中国成立 70 周年主题,开展"辉煌七十年,文明新风尚"上海市民修身嘉年华活动,设立垃圾分类互动体验活动,宣传垃圾分类知识理念,提升市民文明素养。在"开学第一课 · 垃圾分类进学校""垃圾分类进机关"的基础上,2019 年开展生活垃圾分类"进社区""进村宅""进医院""进企业""进公园"活动,促进各责任主体通过开设培训教育、开展垃圾分类宣传活动、设置垃圾分类容器、张贴宣传提示语等形式,形成人人参与垃圾分类的氛围。(时间安排:5 月—12 月)

2. 全方位发挥街镇社会动员主体作用

开展百个街镇垃圾分类亮点巡礼,在相关媒体开设"庆祝新中国成立 70 周年——绿色上海　阿拉一道来"系列宣传专栏,讲述基层组织、市民群众和垃圾分类的故事,展示居民公约、村民公约等做法,献礼新中国成立 70 周年。各街镇结合自身特点,借助多元宣传载体,在社区、企事业单位、公共场所等区域自主开展生活垃圾分类宣传动员活动。(时间安排:5 月—12 月)

3. 努力打造三级垃圾分类志愿者队伍体系

广泛吸纳公众人物、公益组织等各方力量,做强市级总队;加快组建黄浦、徐汇、普陀等 10 个区垃圾分类志愿者队伍;探索以多种方式支持街镇层面,做实垃圾分类志愿者队伍,积极开设垃圾分类志愿服务项目,包括鼓励志愿服务组织和志愿者开展垃圾分类投放的宣传、示范等活动,做好志愿者管理和评比表彰活动,使垃圾分类成为上海市民的公益"新时尚"。

(时间安排:5 月—12 月)

4. 充分发挥公益组织作用

借助社会公益组织力量,开展市区两级垃圾分类公益志愿服务。深入拓展“绿色账户”服务平台,组织“5.10,我邀您,来分类”、垃圾分类征文和手机摄影比赛、“12.12 绿色账户狂欢节”等活动。积极扶持各类公益组织健康发展,激发属地公益组织活力,以公益组织为核心力量组织宣传、讲解活动,引导市民百姓自觉参与垃圾分类。(时间安排:5 月—12 月)

5. 千方百计发动社区居民参与

积极发挥党建在垃圾分类社会动员中的引领作用,用好“双报到”“双报告”制度,利用社区党建服务中心等平台,通过开展“主题党日活动”、生活垃圾知识宣讲等形式,全面加强垃圾分类的社区动员。鼓励居委、业委和物业“三驾马车”,采取多种形式,全方位、不留死角上门入户宣传。积极整合社会力量,通过开展培训、抽奖等形式多样的民居互动活动,调动居民参与垃圾分类的积极性。鼓励快递、垃圾收运、资源回收、垃圾末端处置等各类企业与居民社区联动,以多种形式参与生活垃圾分类工作。(时间安排:5 月—12 月)

6. 全力推进青少年参与生活垃圾分类活动

推动生活垃圾知识读本进校园活动,聚焦幼儿园、小学和初中生活垃圾分类知识传播;广泛动员全市青少年当好垃圾分类的践行者、宣传员和小小监督员;积极组织青少年参加“垃圾分类”主题实践活动,多渠道举办青少年“垃圾分类”主题夏令营,巩固提升小学生“爱心暑托班”垃圾分类社区宣传实践活动;建立上海共青团生态环境团建联盟,强化大学生生态环境团建联盟,加强环保类青年社会组织的培训服务引导。开展青少年参与社区、楼宇、园区、小区垃圾分类示范项目创评活动。(时间安排:5 月—11 月)

7. 充分调动各种宣传资源参与生活垃圾分类社会总动员

在“网球大师杯赛”“F1 锦标赛”等各类大型文体赛事活动中融入生活垃圾分类的宣传,倡导活动主办方带头践行垃圾分类。将《条例》宣贯和常识普及纳入“上海市民修身行动计划”等主题活动中,提高生活垃圾分类在各类文明创建评比中的权重;鼓励广播电视等各类媒体,充分发挥自身优势,设计并主导参与各类宣传动员活动;联合广播电台,推出 11 个区的区委书记系列访谈节目,积极打造“小通带你分”的品牌栏目;组织解放日报、文汇报、新民晚报和新闻晨报等本市主流媒体结对街镇,长期跟踪报道,扶持街镇创建垃圾分类示范街镇;组织主流新媒体,积极推广以生活垃圾分类为主题的科普、公益产品。(时间安排:4 月—12 月)

8. 积极推进以生活垃圾分类为主题的文艺作品创作

鼓励各级文艺工作者,积极制作以生活垃圾分类为主题、面向各类居民的文艺作品;与今日头条等主流新媒体传播平台合作,开展以生活垃圾分类为主题的微视频、微电影制作比赛;与有关文艺团体单位合作,积极组织各类文艺演出小分队,到居委、村委为广大市民群众演绎生活垃圾分类相关作品。(时间安排:5 月—12 月)

四、保障措施

充分整合资源,理顺体制机制,为生活垃圾分类推进工作提供必要保障,为整体垃圾分类宣传推进提供正向支持。

（一）畅通工作机制

充分发挥市、区两级分减联办资源优势，全面统筹生活垃圾全程分类宣传与动员工作，定期召开例会，实施推进相关工作。同时，密切配合市委宣传部《2019年上海市生活垃圾全程分类新闻宣传与社会动员的方案》的有关精神，统筹各类宣传资源，放大生活垃圾分类社会动员影响。

（二）制作完善宣传资料

结合生活垃圾分类工作的需要，适时修订、完善生活垃圾分类宣传手册、宣传海报、生活垃圾分类知识读本。围绕《条例》宣贯，制作一批普法宣传海报、宣传展板、动画视频，印制一批《条例》单行本。适应社区社会动员需求，编制《上海市生活垃圾分类宣传语手册》。根据青少年的特点，组织部分漫画家，以漫画形式编制《生活垃圾分类知识要点（漫画版）》。贴近受众偏好和实际需求，创新宣传载体，制作一批垃圾分类公益广告、短视频。

（三）做好各类培训

组建若干《条例》宣讲队，推进普法实体培训，开展全市性的《条例》宣贯培训；组建市建交系统生活垃圾分类志愿者宣讲团，层层组织培训动员；加强专业对口培训，对市级机关、学校、医院、宾馆饭店、物业管理、居委等工作人员开展垃圾分类知识培训；培养一批垃圾分类宣传教员，积极推进中小学垃圾分类知识科普培训；强化垃圾分类志愿者培训，让志愿者成为垃圾分类践行者和引导者。

（四）强化舆论监测

加强对本市生活垃圾分类舆情的日常监测引导，重点突出对《条例》公布、实施后，市民代表的意见建议、生活垃圾末端设施建设中产生的邻避效应、垃圾分类执法检查中发现的问题等方面的监测引导。根据舆情发生和传播实际,适时发动本市网评员队伍及新媒体力量联动给予正面引导。

关于印发《上海市生活垃圾总量控制管理办法(试行)》的通知

沪分减联办〔2019〕10号

各区分减联办,市废管处:

为贯彻《上海市生活垃圾管理条例》,普遍推行生活垃圾分类制度,加快本市生活垃圾分类减量尽快显现实效,根据《条例》第五十三条有关要求,制定了《上海市生活垃圾总量控制管理办法(试行)》,并已经市领导同意,现印发给你们,请遵照执行。

特此通知。

附件:上海市生活垃圾总量控制管理办法(试行)

2019年5月31日

附件

上海市生活垃圾总量控制管理办法(试行)

第一条　管理依据

为有序推进本市生活垃圾全程分类,促进生活垃圾减量化、资源化和无害化,根据《上海市生活垃圾管理条例》,制定本办法。

第二条　管理目标

生活垃圾总量与人口规模、经济社会发展水平相协调，控制生活垃圾总量增速低于人口规模、经济社会发展增速。

提高可回收物、湿垃圾资源化利用量，有效控制干垃圾焚烧发电总量。

第三条　生活垃圾总量

可回收物、有害垃圾、湿垃圾、干垃圾量总和为生活垃圾总量。鉴于有害垃圾量在本市生活垃圾总量中占比约万分之一，不纳入生活垃圾总量控制数计算。

本市生活垃圾总量按照前三年实际总量递推未来一年控制量的方式，综合常住人口、人均GDP变化等因素测算。

全市生活垃圾总量控制指标确定后，根据各区上年度生活垃圾总量、常住人口、人均GDP变化等因素，分解各区生活垃圾总量控制指标。

第四条　分类控制量

生活垃圾总量指标确定后，根据本市生活垃圾全程分类管理要求，分别确定干垃圾控制量上限、湿垃圾控制量下限，其余作为可回收物控制量指标。

分类控制量参照总量控制指标分解到各区。

第五条　控制指标下达

市绿化市容局每年一月份对当年度生活垃圾总量、分类控制量以及各区控制指标进行测算，必要时可开展专家咨询，并征求各区政府意见，报市政府同意后下达到各区执行。

第六条　指标调整

生活垃圾总量控制指标下达后，如区域内人口规模发生较大变动、举办较长时间人群聚集类活动等导致垃圾量较大变动的，相关区可提出调整总量控制指标。

市绿化市容局应组织进行区域垃圾总量控制指标调整论证，论证结果认为有必要调整的，报市政府同意后重新下达该区控制指标。

第七条　控制措施

市绿化市容局牵头建立完善生活垃圾全程分类体系的制度和机制，保障生活垃圾分类实效不断提升；推进市属干、湿垃圾处置设施建设，指导各区开展可回收物体系建设，协调市属可回收集散场前期工作，为全市可回收物物流提供托底保障；指导各区建设集中和分散相结合的湿垃圾处置设施，完善湿垃圾收集、转运系统，提高湿垃圾资源化利用水平。

区绿化市容管理部门在本区域内牵头落实全市生活垃圾全程分类体系的制度落实、机制保障，按计划推进可回收物点、站、场布局和建设，实现区域可回收物网络全覆盖；推进属地干、湿垃圾处理设施以及就地就近处理设施建设，保障干垃圾、湿垃圾收集、运输、处置规划目标的实现。

第八条　指标完成情况

生活垃圾总量控制指标完成情况以进入各类设施的垃圾计量数据为基础计算。

第九条　垃圾计量

本市生活垃圾资源化利用设施、无害化处置设施以及可回收物中转集散设施等应配置自动称重计量装置，称重计量数据实时接入本市生活垃圾称重计量系统。

不具备自动称重计量装置的小型处理设施、设备，按照如下口径计算：

1. 进入小型生化处理机的湿垃圾量，按照额定处理能力

70％计算或由区绿化市容局上报实际处理量。

小型生化处理机推广情况由各区绿化市容部门核定，市绿化市容局组织对设备使用情况不定期抽查，抽查发现未投入使用或未能正常使用的，其处理量按实折算。

2. 通过户内粉碎机处理的湿垃圾，按照 0.6 千克/户·日计算。

户内厨余粉碎机安装情况由各区绿化市容部门核定。

3. 未通过可回收物中转集散设施回收的可回收物量，由市绿化市容局以各区接入市级绿色账户信息平台的数据(扣除称重计量数据)为基础，通过再生资源行业协会可回收物统计数据进行校核计算。

第十条　结果应用

各区生活垃圾总量控制指标完成情况，由市绿化市容局统计汇总后向市政府报告，并向各区政府通报。同时作为各区生活垃圾管理的综合考核重要内容，纳入市对区生活垃圾分类减量工作绩效考核。

第十一条　办法实施

本办法自 2019 年 7 月 1 日起施行。

上海市绿化和市容管理局
关于发布《生活垃圾收集设施设置技术要求(试行)》的通知

沪绿容〔2019〕164 号

各区绿化市容局:

为落实《上海市生活垃圾管理条例》,规范生活垃圾收集设施的设置及改造工作,经研究制定了《生活垃圾收集设施设置技术要求(试行)》。现印发给你们,请遵照执行。

特此通知。

附件:生活垃圾收集设施设置技术要求(试行)

2019 年 4 月 23 日

附件

生活垃圾收集设施设置技术要求(试行)

1　总则

1.1　本技术要求适用于上海市行政区域内产生生活垃圾

的各类场所。

1.2 本技术要求适用于新建生活垃圾收集设施设置的规划、设计、建设和运行。现状生活垃圾房改建可参照执行。

1.3 生活垃圾收集设施设置的规划、设计、建设、运行除应符合本技术要求外,尚应符合国家、上海市现行有关标准的规定;当有关现行标准与本技术要求不一致时,应按本技术要求的规定执行。

2 术语和定义

下列术语和定义适用于本文件。

2.1 **生活垃圾**

在日常生活中或者为日常生活提供服务的活动中产生的固体废弃物以及法律、行政法规规定视为生活垃圾的固体废弃物。

2.2 **有害垃圾**

废电池、废灯管、废药品、废油漆及其容器等对人体健康或者自然环境造成直接或者潜在危害的生活废弃物。

2.3 **可回收物**

废纸张、废塑料、废玻璃制品、废金属、废织物等适宜回收、可循环利用的生活废弃物。

2.4 **湿垃圾**

食材废料、剩菜剩饭、过期食品、瓜皮果核、花卉绿植、中药药渣等易腐的生物质生活废弃物。

2.5 **干垃圾**

是指除可回收物、有害垃圾、湿垃圾以外的其它生活废弃物。

2.6　生活垃圾收集设施

按规定设置的,将分散生活垃圾集中收集的构/建筑物,本技术要求中仅涉及生活垃圾房。

2.7　生活垃圾房

生活垃圾房,即放置生活垃圾收集容器的专用建筑,也称"垃圾厢房""垃圾箱房"。

2.8　居民小区

是以住宅楼房为主体并配有商业网点、文化教育、娱乐、绿化、公用和公共设施等而形成的具有一定规模的居民生活区,并不为城市交通干道所穿越的完整地段。

2.9　单位

包括公共机构及相关企业。公共机构包括党政机关,学校、科研、文化、出版、广播电视等事业单位,协会、学会、联合会等社团组织,车站、机场、码头、体育场馆、演出场馆等公共场所管理单位;相关企业包括宾馆、饭店、购物中心、超市、农贸市场、农产品批发市场等。

3　基本规定

3.1　生活垃圾应按可回收物、湿垃圾、有害垃圾、干垃圾分类收集,并设置相应的生活垃圾房。

3.2　新建生活垃圾房应与主体工程同时设计、同时施工和同时投入使用。

3.3　生活垃圾房位置应固定,设置在市政设施完善、便于分类投放、清运作业的地方。

3.4　生活垃圾房应具备分类标志，图案和色彩应符合国家标准《城市生活垃圾分类标志》(GB/T19095)、上海市地方标准《生活垃圾分类标志标识管理规范》规定。

3.5　生活垃圾房的设计应符合分类、节能、环保、安全、方便的要求。

3.6　生活垃圾房建筑设计和外部装饰应与周围居民住宅、公共建筑物以及环境相协调。

4　居住小区生活垃圾房设置

4.1　新建居住小区应设置满足分类投放、收集要求的生活垃圾房；生活垃圾房宜包括分类收集间和分类管理间。

4.2　居住小区分类收集间应符合以下规定

1. 居住小区应至少设置1座分类收集间。

2. 分类收集间应设置分类投放区、垃圾桶暂存区、垃圾桶清洗区。

3. 单座分类收集间服务半径不宜超过120 m。

4. 单座分类收集间面积不得小于25 m^2。

5. 分类收集间总面积应符合下列公式：

$$S=\eta\cdot A$$

式中：S——居住小区内分类收集间总面积，m^2。

η——户数与面积折算系数，可取0.06～0.08，m^2/户；居民小区大于等于700户，取下限，居民小区小于700户，取上限。

A——居住小区户数，户。

4.3　居住小区分类管理间应符合以下规定：

1. 居住小区至少设置1处分类管理间，分类管理间宜与分类收集间合建。

2. 分类管理间应设置洗手池、储物区、拖把池。

3. 分类管理面积宜为8 m^2～9 m^2。

4.4 复合再生资源回收功能的生活垃圾房，其增加的用地应参照《上海市两网融合回收体系建设导则》执行。

4.5 每个自然村应至少设置1处生活垃圾房，面积不小于50 m^2。

5 单位生活垃圾房设置

5.1 单位应在内部至少设置1座生活垃圾房，生活垃圾房面积不应小于10 m^2。

5.2 商用写字楼、购物中心、大型超市垃圾房应具备包装物的存放空间。

5.3 餐饮单位生活垃圾房必须有独立的餐饮垃圾存放空间。

5.4 高层建筑的生活垃圾房宜设置在底层，其生活垃圾房面积可按高层累计总建筑面积的0.1％考虑。

5.5 加工制造生产型企业应在生产区、生活办公区分别设置生活垃圾房；生产区工业固废严禁混入生活办公区垃圾房。

5.6 医院至少设置1处生活垃圾房；严禁医疗垃圾混入投放。

6 配套设施设备

6.1 生活垃圾房应配备给排水设施；排水系统应实行雨污分流。

6.2　生活垃圾房应设有通风设施，宜配置除臭设备、防臭地漏；生活垃圾房设置在B1层时，必须配置除臭设备。

6.3　生活垃圾房内应设置消毒、杀虫设施及装置。

6.4　生活垃圾房应标识明晰。

6.5　生活垃圾房应配置防水插座、开关、灯具。

6.6　生活垃圾房应配置灭火器。

6.7　居住区生活垃圾房内配置的"干、湿"分类垃圾桶比例宜为2∶1。

6.8　生活垃圾房内垃圾桶应采用标准化垃圾桶；垃圾桶规格为120 L、240 L、660 L，垃圾桶应符合《塑料垃圾桶通用技术条件》(CJ/T280)的规定。

6.9　生活垃圾房内垃圾桶可具备称重、识别积分等智能。

7　建筑设计

7.1　生活垃圾房室内净高不低于3 m。

7.2　生活垃圾房地面坡度应为0.01～0.015。

7.3　生活垃圾房投放窗口面积宜为0.25 m^2～0.30 m^2。

7.4　垃圾桶清洗区面积宜为2 m^2。

7.5　生活垃圾房内墙面应采用光滑、便于清洗、防水的材料；外墙应具备防虫材料，平整、光洁、易清理。

7.6　地面应采用防渗、防滑材料；应耐磨、耐腐蚀、防滑。

7.7　生活垃圾房门宜采用不锈钢门。

8　附录

附录A　建筑面积33平方米

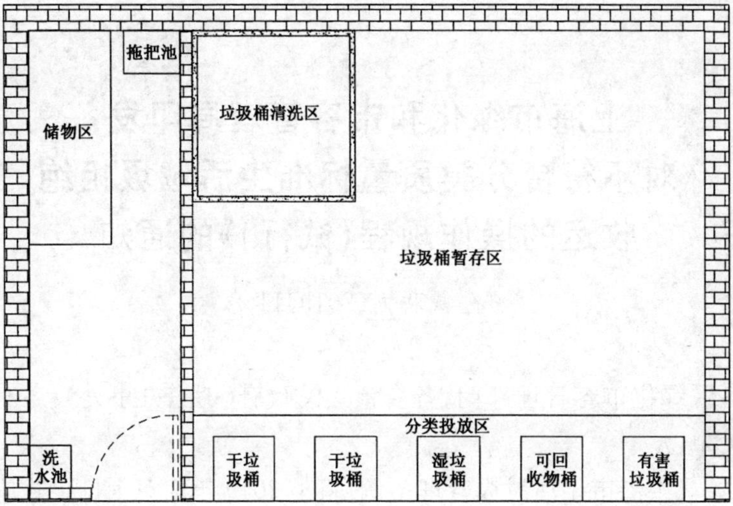

附录 B　建筑面积 44 平方米

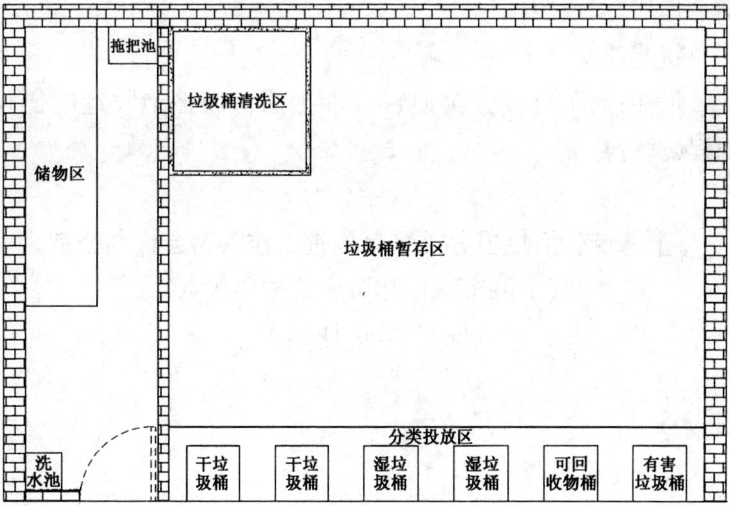

上海市绿化和市容管理局印发《对不符合分类质量标准生活垃圾拒绝收运的操作规程(试行)》的通知

沪分减联办〔2019〕11号

各区绿化市容管理部门,各乡镇人民政府(街道办事处),各有关单位:

《上海市生活垃圾管理条例》将于2019年7月1日正式施行,根据《条例》第二十九条第二款相关规定,特制定《对不符合分类质量标准生活垃圾拒绝收运的操作规程(试行)》,现印发给你们,请遵照执行。

特此通知。

附件:对不符合分类质量标准生活垃圾拒绝收运的操作规程(试行)

上海市生活垃圾分类减量推进工作联席会议办公室

(上海市绿化和市容管理局代章)

2019年6月10日

附件

对不符合分类质量标准生活垃圾拒绝收运的操作规程(试行)

根据《上海市人民政府办公厅印发〈关于建立完善本市生活垃圾全程分类体系的实施方案〉的通知》要求,收运单位应严格执行生活垃圾分类收运。《上海市生活垃圾管理条例》第二十九条规定,收集、运输单位发现(生活垃圾分类投放管理责任人)所交的生活垃圾不符合分类质量标准的,应当要求改正;拒不改正的,可以拒绝接收,同时应当向所在地乡镇人民政府或者街道办事处报告,由乡镇人民政府或者街道办事处及时协调处理。为提高分类实效,保障收集运输和进入生活垃圾处理厂生活垃圾分类质量,特制定对不符合分类质量标准生活垃圾(以下简称混合垃圾)拒绝收运的操作规程,具体如下:

一、不符合分类质量标准的判定

在生活垃圾交付点拟交付的可回收物、有害垃圾、湿垃圾、干垃圾等不同类别垃圾中明显混有其它类别生活垃圾,或混有建筑垃圾、工业垃圾、医疗垃圾的,该类别分类垃圾即不符合分类质量标准。

对交付点生活垃圾是否达到分类质量标准,由收集、运输单位作业人员现场目测方式判定。

生活垃圾分类投放管理责任人(以下简称"管理责任人")对收集、运输单位认定标准或者判定结果存有异议的,除与收集、运输单位直接沟通外,可提请所在地乡镇人民政府或者街道办事处协调解决争议。

二、收集运输单位操作规程

（一）告知并要求改正

收集、运输单位在生活垃圾交付点发现拟交付的可回收物、有害垃圾、湿垃圾、干垃圾不符合分类质量标准的，应当告知生活垃圾分类投放管理责任人并要求其改正。现场改正到位的，应当予以清运；现场无管理责任人、驻守人员或者不能及时改正的，收集、运输单位应当在交付点张贴《生活垃圾分类不符合分类质量标准告知单》，明确混合垃圾类别、改正期限等，要求管理责任人限期改正。

收集、运输单位应将不符合分类质量标准的单位、居住区等信息及时报告给所在地的乡镇人民政府或者街道办事处。

对不符合分类质量标准的可回收物和有害垃圾，在要求改正的期限内不予收运。在改正期限内改正到位的，管理责任人可通知收集运输单位另行排班予以清运，或由收集运输单位根据常规收运频次在下一次清运时予以清运。

对不符合标准的湿垃圾和干垃圾，在要求改正期限内均纳入干垃圾收运系统予以清运，并在《生活垃圾分类不符合标准告知单》明确告示。

对单位改正期限一般不超过 3 天；对居住区改正期限一般不超过 7 天。

（二）拒绝收运并报告

在要求改正期限结束后，收集、运输单位在生活垃圾交付点发现拟交付的可回收物、有害垃圾、湿垃圾、干垃圾仍然不符合分类质量标准的，收集、运输单位可以对混合垃圾拒绝收运。

收集、运输单位应当在交付点张贴《拒绝收运生活垃圾告知单》，明确拒绝收运的垃圾类别、起始时间，对混合垃圾进行拍照留证。

收集、运输单位应当将拒绝收运的单位、居住区等信息在拒绝收运当日报告给所在地的乡镇人民政府或者街道办事处，并及时汇总报送区绿化市容部门。

（三）恢复收运

收集、运输单位根据所在地乡镇人民政府或者街道办事处协调意见，及时恢复对拒绝收运单位、居住区的生活垃圾收集、运输服务。

管理责任人在被拒绝收运当日即采取改正措施，并经收集、运输单位确认达到分类质量标准的，管理责任人可直接向收集、运输单位申请恢复收集、运输服务。

三、乡镇人民政府或者街道办事处指导协调责任

乡镇人民政府或者街道办事处接获收集、运输单位报告的不符合分类质量标准的单位、居住区等信息后，应当通过基层社会治理等途径，指导相关的居民委员会或者村民委员会、业主委员会、物业服务企业、业主等加强生活垃圾分类宣传、引导，有针对性地对不履行分类义务的单位、居民进行重点宣讲、登门劝告、座谈协商等，同时督促管理责任人履行管理责任，切实落实改正措施，促进达到分类质量标准。

乡镇人民政府或者街道办事处接获收集、运输单位报告的拒绝收运的单位、居住区等信息后，应当及时组织协调处理。对前期改正不到位的，督促进一步改正到位；管理责任人仍旧拒不改正的，移送城管执法部门处罚，并将拒不履行分类

投放管理责任的物业服务企业信息提交市房屋管理部门，纳入物业服务企业信用管理体系。

四、建立完善信息化系统

生活垃圾交付点信息应当纳入生活垃圾全过程管理信息系统，载明交付点（垃圾箱房、小压站等）编码、收集、运输单位、管理责任人、监管单位、生活垃圾清运频率及时间、监督投诉电话等信息。区绿化市容管理部门、乡镇人民政府或者街道办事处应当逐步将混合垃圾照片、不符合分类质量标准的单位、居住区信息、拒绝收运的单位、居住区信息等通过信息系统实现实时传输，提高工作效率。

附件：1. 生活垃圾分类不符合分类质量标准告知单（样张两联单）（黄色）

2. 拒绝收运生活垃圾告知单（样张两联单）（红色）

附件 1

生活垃圾分类不符合分类质量标准告知单（样张　两联单）（黄色）

本公司在____年____月____日____：____为贵单位/居住区提供生活垃圾收集、运输服务过程中，发现所交付的下列类别生活垃圾未达到分类质量标准，请在改正时限内予以改正。

对可回收物和有害垃圾分类改正到位的，本公司将在下次收集、运输服务过程中一并收运，或致电××××××××预约另行安排收运。

对湿垃圾和干垃圾,在改正期限内暂统一按干垃圾予以收运。

对超过改正期限仍未达到分类质量标准的生活垃圾,本公司有权根据《上海市生活垃圾管理条例》的规定拒绝接收。

生活垃圾交付点编码:			
类　别		改正时限	改正要求
	可回收物	□3 日　□7 日	清除除废纸张、废塑料、废玻璃制品、废金属、废织物以外的其它废弃物。
	有害垃圾	□3 日　□7 日	清除除废电池、废灯管、废药品、废油漆及其容器以外的其它废弃物。
	湿垃圾	□3 日　□7 日	清除除食材废料、剩菜剩饭、过期食品、瓜皮果核、花卉绿植、中药药渣以外的其它废弃物
	干垃圾	□3 日　□7 日	不应含有有害垃圾、大量的湿垃圾、建筑垃圾、工业垃圾、医疗垃圾

对上述告知内容有异议的,可提请××乡镇人民政府/××街道办事处协调,联系电话:×××××××××;××区绿化市容管理部门监督电话:×××××××××。

收集、运输单位(公章)

附件 2

拒绝收运生活垃圾告知单(样张　两联单)(红色)

本公司在____年____月____日________:________为贵单位/居住区提供生活垃圾收集、运输服务过程中,发现所交付的□可回收物　□有害垃圾　□湿垃圾　□干垃圾未达到分类质量标准,已告知在□3 日□7 日内予以改正。现超过改正期限,但仍然发现所列类别生活垃圾未达到分类质量标准。

根据《上海市生活垃圾管理条例》的规定,自____年____月____日起,不再接收贵单位/居住区的□可回收物□有害垃圾□湿垃圾　□干垃圾。

对上述决定存有异议的,可提请××乡镇人民政府/××街道办事处协调,联系电话:×××××××××。本公司也会将上述情况报告××乡镇人民政府/××街道办事处,将根据乡镇人民政府/街道办事处协调处理意见决定是否恢复收运服务。

××区绿化市容管理部门监督电话:×××××××××。

收集、运输单位(公章)

上海市绿化和市容管理局关于印发《上海市实施生活垃圾定时定点分类投放制度工作导则》的通知

沪绿容〔2019〕181 号

各区绿化市容局,各有关单位:

为贯彻落实《上海市生活垃圾管理条例》,推进本市居住区逐步推行生活垃圾定时定点分类投放制度,有效指导定时定点工作方法和实施步骤,增强市民对垃圾分类的参与度、准确度,提升居住区垃圾分类实效。经研究论证,制定了《上海市实施生活垃圾定时定点分类投放制度工作导则》,请各区绿化市容部门转发传达至各街镇(乡、工业区),并参照执行。

附件:上海市实施生活垃圾定时定点分类投放制度工作导则

上海市绿化和市容管理局

2019 年 5 月 5 日

附件

上海市实施生活垃圾定时定点分类投放制度工作导则

1. 总则

1.1 为贯彻落实《上海市生活垃圾管理条例》,推进本市居住区开展生活垃圾定时定点分类投放,增强居民垃圾分类感受度、参与度、准确度,提升居住区垃圾分类实效,特制定本导则。

1.2 本导则适用于本市市域内实施生活垃圾分类的各类住宅小区,农村居民点可参照使用

1.3 本导则所称生活垃圾定时定点分类投放,是指居民在约定时间和约定地点将生活垃圾分类投放于收集容器的投放方式。

1.4 本市居住区生活垃圾分类以定时定点分类投放为主,其他投放方式作为补充,因地制宜,逐步推进生活垃圾定时定点分类投放制度(以下简称"定制定点制度")。

1.5 住宅小区生活垃圾分类设施设备配置按照《上海市生活垃圾分类指引》及《DB31/T 1127-2019 生活垃圾分类标志标识管理规范》执行,并随其修订而相应调整。

2. 分类标准

本市生活垃圾按照以下标准分类。

2.1 可回收物,是指废纸张、废塑料、废玻璃制品、废金

属、废织物等适宜回收、可循环利用的生活废弃物；

2.2　有害垃圾，是指废电池、废灯管、废药品、废油漆及其容器等对人体健康或者自然环境造成直接或者潜在危害的生活废弃物；

2.3　湿垃圾，即易腐垃圾，是指食材废料、剩菜剩饭、过期食品、瓜皮果核、花卉绿植、中药药渣等易腐的生物质生活废弃物；

2.4　干垃圾，即其它垃圾，是指除可回收物、有害垃圾、湿垃圾以外的其它生活废弃物。

2.5　生活垃圾的具体分类标准，可以根据经济社会发展水平、生活垃圾特性和处置利用需要予以调整。

3. 分类收集容器设置

3.1　本市实行生活垃圾分类投放管理责任人制度(以下简称“管理责任人”)。住宅小区由业主委托物业服务企业实施物业管理的，物业服务企业为管理责任人。管理责任人应当设置生活垃圾分类收集容器。

3.2　生活垃圾收集运输集中交付点设置可回收物、有害垃圾、湿垃圾、干垃圾四类收集容器；在其他公共区域设置收集容器的，湿垃圾、干垃圾两类收集容器应当成组设置。

3.3　管理责任人应当将需要驳运的生活垃圾，分类驳运至生活垃圾收集运输交付点。

4. 定时定点投放点设置

4.1　住宅小区可按照每300至500户居民设置一个定时定点投放点原则，根据小区空间条件、志愿者人数等因素合理确定投放点数量。

4.2 定时定点投放点开放时长每日宜设置为3至4小时,并选取居民投放垃圾的高峰时间段(一般为上午及傍晚两个时间段)。开放时间段和时长可根据小区定时定点推进的实际情况,适当调整及增减。

4.3 定时定点投放点设置应根据小区居民原有投放习惯及垃圾房位置,按照便民原则,合理确定点位。

4.4 住宅小区公共宣传栏、主要出入口等醒目位置应公示定时定点投放点点位、投放时间及其他要求等。

5. 定时定点制度实施规程

5.1 准备期

5.1.1 成立工作小组。居民区党组织牵头,组织居民委员会、业主委员会、物业服务企业等组织根据住宅小区实际情况,组建本小区垃圾分类(定时定点)推进工作小组。

5.1.2 开展基础调研。工作小组通过实地勘察、问卷调查、专业咨询等多种方式开展社区基础情况调研,掌握小区垃圾投放点设置、日均各类垃圾产生量、垃圾收运方式、居民垃圾分类开展意愿、居民定时定点投放接受度、保洁员及志愿者配置等现状。

5.1.3 确定实施方案。工作小组按照社区调研情况,制定小区定时定点分类投放实施方案,并做好居民意见征询工作,期间做好定时定点方案的公布性宣传、公示。实施方案应包括分类设施设备配置(定时定点点位设置、垃圾房改造、分类驳运机具配置等)、工作小组责任分工及长效管理制度(党组织、居委、业委、物业责任分工等)、指导人员配置(分类志愿者、监督员、保洁员等)、收运服务对接、培训与宣传告知、各项任务时间节点等内容。

5.1.4　落实宣传培训。工作小组应开展物业管理人员、志愿者、监督员、保洁员等具体推进人员的培训工作。培训内容应包括本市生活垃圾分类基本知识、分类收集与驳运操作规范、与居民的沟通技巧等。

5.2　**实施期**

5.2.1　配置分类设备。在居民区党组织领导下,工作小组敦促相关责任部门、人员实施定时定点投放点和垃圾房改造;管理责任人按照实施方案配置符合本市分类标准及标识标志规范的分类收集容器及分类驳运机具。

5.2.2　广泛宣传告知。工作小组组织志愿者,广泛开展垃圾分类宣传和定时定点告知工作,落实上门宣传方式,宣传内容至少包括生活垃圾分类知识、分类方法及定时定点投放要求,并保证宣传的有效性;设置公共宣传栏、电子显示屏宣传垃圾分类相关内容;有条件的,定期开展垃圾分类专题宣传活动,将垃圾分类宣传融入小区开展的各类活动中。

5.2.3　落实值守指导。定时定点实施初期(至少三个月),工作小组落实每个点位1—2名志愿者在定时定点投放开放时间进行值守,要求志愿者做好开袋检查、劝导指导等事项,指导居民正确分类投放;工作小组组织监督员在小区内进行巡查,督促志愿者规范指导,防止居民随意倾倒垃圾,做好规劝引导;保洁员应做好分类收集及驳运,即时反馈每日分类情况。在撤桶并点的定时定点方案实施初期,工作小组协调物业增加巡查、保洁频率,防止发生环境卫生质量下降,做好对约定时间段以外定点定位、误时投放点位及其他区域内垃圾非规范投放现象的记录、反馈和公示。

5.2.4 定期分析评价。工作小组应建立每1至2周的垃圾分类工作分析评价制度，对照《生活垃圾分类达标居住区标准》中的“五有”要求，评估推进成效，做好经验归纳、问题汇总，提出应对措施、整改建议。

5.2.5 平稳引导过渡。定时定点制度实施初期，可根据定时定点方案意见征询期间居民对方案的意见统一程度，对于意见分歧较大的，按照不同情况，做好过渡性引导工作：原地面楼栋前或几幢楼之前设置投放点的住宅小区，在做好居民宣传承诺基础上，可以设置误时投放点，误时投放点数量比例应等于或少于定时定点点位数量；原楼层内设置投放点的住宅小区，可保留全部或部分楼层投放点，通过约定承诺等方式，引导居民分类后楼层投放，对约定期间内未分类的楼层，逐步撤桶，实施集中定时定点投放。

5.3 **维持期**

5.3.1 转变值守巡查机制。工作小组可根据定时定点制度推进成效，逐步减少志愿者值守、监督员巡查等监督手段的时长或频次，最终实现居民的自觉定时定点分类投放。

5.3.2 建立长效机制。工作小组应建立长效管理机制。通过先进表彰、社区红黑榜等公示方式，增强居民垃圾分类积极性，巩固居民定时定点分类投放习惯；通过绩效考核等考评手段，确保工作小组各成员及相关推进人员职责落实。

5.3.3 定期实施后评估。工作小组应定期开展自评估，根据评估结果，适当改进硬件配置和管理方式，切实提升小区垃圾分类实效。

6. 保障措施

6.1　生活垃圾收集、运输单位应当按照有关规定，采用符合本市分类标识标志规范的分类运输车辆，提供生活垃圾分类清运服务。

6.2　乡镇人民政府、街道办事处可以通过购买服务方式，引入各类社会组织，开展辖区内居住区垃圾分类宣传、指导、培训、监督等活动。

6.3　乡镇人民政府、街道办事处应当将生活垃圾管理纳入社会基层治理工作，加强组织协调和指导，特别是住宅小区内硬件设施设备改造、收运服务对接等方面。

6.4　市、区人民政府及其相关部门和工会、共青团、妇联等组织应当通过多种方式，广泛开展社会动员，推动全社会共同参与生活垃圾管理工作。

6.5　本市生活垃圾分类相关情况纳入文明社区、文明小区等精神文明创建活动的评选标准。

上海市绿化和市容管理局关于印发《上海市生活垃圾管理社会监督员管理办法(试行)》的通知

沪绿容〔2019〕185 号

各区绿化市容局:

为建立健全上海市生活垃圾管理监督机制,我局制定了《上海市生活垃圾管理社会监督员管理办法(试行)》,现印发给你们,请遵照执行。

附件:上海市生活垃圾管理社会监督员管理办法(试行)

2019 年 5 月 6 日

附件

上海市生活垃圾管理社会监督员管理办法(试行)

为建立健全上海市生活垃圾管理监督机制,动员社会力量参与生活垃圾治理,营造社会共治的良好氛围,确保生活垃圾管理社会监督工作顺利开展,制定管理办法如下:

一、产生方式

市、区绿化市容部门向社会公开选聘社会监督员，分别建立市、区两级社会监督员队伍。选聘数量由市、区绿化市容部门根据工作需要各自确定。鼓励市、区各级人大代表和政协委员担任社会监督员，不受选聘计划人数的限制。

二、选聘条件

（一）拥护党的路线、方针、政策，熟悉生活垃圾管理的法律、法规、标准，有较丰富的生活垃圾管理知识；

（二）关心市容环卫事业，热心社会监督工作，有参与生活垃圾管理的实践，有较强的分析判断能力；

（三）具有良好的思想品质和职业道德，坚持原则、公正廉洁、工作认真、联系群众；

（四）身体健康，年龄在 18—70 周岁以内，可以胜任社会监督的工作要求。

三、聘任程序

市社会监督员由市绿化市容局聘任，区社会监督员由各区绿化市容部门聘任。

市社会监督员面向社会公开选聘，在选聘期内接受市民群众的自愿报名。

市绿化市容局在选聘期结束后对所有报名者进行资格审核，按照“择优聘任”的原则，根据选聘的计划数确定聘任。被确定聘任的社会监督员，由市绿化市容局颁发统一印制的聘书和《上海市生活垃圾管理社会监督员证》。

区社会监督员的聘任程序可参照市社会监督员聘任程序实施,或由各区绿化市容部门另行制定。

社会监督员每届聘期为两年,聘任期满可以续聘。

四、工作职责

(一) 宣传生活垃圾管理的法律法规、相关的政策知识、以及政府开展生活垃圾管理工作的有关情况;

(二) 根据生活垃圾管理的法律法规和本市生活垃圾管理工作的要求,对本市生活垃圾管理工作开展监督检查;

(三) 向市、区绿化市容部门反映生活垃圾管理中存在的问题,以及单位、社区、居民违法违规等问题;

(四) 承担市、区绿化市容部门委托的其他相关工作。

五、监督内容

(一) 源头投放:主要对市民群众的生活垃圾分类投放行为进行监督;

(二) 分类驳运:主要对小区物业的生活垃圾短驳情况进行监督;

(三) 分类收运:主要对生活垃圾运输企业的收运情况进行监督;

(四) 末端设施:主要对生活垃圾的末端处置情况进行监督;

(五) 社会单位:主要对本市各个政府机关、企事业单位、医院、学校等内部的垃圾分类情况进行监督。

六、监督范围

(一) 市社会监督员以本人居住区所在的辖区为主要监督

范围,可根据需要进行跨区监督;

(二)区社会监督员在本辖区范围内开展社会监督活动。

七、监督方式

(一)随机监督:社会监督员在日常生活、工作期间对源头投放、分类驳运和分类收运的情况进行随机监督;

(二)集中监督:市、区绿化市容部门定期组织社会监督员对生活垃圾末端设施和社会单位进行集中监督。

八、反馈流程

(一)社会监督员在开展社会监督活动时应佩戴证件,做好记录,发现问题时应填写市、区绿化市容部门统一印制的《社会监督情况反馈单》,并附问题情况照片。信息反馈尽量采用微信、QQ、电子邮件等信息化手段,做到及时真实;

(二)市社会监督员发现问题及时向市绿化市容局进行反馈。区社会监督员发现问题原则上向本地区的绿化市容部门进行反馈,重大问题也可向市绿化市容局进行反馈;

(三)市、区绿化市容相关部门按照处置流程及时处理监督信息,并做好事后反馈和统计汇总工作。

九、工作纪律

(一)社会监督员不得利用受聘身份从事与履行职责无关的活动;

(二)社会监督员不得接受或向被监督单位索取财物;

(三)社会监督员不得向媒体、任何组织和个人泄露、传播其在监督检查活动中获取的生活垃圾管理涉密事项;不得未经市、区绿化市容部门许可擅自发布监督报告；

（四）社会监督员不得无故缺席市、区绿化市容部门召集的社会监督员会议以及组织的相关活动；

十、日常管理

市、区绿化市容部门应加强社会监督员队伍的日常管理，定期召开社会监督工作会议，组织相关工作培训，开展优秀社会监督员和优秀社会监督案例等项目的评选表彰。对不能履行社会监督职责或违反社会监督工作纪律的社会监督员予以解聘。保障社会监督工作所需的工作经费。社会监督的工作性质为志愿服务，社会监督员不领取薪酬。

十一、附则

（一）本办法自2019年7月1日起试行，自2021年6月30日终止；

（二）本办法由市绿化市容局负责解释。

上海市绿化和市容管理局关于印发《关于规范本市大件垃圾管理的若干意见》的通知

沪绿容规〔2019〕2号

各区绿化市容局：

现将《关于规范本市大件垃圾管理的若干意见》印发给你们，请认真按照执行。

附件：关于规范本市大件垃圾管理的若干意见

上海市绿化和市容管理局

2019年6月20日

附件

关于规范本市大件垃圾管理的若干意见

大件垃圾是指单位和个人在日常生活中产生的，重量超过5千克，或体积超过0.2立方米，或长度超过1米，体积较大、整体性强，需要拆分再处理后资源化利用或者无害化处置的废弃物品，包括沙发、床垫、床架、桌椅、衣（书）橱（柜）等废弃家具。为规范本市大件垃圾产生投放、收集、运输、拆分处理、无害化处置等全过程管理，根据《上海市生活垃圾管理条例》，提出若干意见如下：

一、鼓励源头减量

1. 鼓励单位和个人通过选用绿色环保耐用的大件家具、延长大件家具使用寿命等形式，减少大件垃圾排放。

2. 鼓励具备条件的社会企业开展废旧家具线上线下二手交易、慈善拍卖、捐赠，开展翻新再生等活动，促进大件家具等循环使用。

二、规范分类投放

1. 明确大件垃圾分类投放管理责任人。《上海市生活垃圾管理条例》规定的生活垃圾分类投放管理责任人，作为居住区、各类单位大件垃圾投放管理责任人（以下简称投放管理责任人）。投放管理责任人应加强大件垃圾源头投放管理，明确其管理区域内大件垃圾投放场所、投放时间以及投放规范等，做好大件垃圾产生者和收集、运输单位之间的衔接。

2. 设置大件垃圾分类堆放场所。具备空间条件的居住区、单位，投放管理责任人应当设置大件垃圾分类堆放场所，方便大件垃圾分类投放；加强分类堆放场所的管理，做到标志标牌醒目，采取围挡遮护等防污染措施。大件垃圾堆放场所可单独设置，也可结合装修垃圾堆放场所、可回收物回收服务点（中转站）合并设置。

3. 实行大件垃圾分类投放。产生大件垃圾的单位或者个人应当将大件垃圾分类投放，不得混入生活垃圾分类收集容器或者随意丢弃。大件垃圾产生者可以将大件垃圾投放至大件垃圾分类堆放场所,或者通过电话、网络等方式预约可回收物回收经营者或者大件垃圾收集、运输单位上门回收,也可以自行运送至区绿化市容管理部门或者乡镇人民政府(街道办事处)设立的大件垃圾拆解处理场所。

4. 探索设立集中投放日。各区绿化市容管理部门或者乡镇人民政府(街道办事处)可根据辖区内大件垃圾产生、清运、处理及资源化利用等情况,选择在卫生月、世界地球日、世界环境日等适宜的时间,探索开展大件垃圾集中投放活动,集中投放日当天对大件垃圾实施集中的、免费的清运处理。

三、规范分类收运

1. 公布收集、运输单位信息。区绿化市容管理部门或者乡镇人民政府(街道办事处)应当通过招标、政府采购等方式确定辖区内大件垃圾收集、运输单位,并向社会公布。各区生活垃圾收集、运输服务单位、装修垃圾清运作业服务单位以及可回收物回收经营单位可以提供大件垃圾收集、运输服务。

2. 规范收集、运输作业。收集、运输单位在实施大件垃圾分类收集作业过程中,应做好防尘降噪工作,降低对周边环境的影响;收集作业后,应保持大件垃圾分类堆放场所整洁;在运输过程中,应采取遮挡等措施防止大件垃圾散落。提供上门搬运服务的,应做到安全、卫生、妥善搬运。

3. 实施定时收运和预约收运。收集、运输单位可以根据服务区域内大件垃圾分类堆放场所布局,合理安排收运作业路线,实施定时清运。定时清运的具体时间、频次安排,应告知相关的投放管理责任人。

大件垃圾分类堆放场所贮存量达到一定规模后，投放管理责任人可预约收集、运输作业单位提供收运服务。产生大件垃圾的个人如需在特定时间扔弃大件垃圾，也可直接预约收集、运输作业单位提供上门收运服务。

4. 推行付费收运。推行大件垃圾付费收运制度，即排放大件垃圾的单位或者个人承担大件垃圾清运费。大件垃圾清运费根据大件垃圾种类、体积、清运处理难易程度等因素，由委托收运的单位或者个人与大件垃圾收集、运输单位协商确定，实施市场调节。提供上门搬运服务的，可另行协商上门搬运服务费。个人将大件垃圾投放至分类堆放场所的，投放管理责任人可收取清运费，归集后与收集、运输单位统一结算。市市容环卫行业协会收集汇总大件垃圾清运费价格信息，定期向社会发布供市场参考。

在房屋装修过程中产生大件垃圾并委托装修垃圾清运作业单位清运的，其清运费可并入装修垃圾清运费一并结算。

自行将大件垃圾运送至区绿化市容管理部门或者乡镇人民政府（街道办事处）设立的大件垃圾拆解处理场所的，不承担清运费。

四、促进资源利用

1. 设置拆分处理场所。区绿化市容管理部门或者乡镇人民政府（街道办事处）可在辖区内装修垃圾中转分拣场所或者可回收物中转站、集散场内，配置大件垃圾拆分处理设备，增加大件垃圾拆分处理功能。具备条件的区域，可以独立设置大件垃圾拆分处理场所。区绿化市容管理部门或者乡镇人民政府（街道办事处）应将大件垃圾拆解处理场所信息向社会公布。

2. 规范拆分作业。大件垃圾拆分作业过程中应采取防尘降噪等措施,有效控制对周边的环境影响。

3. 促进资源化利用与无害化处置。具备条件的拆分处理场所,可对大件垃圾进行再生处理,促进循环利用。拆分过程中分离的玻璃、金属、塑料、木材等具有再生价值的成分,可纳入可回收物资源利用渠道进行资源化利用,不具有再生价值的残渣,纳入生活垃圾无害化处置渠道。

五、加强监督管理

1. 区绿化市容管理部门应当加强大件垃圾产生、投放、收集、运输、处理、资源化利用和无害化处置全过程监管,有效掌握区域大件垃圾流量、流向,做到“有账可查、源头可溯、去向可控”。加强对大件垃圾收集、运输签约单位、拆分处理场所运营管理单位的监管,建立优胜劣汰机制,促进作业服务规范、有序,满足市场需求。

2. 市、区生活垃圾管理社会监督员可以参与大件垃圾全过程管理的监督工作。任何单位和个人有权将大件垃圾投放、收集、运输、拆分处理、无害处置以及清运收费过程中不规范的行为通过市民热线或者向相关部门投诉和举报,有关部门应当按照规定处理。

六、其他

1. 日常生活或者为日常生活提供服务活动中废弃的体积较大的电器电子产品,除由具备条件的专业电器电子产品回收利用企业有偿回收外,作为大件垃圾排放的,按照大件垃圾的管理要求予以投放和收运，并按照国家有关废弃电器电子产品的规定进行处置。

2. 本意见自2019年7月1日起施行，有效期至2024年6月30日。

关于印发《上海市农贸市场、标准化菜市场湿垃圾就地处理设施配置标准》的通知

沪绿容〔2019〕267 号

各区绿化市容局、商务主管部门、生态环境局、市场监管局，各有关单位：

为贯彻落实《上海市生活垃圾管理条例》，促进生活垃圾源头减量，推进本市农贸市场、标准化菜市场配置湿垃圾就地处理设施，特制定《上海市农贸市场、标准化菜市场湿垃圾就地处理设施配置标准》，现印发给你们，请遵照执行。

附件：上海市农贸市场、标准化菜市场湿垃圾就地处理设施配置标准

上海市绿化和市容管理局　上海市商务委员会
上海市市场监督管理局　上海市生态环境局
2019 年 6 月 28 日

附件

上海市农贸市场、标准化菜市场湿垃圾就地处理设施配置标准

1　总则

1.1　根据《上海市生活垃圾管理条例》第二十条的相关规定，推进农贸市场、标准化菜市场配置湿垃圾就地处理设施，特编制本标准。

1.2　本标准适用于上海市辖区内的农贸市场、标准化菜市场湿垃圾就地处理设施的配置。

1.3　农贸市场、标准化菜市场湿垃圾就地处理设施的配置除参照本标准外，还应符合国家和上海市的有关法律、法规、规章和技术标准的规定。

2　规范性引用文件

本标准内容引用了下列文件或其中的条款。凡是不注日期的引用文件，其有效版本适用于本标准。

DB31/T 344　上海市菜市场设置与管理规范
CJ/T 227-2018　有机垃圾生物处理机
DB31/1025-2016　恶臭(异味)污染物排放标准
DB31/199-2018　污水综合排放标准
GB 22337-2008　社会生活环境噪声排放标准
DB31/T 1127-2019　生活垃圾分类标志标识管理规范

3 术语

下列术语和定义适用于本标准。

3.1 湿垃圾:即易腐垃圾,是指食材废料、剩菜剩饭、过期食品、瓜皮果核、花卉绿植、中药药渣等易腐的生物质生活废弃物。

3.2 湿垃圾就地处理设施:指设置在单位内,并用于处理本单位产生湿垃圾的处理设施。

3.3 有机垃圾生物处理设施:使用微生物菌剂或酶制剂对湿垃圾进行生物处理的设施。

3.4 粉碎脱水设施:主要通过粉碎、脱水等物理方式对湿垃圾进行处理的设施。

4 基本规定

4.1 新建农贸市场、标准化菜市场,应当按照标准同步配置湿垃圾就地处理设施。

4.2 已建成的农贸市场、标准化菜市场,湿垃圾日产量达到 10 桶/日及以上的(以 240 L 标准型垃圾桶计),应当配置湿垃圾就地处理设施。

4.3 鼓励产生湿垃圾的其它农贸市场、菜市场,配置湿垃圾就地处理设施。

4.4 农贸市场、标准化菜市场宜推行"净菜上市",从源头加强监管,控制湿垃圾产生量。

5 配置要求

5.1 湿垃圾就地处理设施可与垃圾收集点一起设置、配合使用;也可根据农贸市场和菜市场实际情况另行设置,另行设置的湿垃圾就地处理设施应与零售市场中经营区域相对隔离,做好卫生防护措施。

5.2 农贸市场、标准化菜市场选用的湿垃圾就地处理设备应符合相关标准。有机垃圾生物处理设施符合《有机垃圾生物处理机》(CJ/T 227-2018)的相关规定,粉碎脱水设施符合相关行业及团体标准。

5.3 农贸市场、标准化菜市场应按照所在场所湿垃圾产生量合理配置湿垃圾就地处理能力,确保能力充足。鼓励有条件的农贸市场、标准化菜市场统筹就近处理周边其它场所的湿垃圾。

5.4 设施分类

5.4.1 湿垃圾就地处理设施包括有机垃圾生物处理设施和粉碎脱水设施。

5.4.2 有机垃圾生物处理设施包括减量型处理设施和资源型处理设施。

5.4.2.1 减量型处理设施以减量化为目的,将湿垃圾分解成水、二氧化碳及残渣。残渣纳入湿垃圾残渣收运处置渠道。

5.4.2.2 资源型处理设施以资源化为目的,产出的绿化用肥或介质土应落实合适渠道进行资源化利用。

5.4.3 粉碎脱水设施主要通过物理方式处理湿垃圾,处理后的残渣应落实后续资源化利用渠道。

6 其它规定

6.1 农贸市场、标准化菜市场的分类收集容器及其标识应符合《DB31/T 1127-2019 生活垃圾分类标志标识管理规范》

相关规定。

6.2 设施运行应符合环保相关规定，臭气控制符合《DB31/1025-2016 恶臭(异味)污染物排放标准》，污水排放符合《DB31/199-2018 污水综合排放标准》，噪声排放符合《GB 22337-2008 社会生活环境噪声排放标准》。

6.3 农贸市场、标准化菜市场可根据需求，合理配置湿垃圾预处理、计量、除臭等配套设施设备，确保湿垃圾就地处理设施满足环保、安全、便利等要求。

关于印发《上海市生活垃圾分类违法行为查处规定》的通知

沪城管执〔2019〕46号

各区城管执法局、乡镇人民政府,市局执法总队、市水管处、机场执法支队、自贸区执法大队:

现将《上海市生活垃圾分类违法行为查处规定》印发给你们,请遵照执行。

上海市城市管理行政执法局

2019年5月17日

上海市生活垃圾分类违法行为查处规定

第一条 为了规范对违反生活垃圾分类管理规定行为的查处工作,依据《中华人民共和国行政处罚法》、《上海市生活垃圾管理条例》等法律法规,制定本规定。

第二条 市、区城管执法部门和乡镇人民政府(以下简称城管执法部门)查处违反生活垃圾分类管理的违法行为,适用本规定。

第三条 下列违反生活垃圾分类管理的违法行为,由城管执法部门依法实施行政处罚:

（一）单位未将生活垃圾分别投放至相应收集容器的；

（二）个人将有害垃圾与可回收物、湿垃圾、干垃圾混合投放，或者将湿垃圾与可回收物、干垃圾混合投放的；

（三）管理责任人未按照要求设置收集容器、设施的；

（四）管理责任人未分类驳运的；

（五）擅自从事有害垃圾、湿垃圾、干垃圾经营性收集、运输，以及湿垃圾、干垃圾经营性处置活动的；

（六）收集、运输单位未使用专用车辆、船舶，未清晰标示所运输生活垃圾的类别、未实行密闭运输或者未安装在线监测系统的；

（七）收集、运输单位将已分类投放的生活垃圾混合收集、运输，或者将危险废物、工业固体废物、建筑垃圾等混入生活垃圾的；

（八）收集、运输单位未按照要求将生活垃圾运输至符合条件的转运场所的；

（九）处置单位未保持生活垃圾处置设施、设备正常运行，影响生活垃圾及时处置的；

（十）处置单位未按照要求分类处置生活垃圾的。

第四条 城管执法部门查处生活垃圾分类违法行为，应当坚持教育与处罚相结合的原则，引导和督促当事人依法分类投放、收集、运输和处置。

第五条 城管执法部门经过调查取证后，可以认定生活垃圾分类违法行为的，除适用简易程序外，应当向当事人发出《责令改正通知书》，责令立即改正或者限期改正。

本规定除第三条第五项规定的擅自从事有害垃圾、湿垃圾、干垃圾经营性收集、运输，以及湿垃圾、干垃圾经营性处置活动外，其余违法行为均为整改前置类违法行为。

第六条 《责令改正通知书》应当载明下列事项：

(一) 当事人名称或者姓名；

(二) 违反生活垃圾分类管理的违法事实；

(三) 违反的具体法律条款和处理依据；

(四) 责令改正的期限和具体内容；

(五) 拒不改正或者逾期不改可能承担的法律后果；

(六) 城管执法部门的名称、印章和日期。

责令限期改正的期限一般不超过10日。

第七条 城管执法部门责令立即改正的，当事人具有下列情形之一，可以认定为拒不改正：

(一) 拒绝、阻挠城管执法部门现场调查取证的；

(二) 拒不签收《责令改正通知书》的；

(三) 当场拒绝改正违反生活垃圾分类投放规定行为的；

(四) 30日内被发现同一违法行为3次以上的。

第八条 城管执法部门责令限期改正的，当事人具有下列情形之一，可以认定为逾期不改正：

(一) 拒不签收《责令改正通知书》的；

(二) 拒绝、阻挠城管执法部门实施复查的；

(三) 城管执法部门复查发现仍有违反分类投放、收集、运输、处置规定行为的。

第九条 整改前置类违法行为，当事人拒不改正或者逾期不改正的，城管执法部门应当依法予以罚款。

个人违反生活垃圾分类投放规定或者管理责任人未分类驳运，且具有本规定第七条第一项、第二项、第三项情形之一的，城管执法部门可以依法当场处罚。

第十条 当事人具有下列情形之一的，由市城管执法部门作出吊销生活垃圾经营服务许可证的处罚决定：

（一）收集、运输单位未使用专用车辆、船舶，未清晰标示所运输生活垃圾的类别、未实行密闭运输或者未安装在线监测系统，情节严重的；

（二）收集、运输单位将已分类投放的生活垃圾混合收集、运输，或者将危险废物、工业固体废物、建筑垃圾等混入生活垃圾，情节严重的；

（三）处置单位未按照要求分类处置生活垃圾，情节严重。

区城管执法部门和乡镇人民政府执法中发现上述情形之一的，移送市城管执法部门依法处理。

第十一条 城管执法部门作出较大数额罚款或者吊销生活垃圾经营服务许可证的行政处罚决定之前，应当告知当事人有要求举行听证的权利；当事人要求听证的，城管执法部门应当组织听证。

第十二条 城管执法部门拟作出较大数额罚款或者吊销生活垃圾经营服务许可证决定的，应当按照《上海市城管执法系统重大行政执法决定法制审核办法》的规定进行法制审核。

第十三条 城管执法部门查处违反生活垃圾分类管理行为时，应当依法向社会公开行政处罚决定。

第十四条 市城管执法部门吊销生活垃圾经营服务许可证的，应当依法向当事人送达行政处罚决定书，并在处罚决定作出之日起3个工作日内告知市、区绿化市容部门，由发证的绿化市容部门注销生活垃圾经营服务许可证。

第十五条 有下列情形之一的，城管执法部门应当根据《上海市社会信用条例》相关规定，将单位和个人违反生活垃

圾管理规定的信息归集到市公共信用信息平台,并依法对失信主体采取惩戒措施:

(一)不履行生活垃圾分类义务且拒不改正,造成严重不良影响的;

(二)阻碍执法部门履行职责,造成严重后果的;

(三)法律、法规规定的其他情形。

第十六条 本规定中关于责令立即改正或者责令限期改正的相关规定,对擅自从事有害垃圾、湿垃圾、干垃圾经营性收集、运输,以及湿垃圾、干垃圾经营性处置活动的行为不适用。

第十七条 本规定由上海市城管执法局负责解释。

第十八条 本规定自2019年7月1日起施行。

关于印发《关于本市旅游住宿业不主动提供客房一次性日用品的实施意见》的通知

沪文旅发〔2019〕18号

各区文化和旅游部门、各旅游住宿企业：

为贯彻落实《上海市生活垃圾管理条例》相关规定，推进生活垃圾源头减量，特制定《关于本市旅游住宿业不主动提供客房一次性日用品的实施意见》。现将该意见印发给你们，请认真做好宣贯工作，并遵照执行。

特此通知。

上海市文化和旅游局

2019年5月6日

关于本市旅游住宿业不主动提供客房一次性日用品的实施意见

《上海市生活垃圾管理条例》(以下简称《条例》)将于今年7月1日起施行，为实现生活垃圾“减量化、资源化、无害化”的管理目标，推动旅游住宿业限制或减少使用一次性日用品，倡导绿色消费，现提出如下意见。

一、指导思想

深入贯彻落实习近平总书记视察上海重要讲话和普遍推行垃圾分类制度的重要指示精神，对标“国际最高标准、最好水平”，改善本市旅游住宿业一次性日用品使用状况。通过旅游住宿企业不主动提供一次性日用品，推广可循环、可重复使用的日用品，促进资源的减量化和再利用，展现本市旅游行业绿色发展的新面貌，为加快建成美丽宜居的生态之城做出积极贡献。

二、工作原则

根据《条例》的相关规定，制订《本市旅游住宿业不主动提供的一次性日用品目录》(以下简称《目录》)。不主动提供的一次性日用品主要是指客房内在日常生活中被循环和重复使用的，又便于消费者旅行随身携带的，而由旅游住宿企业提供的一次性替代消耗品。

推动旅游住宿业限制或减少使用一次性日用品，倡导绿色消费，推广使用可循环利用物品。在客房设置环保温馨提示，引导消费者减少使用饭店提供的一次性消耗品。客房倡导提供可洗涤、可消毒、可循环使用的日用品。旅游住宿企业要节约资源、降低消耗，引导绿色消费，实行精细化管理，不断提升服务质量。

三、具体举措

(一)明确主体责任。本市旅游住宿企业要进一步树立守法意识，增强做好绿色、可持续发展的责任感，不再主动向消费者提供《目录》中列明的一次性日用品。

（二）加强宣传告知。各级文化和旅游部门、各旅游行业协会要积极配合做好《条例》及《目录》相关内容的宣贯培训工作；联合相关新闻媒体，发挥舆论引导作用，做好《条例》及《目录》相关内容的宣传工作，进一步扩大公众知晓度。

（三）强化执法监督。相关执法部门将对旅游住宿企业使用一次性日用品的情况开展执法检查，严格查处违规行为。同时鼓励社会监督，举报违规行为，监督电话：12318。对于违反条例规定，主动向消费者提供《目录》中限制使用的客房一次性日用品的，执法部门将依照《条例》第五十六条第三款进行处理。

附件：本市旅游住宿业不主动提供的一次性日用品目录（2019 年版）

附件

本市旅游住宿业不主动提供的一次性日用品目录

（2019 年版）

序 号	内 容	序 号	内 容
1	牙 刷	4	剃须刀
2	梳 子	5	指甲锉
3	浴 擦	6	鞋 擦

关于本市经营快递业务的企业执行快递封装用品国家标准的指导意见

沪邮管〔2019〕106号

机关各处室、各管理局、上海市快递行业协会、中国邮政集团公司上海市分公司、各快递企业：

《上海市生活垃圾管理条例》(以下简称《条例》)将于今年7月1日起施行。为督促本市经营快递业务的企业执行快递封装用品国家标准,实现快递包装物减量化和循环使用的管理目标,现提出如下意见:

一、指导思想

为深入贯彻落实习近平生态文明思想,打好快递业污染防治攻坚战,同步落实习近平总书记视察上海重要讲话和普遍推行垃圾分类的重要指示精神,督促本市经营快递业务的企业执行《快递分装用品　第1部分:封套》(GB/T 16606.1-2018)、《快递分装用品　第2部分:包装箱》(GB/T 16606.2-2018)和《快递分装用品　第3部分:包装袋》(GB/T 16606.3-2018)国家标准,做好绿色包装工作,为把上海建成美丽宜居的生态之城作出积极贡献。

二、工作原则

(一)明确企业主体责任。按照“谁经营、谁负责”的原则,本市经营快递业务的企业要增强做好绿色包装工作，推动可持续发展的责任感。

（二）完善监管工作体系。进一步发挥上海市邮政业生态环保工作领导小组作用，加强统筹协调，强化督导督办，推进各项目标任务落实。

（三）建立上下游协同推进原则。快递包装坚持标准化、减量化和可循环的工作目标，加强与上下游协同，逐步实现包装材料的减量化和再利用。

三、具体举措

（一）建立绿色供应体系。经营快递业务的企业要逐步建立绿色供应体系，按照《快递业绿色包装指南（试行）》、《快递分装用品　第1部分：封套》、《快递分装用品　第2部分：包装箱》和《快递分装用品　第3部分：包装袋》国家标准的要求实施绿色采购。

（二）建立快递绿色包装相关统计制度。经营快递业务的企业要逐步建立快递包装物使用情况的企业内部统计制度，包括但不限于各类包装物使用的个数、重量、执行标准、绿色包装使用率，推动提升符合标准要求的环保箱、环保袋和环保胶带使用率，减少单件快递包裹的平均包装耗材。

（三）加强宣传引导和培训。利用世界环境日、世界地球日和绿色邮政宣传周等关键时点，开展形式多样宣传活动，广泛宣传绿色邮政发展理念。经营快递业务的企业要积极组织从业人员开展绿色包装标准、操作规范的培训。

（四）推进快递包装物回收再利用。完善快递包装废弃物融入社会资源分类和回收体系,在全市 2500 个邮政快递网点设置包装废弃物回收装置,采取激励措施促进快递包装循环利用。

上海市邮政管理局

2019 年 6 月 14 日

上海市市场监督管理局关于发布《上海市餐饮服务不得主动提供的一次性餐具目录》的通知

沪市监食经〔2019〕128号

各区市场监管局,各有关单位:

为深入贯彻习近平总书记视察上海重要讲话精神和普遍推进垃圾分类制度的重要指示,根据《上海市生活垃圾管理条例》(以下简称《条例》)和《关于贯彻〈上海市生活垃圾管理条例〉推进全过程分类体系建设的实施意见》(以下简称《实施意见》),经广泛征求意见,我局制定了《上海市餐饮服务不得主动提供的一次性餐具目录》(2019版),现予以发布,并就做好相关工作通知如下:

一、上海市餐饮服务不得主动提供的一次性餐具目录

不得主动提供的一次性餐具主要是指由餐饮服务提供者提供的,供消费者在用餐过程中用于辅助进食的一次性用具。根据《条例》和《实施意见》,我局制定了《上海市餐饮服务不得主动提供一次性餐具目录》(见附件,以下简称《目录》),自2019年7月1日起,本市餐饮服务者不得主动向消费者提供目录内的一次性餐具。

二、工作要求

1. 提高思想认识。餐饮行业倡导绿色消费,限制和减少使用一次性用品,推广使用可循环利用物品,是推动生活垃圾源头减量的重要举措,也是《条例》规定餐饮服务者应当履行的法定义务。各单位要提高认识,加强领导,把推动餐饮行业限制和减少一次性餐具作为一项重点工作抓好抓实,确保《条例》得到有效落实。

2. 落实主体责任。本市范围内的餐饮服务提供者,是用餐过程中餐具的提供者,也是限制和减少使用一次性用品工作的责任主体。从业单位和人员要树立环保、守法意识,严格遵守《条例》有关规定和要求,不再主动向就餐的消费者提供《目录》中所列一次性餐具。同时,餐饮服务提供者应根据《食品安全法》等法律、规定,切实做好餐具清洗消毒,确保食品安全。

3. 营造良好氛围。本市各级市场监管部门、相关行业协会要加强宣传培训力度,营造社会广泛参与的浓厚氛围,提高广大餐饮服务提供者的守法意识,提高公众对《条例》和《目录》的社会知晓度。餐饮服务提供者应当采用在就餐场所张贴消费提示或其他方式,引导消费者减少使用一次性餐具。鼓励社会监督,举报违规行为,举报电话:12315、12331。

4. 强化执法检查。本市各级市场监管部门要落实执法责任,组织对本市餐饮服务提供者一次性餐具的使用情况开展专项执法检查,对于发现违反《条例》规定,主动提供《目录》中限制使用的一次性餐具的,要严格依法查处。要严格行业监督,充分发挥相关行业协会作用,强化行业自律。

附件:上海市餐饮服务不得主动提供的一次性餐具目录(2019版)

上海市市场监督管理局

2019年4月28日

附件

上海市餐饮服务不得主动提供的一次性餐具目录

(2019版)

序号	名称	序号	名称
1	筷子	3	叉子
2	调羹	4	刀

关于开展本市集贸市场湿垃圾制作有机肥料工作的通知

沪农技〔2019〕28号

各相关有机肥料生产企业：

为加快推进本市集贸市场湿垃圾资源化利用工作，上海市农业技术推广服务中心会同上海农业废弃物利用行业协会，共同研究制定了《上海市集贸市场湿垃圾制作有机肥料辅料的技术要求》和《上海市集贸市场湿垃圾堆肥工艺技术规程》(附件)。请各相关有机肥料生产企业积极对接集贸市场，按照附件要求，开展集贸市场湿垃圾制作有机肥料试点工作，认真总结经验，逐步常态化生产，为本市湿垃圾资源化利用和保护生态环境做贡献。

附件：1.《上海市集贸市场湿垃圾制作有机肥料辅料的技术要求》

2.《上海市集贸市场湿垃圾堆肥工艺技术规程》

上海市农业技术推广服务中心

上海农业废弃物利用行业协会

2019年8月28日

附件 1

上海市集贸市场湿垃圾制作有机肥料辅料质量要求(试行)

2019 年 8 月

1 总则

1.1 为贯彻国家和上海市相关湿垃圾资源化利用的法规和政策,推进湿垃圾资源化、无害化和减量化工作,制定本规范。

1.2 本规范适用于本市集贸市场湿垃圾制作好氧发酵有机肥的辅料。

1.3 本规范规定了湿垃圾资源回收、预处理、制作辅料的要求,包括湿垃圾收集、运输、分拣、质量控制等技术要求。

1.4 利用湿垃圾制作有机肥料辅料的质量除了应符合本规范外,还应符合国家现行相关标准的规定。

2 规范性引用文件

下列文件对于本文件的应用是必不可少的。凡是注日期的引用文件,仅注日期的版本适用于本文件。凡是不注日期的引用文件,其最新版本(包括所有的修改单)适用于本文件。

GB/T 8170 数值修约规则与极限数值的表示和判定

GB 18382 肥料标识、内容和要求

CJJ 184 餐厨垃圾处理技术规范

CJJ/T 52 城市生活垃圾好氧静态堆肥处理技术规程

NY/T 2876 肥料和土壤调理剂有机质分级测定

NY 525 有机肥料

GB/T 8576 复混肥料中游离水含量的测定

NY/T 1978 肥料汞、砷、镉、铅、铬含量的测定

HG/T 2843 化肥产品化学分析常用标准滴定溶液、标准溶液、试剂溶液和指示剂溶液

3 术语和定义

3.1 集贸市场湿垃圾

主要来源于集贸市场,以果蔬、畜禽水产动物残体为主的易腐有机废弃物,严禁混入有毒有害垃圾如电池、灯泡、废油漆及其容器、化学药品、医疗垃圾、污泥等。

3.2 杂质

湿垃圾原料中除了可以经微生物发酵降解的动植物残体外的其他不可降解的物质,包括塑料、玻璃、金属、纺织品等不易降解的非有毒有害垃圾。

3.3 好氧堆肥

在充分供氧的条件下,主要利用好氧微生物对有机废弃物进行分解的堆肥方法。

3.4 有机肥料

主要来源于植物和(或)动物残体,经发酵腐熟的含碳有机物料,其功能是改善土壤肥力、提供植物营养、提高作物品质。

4 收集和运输

4.1 收集过程中的要求

4.1.1 集贸市场湿垃圾必须进行源头分类收集,严禁与

不易降解或有毒有害的杂质混合收集。

4.1.2　应采用密闭、防腐专用容器盛装，采用密闭式专用收集车进行收集。

4.1.3　应采取定时收集、定点存放。

4.2　运输过程中的要求

4.2.1　禁止未经主管部门批准特许经营的单位及个人清运的湿垃圾。

4.2.2　严禁与不易降解或有毒有害的杂质混入其中。

4.2.3　集贸市场湿垃圾运输车辆应密闭，运输过程中严禁跑、冒、滴、漏及异味泄露。

5　预处理要求

5.1　湿垃圾作为有机肥料辅料前，应由集贸市场湿垃圾相关负责处置的单位对回收湿垃圾进行脱水等预处理。

5.2　预处理过程中严禁混入不易降解或有毒有害的杂质。

5.3　制作有机肥料前二次分拣出的杂质垃圾，应分别收集、贮存和运输，优先考虑资源回收，就近运送至垃圾处理中心进行统一回收及处置。

6　湿垃圾作辅料的质量要求

6.1　湿垃圾作有机肥料辅料，表观指标应符合：无可见杂质，无恶臭酸臭，无明显霉变，随手抓取样品捏成团不滴水。

6.2　湿垃圾制作有机肥辅料时应符合以下要求。

表 1　湿垃圾作有机肥料辅料的技术指标

项　　目	限　　值
含水率,%	≤60
杂质率,%	≤1
有机物总量(以烘干基计),%	≥75.0

6.3　利用湿垃圾制作有机肥辅料的重金属限量指标应符合以下要求。

表 2　重金属限量指标

项　　目	限　　值
总砷(As)(以烘干基计),mg/kg	≤15
总汞(Hg)(以烘干基计),mg/kg	≤2
总铅(Pb)(以烘干基计),mg/kg	≤50
总镉(Cd)(以烘干基计),mg/kg	≤3
总铬(Cr)(以烘干基计),mg/kg	≤150

7　检验规则

7.1　本标准中质量指标合格判断,采用 GB/T 8170 的规定。

7.2　检测频次与取样量。产品应符合表观检测要求。按照 NY/T2876 中 5 的规定进行取样,除限量指标外,产品按批检测,每 5～10 个批次抽检(最大批量不超过 500 吨)。

7.3　重金属含量为型式检验项目,有下列情况时应检验:

a) 正式生产时,原料、工艺发生变化;

b) 正式生产时,定期或积累到一定量后,应周期性进行一次检验;

c) 国家质量监督机构提出型式检验的要求时。

7.4 如果检测结果中有一项指标不符合本标准要求时,应重新自二倍量的同批次产品中选取样品进行复检;重新检验结果中有一项指标不符合本标准时,则整批产品判为不合格。

8 检测方法

本文件中所用试剂、水和溶液的配制,在没有注明规格和配制方法时,均应符合 HG/T 2843。

表 3 检测分析方法

序号	项　目	测定方法	方法来源
1	外观	目测、鼻嗅法	NY 525
2	有机物总量	灼烧法	NY/T 2876
3	酸碱度 pH 值	pH 计法	NY 525
4	含水率	真空烘箱法	GB/T 8576
5	杂质率	质量法	附录 A
6	总汞	原子荧光光谱法	NY/T 1978
7	总砷	原子荧光光谱法	NY/T 1978
8	总镉	原子吸收分光光度法	NY/T 1978
9	总铬	原子吸收分光光度法	NY/T 1978
10	总铅	原子吸收分光光度法	NY/T 1978

附录 A
（规范性附录）
杂质率检测方法　重量法

杂质率指进入产品中杂质重量占总重量的百分比率。

多点混合取样，大约取 100 kg 样品，用四分法缩分样品，即将样品均匀混合堆成圆锥形，按十字形将圆锥切分四份，取对角线的两份，缩分 2 次后最终试验样品不少于 20 kg。

准确称量试样，将样品摊平于干净水泥地/塑料布上，随后将肉眼可见杂质进行人工分拣，集中称量、记录。

杂质率（％）＝总杂质质量（kg）/试样质量（kg）×100％

附件 2

上海市集贸市场湿垃圾堆肥工艺技术规程（试行）

2019 年 8 月

1　范围

规定了上海市集贸市场湿垃圾资源利用的堆肥工艺技术要求。本规程适用于本市集贸市场湿垃圾资源的好氧发酵堆肥工艺，包括堆肥加工的主要设施设备、工艺、作业管理以及资源化利用制作有机肥料的质量控制等技术要求。

2 术语和定义

2.1 集贸市场湿垃圾

主要来源于集贸市场,以果蔬、畜禽水产动物残体为主的易腐有机废弃物,禁止除湿垃圾外其他类型垃圾混入,严禁含有灯泡、金属、电池、医疗废弃物、化学药品、塑料、污泥等有毒有害杂质。

2.2 好氧堆肥

在充分供氧的条件下,主要利用好氧微生物对有机废物进行分解的堆肥方法。

3 资源化处理工艺

3.1 预处理

运送到有机肥料厂的集贸市场的湿垃圾,须经预处理,质量应符合集贸市场湿垃圾制作有机肥料辅料的技术要求。

3.2 好氧堆肥

好氧堆肥发酵工艺应符合下列规定(工艺流程示意图见下图1)

3.2.1 好氧堆肥必须符合国家现行标准《城市生活垃圾好氧静态堆肥处理技术规程》(CJJ/T 52)的要求,发酵设施必须设有强制通风装置。

3.2.2 已达预处理要求的湿垃圾到厂后通过粉碎后,制成粗制品,将此粗制品占有机肥生产原料比例应小于20%。

3.2.3 将粗制品作为辅料添加入畜禽粪便,起始含水率调节为60%左右,碳氮比调节为30～40∶1,添加微生物发酵菌剂。发酵时间应不少于45天,在发酵过程中隔2～3天进行翻堆，定时测定堆层温度变化情况，高温发酵过程必须保证堆体内物料温度在60 ℃以上保持5～7天，高温周期3次。

3.2.4　堆肥预处理、发酵、后处理设施应具备防雨、除尘、除臭、防渗、通风措施。

3.2.5　发酵设施及预处理、后处理设施应按工艺要求装配，对于易腐蚀的金属构件及设备应采取相应的防腐措施。

3.2.6　采取相应措施，避免盐、金属化合物和氨毒性问题。

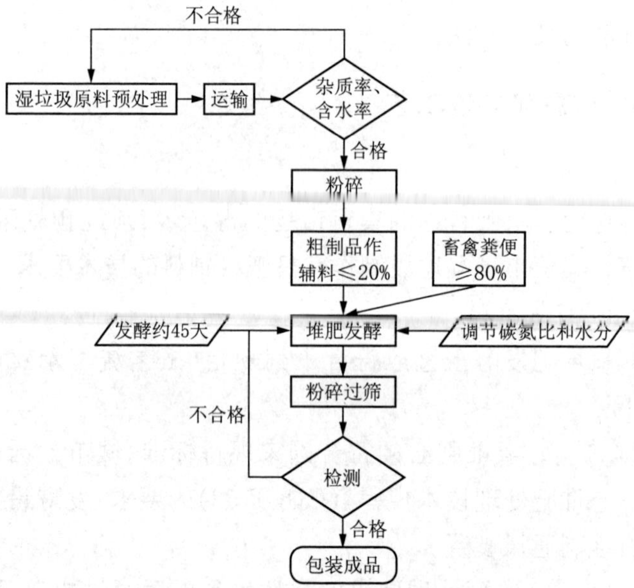

图1　好氧堆肥发酵工艺流程示意图

关于发挥本市社区治理和社会组织作用助推生活垃圾分类工作的指导意见

沪民办发〔2019〕11号

各区民政局、绿化市容局：

生活垃圾分类是改善人居环境、促进城市精细化管理、保障可持续发展的重要举措，需要全社会普遍参与。为落实《上海市生活垃圾管理条例》和《关于贯彻〈上海市生活垃圾管理条例〉推进全程分类体系建设的实施意见》要求，更好履行基层社会治理职责，鼓励引导本市社会组织积极参与，助推生活垃圾分类工作，提出如下指导意见。

一、总体要求

深入学习贯彻党的十九大精神和习近平总书记考察上海重要讲话精神，认真践行“垃圾分类工作就是新时尚”的理念，落实全市动员大会工作要求，坚持“以人民为中心”的发展思想，坚持党建引领、多元参与的工作理念，通过发挥本市基层社区治理作用，鼓励引导本市社会组织参与生活垃圾分类工作，提升居民群众文明素养，打造共建共治共享的社会治理格局，构建绿色美好的城乡社区。

二、基本原则

——立足社区。从社区实际出发，进一步发挥居村委会贴近居民、联系群众的优势，强化居民自治功能，引导居民以参与垃圾分类为契机，积极参与社区公共事务，解决社区公共问题，培育社区公共精神；引导社会组织下沉街（镇）社区，把社区打造成垃圾分类工作的坚实载体。

——项目推进。加大政府购买服务力度，支持社区、社会组织以项目为牵引，积极参与垃圾分类的宣传教育、公众参与、社区推广、科技研发、志愿服务等工作。

——整合资源。依托区域化党建工作平台，发挥“党建联建”资源整合优势，集约化开发运用社会各方资源，激发多元主体参与活力，推进垃圾分类工作有效实施。

——有序规范。加强行业指导，完善管理制度，营造社区居民自觉主动参与垃圾分类的良好氛围，推动参与垃圾分类的社会组织建立自律诚信机制，逐步完善政府购买服务的绩效评估，引导社会组织规范有序运行、健康发展。

三、推进重点

（一）推进居村精细化治理。以垃圾分类为支点，撬动社区分类治理工作。推动各区将精细化治理理念贯穿于垃圾分类的过程中，结合公房（售后房）、商品房、混合型居民区、涉外居民区、大型居住社区、农村宅基住房居住区、农村集中安置居住区等不同社区类型特点，形成不同的分类治理方式方法和治理工具，促进精准施策。

（二）加强居村规范化建设。进一步做实做细居村规范化建设，助推垃圾分类工作。通过规范错时工作、日常走访等制度，健全首问负责制度、居民区联席会议制度，加强联系群众，开展社区巡查，推进议事协商，完善信息公开等，推动社区垃圾分类、物业管理等重点难点问题的有效解决。

（三）深化群众自治。积极推动居村委会将生活垃圾分类要求纳入居（村）民自治章程、居民公约和村规民约，引导居村民自觉做好垃圾分类工作。广泛发动楼组长、活动团队负责人、社区志愿者等群众骨干力量，开展生活垃圾分类投放示范活动，有条件的社区可以探索建立环保类社区自组织和社区公益组织，进一步拓宽群众参与垃圾分类的渠道，提高居民生活垃圾源头减量及分类的参与率和投放的准确率。

（四）开展教育宣传。鼓励居村委会、社会组织充分利用画廊、板报、海报、电子屏等传统载体，以及手机APP、微信公众号等新媒体、新技术，广泛开展生活垃圾分类的组织动员、宣传指导等工作，普及分类知识，凝聚居民共识。支持社会组织开展面向不同群体的能力培训，普及垃圾分类知识，营造“以参与垃圾分类为荣、以准确分类为荣”的浓厚社会氛围。

（五）组织项目实施。鼓励、支持社区、社会组织以项目运作、活动策划为重点，充分链接各方资源，对照垃圾分类工作的要求，提供专业支撑，设计出更有创意、更有实效的项目，打造品牌项目，特别要注重在形成垃圾分类的长效机制上下功夫。

（六）参与科技研发。鼓励、支持社会组织在参与垃圾分类中提升科研水平，创新技术手段，推动技术迭代，积极探索运用最新科技成果和信息化技术助推垃圾源头减量、智能回收和资源化利用。

（七）促进公众参与。鼓励、支持社会组织发挥社会动员优势，通过“公益四进”（公益进校区、公益进社区、公益进商区、公益进园区）、社区共治、绿色账户等载体，引导公众参与垃圾分类。充分发挥志愿者、志愿组织的作用，加强对公众的教育、示范、指导、监督等工作。

四、具体任务

（一）完善居民区联席会议机制。将垃圾分类工作纳入居民区、村党组织管理工作职责，发挥基层党组织核心作用，形成居(村)党组织、居(村)民委员会、物业服务企业、业主委员会等共同参与的“四位一体”联席会议制度，将垃圾分类、环境卫生等住宅小区治理难题列入协商议题，定期召集会议，抓好顽症破解。联席会议至少每月召开一次，共同推进生活垃圾分类工作。各居村还可根据实际情况，通过居(村)民会议、党员议事会和听证会、协调会、评议会“三会”制度等，解决居民在垃圾分类中遇到的问题。

（二）建立检查评价制度。做实居(村)委会每1～2周垃圾分类工作评价制度，通过评议会等平台，对居民、物业服务企业垃圾分类工作进行检查评价。有条件的居村可以探索建立“周检查、月考核、季评价”检查评价制度，将考评结果作为街镇奖优惩劣的依据。鼓励社会组织参与垃圾分类的监督评价工作，提升垃圾分类工作效能。

（三）加大政府购买服务力度。协调各相关职能部门、各区、街道(乡镇)将社会组织参与垃圾分类纳入政府购买服务内容，支持各类社会组织参与生活垃圾管理活动。鼓励签订跨年度购买服务合同，做好项目绩效评估，促进垃圾分类项目实施的长效化。各区民政局要推动社区基金会普遍开展垃圾分类项目，积极协调相关职能部门对优秀项目给予专项资金支持，加强示范项目建设。

（四）**大力培育相关社会组织**。鼓励相关单位和个人发起成立开展垃圾分类的社会组织，不断丰富垃圾分类工作的参与主体。登记管理机关要畅通登记渠道，加强支持引导，对垃圾分类相关的联合性社会团体、民办科研机构、基金会探索切实可行的登记路径，积极破解登记中的难点问题，促进各类主体发挥各自优势，形成互补，加快培育和形成一批具有专业能力、拥有品牌优势和核心竞争力的社会组织。

（五）**发挥行业组织优势**。推动本市相关行业协会参与垃圾分类行业标准、行业规范制订，加强行业自律，发挥规范引领作用。引导行业协会鼓励会员企业积极践行垃圾分类，同时加大对垃圾分类工作的资源支持力度。支持行业协会搭建交流合作平台，分享、借鉴垃圾分类工作经验，凝聚行业共识，服务行业发展。

五、组织领导

（一）**加强组织保障**。市级层面，市民政局、市绿化市容局加强工作指导。区级层面，由各区民政局、区绿化市容局牵头，结合区域实际，细化工作方案，加强工作支撑。街镇层面，因地制宜，制定垃圾分类指导工作计划，鼓励基层通过购买服务等方式，支持各类社会组织参与，具体推进落实。健全职能部门、街道（乡镇）与社会组织之间的沟通、协调、合作机制，明确职责、密切配合，形成支持社会组织参与垃圾分类工作的长效机制。

（二）**形成协同合力**。加强民政、绿化等职能部门的协同联动，积极推进垃圾分类工作与社区分类治理、居村自治家园建设等基层社会治理工作的相互融合、相互促进。完善枢纽型社会组织和社区协商共治平台建设,支持社会组织参与生活垃圾分类和资源化利用的全过程,以参与垃圾分类工作为契机,深化社区自治共治机制,提升社区治理能力水平。

（三）**建立信息报送机制**。各区要督促居民区联席会议机制和居村垃圾分类检查评价制度的落实落地,加强工作进展情况的汇总梳理,及时发现上报问题,总结提炼经验做法,发现和挖掘一批参与垃圾分类工作的社会组织先进典型。各区民政局要每月定期向市民政局报送工作推进情况,形成常态化的信息报送制度。

（四）**加强队伍建设**。各级民政、绿化部门各司其职,组织相关力量对居委会、社会组织开展多方面、多层次的业务培训,提升其参与垃圾分类的专业能力。引导社会组织加强与社区工作者、社区志愿者、物业管理人员的沟通联系,互通信息、优势互补,构建良好的队伍体系。及时总结评估社会组织开展工作的成效与经验,作为在等级评估、购买服务、先进社会组织评比等方面予以倾斜的重要因素,真正培育一批项目实施效果显著、资金管理规范、具有影响力的垃圾分类社会组织和品牌项目。

上海市民政局　上海市绿化和市容管理局

2019 年 5 月 14 日

关于进一步完善生活垃圾可回收物体系促进资源利用的实施意见

沪分减联办〔2020〕3号

市分减联办有关成员单位、各区分减联办、各有关单位：

根据《上海市生活垃圾管理条例》，为进一步完善本市可回收物体系，切实发挥可回收物体系对生活类再生资源的回收利用作用，特制定本实施意见。

一、工作目标

2020年全市可回收物工作按照“回收体系主体企业托底、各区负责”、“利用体系市场为主、低值可回收物市级托底”的原则，主要完成三大目标：一是完善“点站场”体系建设，进一步完善可回收物服务点、中转站、集散场体系建设，实现可回收物日均回收量达6000吨。二是提高资源利用水平，扶持和培育一批可回收物精细化分选及资源化利用企业，落实1—2个具有一定规模可回收物（如杂塑料、织物类等）利用项目或企业，保障可回收物出路。三是加快政策实施。细化并落实生活垃圾分类专项补贴政策，各区落实属地责任，出台政策细则，实施政策内容，扶持回收主体企业发挥主力军作用。

二、主要任务

1. 完善回收体系。按照属地分级负责原则，由市绿化市容部门进一步明确可回收物服务点、中转站和集散场建设与管理标准，在2019年可回收物体系建设基础上，完成1.5万个可回收物服务点、170座中转站和10座集散场的标准化建设和提升工作。由各区政府和市城投集团分别加快属地化和托底型集散场建设，街镇级派出机构或政府完成中转站和服务点提升，实现集散场和中转站管理规范、运营正常。各级政府部门严格把握标准，做好“点站场”建设后的审核、验收、登记入网。

2. 规范收运服务。由各区政府统筹考虑各居住区物业保洁自主分拣售卖可回收物实际情况，在确定本区两网融合主体企业过程中，逐步完善“点站场”体系，落实“五公开”制度(回收人员信息、回收价格、回收种类、便民服务热线及监督电话公开)，并加强对回收主体企业的服务质量、运行情况的日常监管，实现各街镇内可回收物交投便捷、中转顺畅，实现对市民的可回收物回收服务及时高效、对物业保洁员主动分拣可回收物的规范收购。

3. 强化数据统计。由市城投集团加快完善全程分类信息平台中可回收物子系统，明确各区回收主体企业可回收物接入的数据类型和具体要求，实现各区回收主体企业数据的便捷接入，保障可回收物数据的可靠性管理和统计；由市绿化市容部门协调将可回收物子系统纳入全市一网统管平台，推进全市各区回收主体企业相关数据加快对接，实现数据自动化、定量化和可溯性统计，为全市生活垃圾全程分类监管信息平台提供有效的数据采集和数据分析支撑。

4. 支持培育项目或企业。以行政区或街镇为单位，由区绿化市容部门、商务部门或街镇属地负责部门对招标比选产生的主体企业，通过规范监管，逐步优胜劣汰，培育服务质量高效、经济运行合理、技术水平优良的回收型龙头企业。由市发展改革部门牵头，根据可回收物利用需求，结合本市现有产业基础，在本市扶持和培育一批可回收物精细化分选及资源化利用的规模化项目或企业（如泡沫塑料、玻璃回收利用等）。

5. 提升利用能级。由市城投集团牵头，对部分经济价值相对较低且生产利用具有波动性的可回收物，统筹考虑本地现有规范性企业的产能、技术、回收体系，通过技术、经济合作等方式，按照年内完成选址、注册的进度加快在市域内外各落实废塑料等1—2个品类的再生资源利用项目或企业，提高本市垃圾分类后可回收物利用渠道的稳定度。由市商务部门会同市经信委发挥市场资源整合优势，对本市生活垃圾分类的可回收物按品类，对接相对稳定的资源化利用渠道，发布一批技术先进、经济合理的资源化利用企业，全面提升本市可回收物资源利用能力和水平。

6. 开展制度创新。由市发展改革部门牵头，会同市绿化市容、市经济信息、市规划资源、市生态环境等部门和各区政府，结合全市已经形成的老港基地、浦东新区、宝山区、松江区、崇明区、嘉定区等生态环保型产业园区，着眼于可回收物回收利用在构建城市现代环境治理体系中的公共属性，支持各区规划保留一定土地空间，保障未来相关项目落地需求。在具体项目落地时，不对土地产出率进行考核，并由市级部门统筹考虑建设用地、占补平衡、能耗环保排放总量等指标。鼓励各区回收主体企业创新模式，通过上门回收、“互联网＋”等模式，提高服务能力。

7. 推进政策落地。在落实全程可溯、可控、可查和防止因补贴政策差异造成物流跨区统计的基础上，由各区政府加快落实对相关回收主体企业的低价值可回收物补贴发放。鼓励各区政府加强精细化管理，在制定区域性可回收物补贴政策细则过程中，创新制定和实施面向废玻璃、废泡沫、杂塑料、杂纸等特定品种的补贴政策。由市绿化市容、市发展改革、市财政、市商务等部门加快细化生活垃圾分类专项补贴政策中关于可回收物服务点和中转站建设的补贴细则，明确申请标准、程序和审核流程，进一步加强对各区、各街镇的指导。

8. 加强科技标准支撑。由市科技部门推动本市企业、高校和科研院所深入开展纸张、塑料、金属、纺织品等各类可回收物高水平和高效率利用技术研究，提升再生资源利用技术水平。由市绿化市容部门明确可回收物“点站场”建设和管理标准，由市规划资源、市住建、市房管部门将相关标准纳入住宅新建、地块开发和社区改造项目中，推进可回收物服务点、中转站建设的标准化。

附件：任务分解表

上海市分类减量推进工作联席会议办公室

（上海市绿化和市容管理局代章）

2020 年 3 月 24 日

附件

任务分解表

序号	任务名称	主要内容	完成时限	责任部门	配合部门
1	推进可回收物体系规范化提升	按照标准完成 1.5 万个服务点、170 座中转站的规范化提升建设工作，并实现规范运行和管理。	一季度 10%；二季度 40%；三季度 70%；11 月底完成。	各街镇	市房管局、市规资局、市住建委、市绿化市容局
2	加快集散场标准化建设和提升	加快属地化和托底型集散场标准化建设和提升工作。	11 月底	各区政府和市城投集团	市绿化市容局、市商务委
3	落实属地审核、验收、登记入网工作	严格对照可回收物“点站场”建设和管理标准，落实属地审核、验收、登记入网工作。	10 月底	各区政府	市绿化市容局
4	加强主体企业日常监管	落实“五公开”制度，加强对主体企业的服务质量、运行情况的日常监管。	6 月底	各区政府、各街镇	市商务委、市绿化市容局
5	加快完善可回收物信息平台建设	加快完善全程分类信息平台中可回收物子系统，明确接入数据类型和具体要求，实现各区主体企业数据的便捷接入。	9 月底	市城投集团	市绿化市容局、各区政府

续表

序号	任务名称	主要内容	完成时限	责任部门	配合部门
6	推进可回收物数据接入	协调推进各区可回收物收运企业回收数据对接进入全市生活垃圾全程分类监管信息平台。	11 月底	市绿化市容局	市城投集团、各区政府
7	培育可回收物回收型龙头企业	对招标比选产生的回收主体企业，通过规范监管，逐步优胜劣汰，培育服务质量高效、经济运行合理、技术水平优良的回收型规模化企业。	11 月底	区绿化市容局、商务委或属地街镇	市绿化市容局、市商务委
8	培育可回收物税收规模化企业	扶持和培育一批可回收物精细化分选及资源化利用项目和企业（如泡沫塑料、玻璃回收利用等）	11 月底	市发改委	市商务委、市绿化市容局
9	加快建设可回收物再生利用项目	对部分经济价值相对较低且生产利用具有波动性的可回收物，统筹考虑本地现有规范性企业的产能、技术、回收体系，通过技术、经济合作等方式，按照年内完成选址、注册的进度加快在市域内（外）落实废塑料等 1—2 个品类的再生资源利用项目或企业。	11 月底（完成项目可行性分析和选址）	市城投集团	市商务委、市绿化市容局、市发展改革委、市经信委

续表

序号	任务名称	主要内容	完成时限	责任部门	配合部门
10	明确可回收物资源化利用渠道	按可回收物品类，对接相对稳定的资源化利用渠道，对接相对稳定的资源化利用渠道，发布一批技术先进、经济合理的资源化利用企业。	6 月底	市商务委	市绿化市容局、市城投集团、市经信委
11	引入再生资源利用产业	结合全市已经形成的老港基地、浦东新区、宝山区、松江区、崇明区、嘉定区等生态环保型产业园区，着眼于可回收物回收利用在构建城市现代环境治理体系中的公共属性，支持各区规划保留一定土地空间，保障未来相关项目落地需求。在具体项目落地时，不对土地产出率进行考核，并有市级统筹考虑建设用地指标、占补平衡指标、能耗环保排放总量等指标。	11 月底	市发改委	市绿化市容局、市规划资源局、市生态环境局、各区政府
12	探索制定和实施特定品种的可回收物补贴政策	加强精细化管理，在制定区域性低价值可回收物补贴政策细则过程中，创新制定和实施面向废玻璃、废泡沫、杂塑料、杂纸等特定品种的补贴政策。	11 月底	各区政府	市发展改革委、市财政局、市绿化市容局

续表

序号	任务名称	主要内容	完成时限	责任部门	配合部门
13	落实低价值可回收物补贴政策	加快落实对相关回收主体企业的低价值可回收物补贴发放。	11 月底	各区政府	市城投集团
14	细化可回收物服务点、中转站建设的补贴细则	细化本市生活垃圾分类专项补贴政策中关于可回收物服务点、中转站建设的补贴细则。	7 月底	市绿化市容局	市发展改革委、市财政局、市商务委
15	强化可回收物体系科技支撑	推动本市企业、高校和科研院所深入开展再生资源技术攻关和应用，促进本市纸张、塑料、金属、纺织品等各类可回收物的高水平和高效率利用。	11 月底	市科委	市绿化市容局、市经信委、市发展改革委、市商务委
16	明确可回收物“点站场”建设和管理标准	制定本市可回收物服务点、中转站和集散场建设和管理标准。	11 月底	市绿化市容局	市市场监管局、市规划资源局、市房管局、市住建委
17	推进可回收物“点站场”建设标准落地	将可回收物“点站场”建设和管理标准相纳入住宅新建、地块开发和社区改造过程中，推进可回收物服务点、中转站建设的标准化。	11 月底	市规资局、市住建委、市房管局	各区政府、市规划资源局

图书在版编目(CIP)数据

《上海市生活垃圾管理条例》释义/上海市人大常委会法制工作委员会,上海市绿化和市容管理局编. —上海:上海人民出版社,2019
ISBN 978-7-208-15906-8

Ⅰ.①上… Ⅱ.①上… ②上… Ⅲ.①生活废物-垃圾处理-条例-法律解释-上海 Ⅳ.①D927.510.268.05

中国版本图书馆 CIP 数据核字(2019)第 122707 号

责任编辑 秦 堃
封面设计 甘晓培
摄 影 陈 胤

《上海市生活垃圾管理条例》释义
上海市人大常委会法制工作委员会
上海市绿化和市容管理局 编

出 版 上海人民出版社
(200001 上海福建中路 193 号)
发 行 上海人民出版社发行中心
印 刷 上海中华印刷有限公司
开 本 850×1168 1/32
印 张 14
字 数 290,000
版 次 2020 年 6 月第 1 版
印 次 2020 年 6 月第 1 次印刷
ISBN 978-7-208-15906-8/D·3428
定 价 50.00 元